人力资源管理

实务操作与案例精解

张思星 著

中信出版集团 | 北京

图书在版编目（CIP）数据

人力资源管理实务操作与案例精解 / 张思星著 . -- 北京：中信出版社，2021.3

ISBN 978-7-5217-2691-6

Ⅰ . ①人… Ⅱ . ①张… Ⅲ . ①人力资源管理—劳动法—案例—中国 Ⅳ . ① D922.5

中国版本图书馆 CIP 数据核字 (2021) 第 010397 号

人力资源管理实务操作与案例精解

著　　者：张思星

出版发行：中信出版集团股份有限公司

（北京市朝阳区惠新东街甲 4 号富盛大厦 2 座　邮编　100029）

承 印 者：北京楠萍印刷有限公司

开　　本：787mm×1092mm　1/16　　印　　张：26　　字　　数：350 千字

版　　次：2021 年 3 月第 1 版　　印　　次：2021 年 3 月第 1 次印刷

书　　号：ISBN 978-7-5217-2691-6

定　　价：128.00 元

目录

第四章　薪酬管理与设计

第五章　试用期员工管理

第六章　人事档案管理

第七章　工作时间管理

第八章　员工培训管理

第九章　社会保险管理

第十章　劳动仲裁

第十一章　人力资源管理的相关制度范本

前言

当今时代是一个以人才为主导，以科技信息为支撑的时代。如何培养人才、使用人才是人力资源管理中的关键问题。人力资源管理的目的就是充分发挥人的潜能，提高工作效率，最大限度地完成组织目标。而如何运用科学的管理方法，结合人力、物力，组织、协调、培训、维护人力资源，又是一个企业实现可持续发展的重要环节。

随着社会的不断发展，人力资源管理的方式和模式也不断丰富和完善，人力资源的管理者应该做到与时俱进，不断创新，适应这个社会的大趋势。而如何达到这样的要求，就需要企业管理者具备良好的理论知识，并且精确熟悉人力资源管理实务的操作。但是在实际工作中，仍然有许多人力资源工作者对相关知识不够了解，或者对管理实务的操作不够熟悉。为了给广大从事人力资源的朋友提供规范和指引，方便大家学习和了解具体的人力资源实务操作流程及方法，我们编写了《人力资源管理实务操作与案例精解》一书。本书为大家介绍了许多人力资源管理实务操作的案例并对其进行了精解，希望能帮助大家解决工作中遇到的问题。

综合来看，本书有三大特色：

第一，内容全面。在本书中，我们概括了各种人力资源知识，包括员工的招聘入职、劳动关系管理、绩效管理、薪酬管理、员工试用期、工作时间、员工培训管理、人事档案、社会保险、劳动仲裁以及常用规章制度范本等各方面内容。

第二，突出法律知识性。人力资源管理离不开法律知识，特别是《劳动法》《劳动合同法》等相关劳动就业类的法律知识，是每一位人力资源管理者所应该具备的。在本书中，我们用大量篇幅交代了此类法律知识，相信一定能为您学习法律知识带来帮助。

第三，知识性与趣味性兼具。单纯地讲人力资源管理的理论知识，可能会让人觉得枯燥乏味，因此为了生动形象地向大家传播知识，我们在本书中穿插了大量的案例，一则案例就是一则小故事。在阅读故事的过程中，学习知识，受到启发，这何尝不是一件惬意的事！

总之，人力资源管理关乎企业的可持续发展，甚至关乎社会的发展，每一个从事人力资源管理的人都应该认真了解相关管理方法和知识，不断学习，努力工作，为企业的发展贡献自己的力量。我们衷心希望，此书能成为您在企业中发光发热的智囊法宝！

张思星

2021 年 1 月

第一章

招聘与入职

招聘工作可谓企业管理的关键环节，招聘后随之而来的入职也非常重要。市场经济体制下，企业的竞争，就是人才的竞争，每个企业都在努力寻找属于自己的“千里马”。在寻找的过程中，招聘与入职的管理工作起到了保障作用。所以，招聘与入职对整个企业的发展都具有非常现实的意义。了解和学习招聘与入职的相关法律知识和人力资源管理知识，对每一个企业的人力资源部门的工作人员甚至企业全体员工而言，都是其为企业效力的题中之义。

一、招聘管理

招聘是人力资源管理的一项基础工作，而人力资源管理已成为现代企业管理的重心。招聘是为企业招纳员工的重要渠道，也会为企业注入新鲜血液，所以招聘工作在人力资源管理中是非常重要的。招聘管理是指根据人力资源规划以及工作的要求，采取一定的方式和办法吸纳与寻找具备任职资格的求职者，并采取科学有效的方法，筛选出符合本企业所需合格人才并予以聘用的过程的管理活动。

近年来，招聘管理呈现现代化的趋势，有以下三个特征：

第一，招聘理念的平等化。即招聘单位和求职者之间，是一个双向选择的过程，企业与员工是平等的，企业要选择合适的人才，员工也要选择自己满意的企业。在招聘管理过程中，必须秉承这一理念。

第二，招聘管理的系统化。招聘不仅包括招募、选拔、录用评估等环节，还需要招聘管理工作与人力资源管理的其他环节和企业其他管理部门之间互相联系。这就是所谓的招聘管理的系统性，因为招聘是整个企业的事情，并不是招聘部门自己的事，所以不能将招聘管理单独作为一个管理系统来实施。

第三，招聘管理方式的现代化。随着科技的发展，许多人更倾向于现代化的招聘、应聘方式，这就意味着企业的招聘管理也要与时俱进，才能真正做好相关事项。

（一）招聘流程

一个企业进行招聘，应该遵循一定的流程。首先，由用人部门向人力资源部门提出申请，即表明需要招聘的人数和条件等，然后由人力资源部门与公司高层商议，最终确定招聘计划。根据招聘计划，人力资源部门确定好招聘方式并制订好宣传资料后进行招聘，通过相应的笔试或者面试对应聘人员进行筛选。最终筛选出企业需要的员工，为员工办理试用期入职手续，员工试用期合格以后与其签订劳动合同正式录用。

案例：招聘工作需要提前规划吗？

小张在泰德科技有限责任公司的人力资源部就职。2019年，公司扩大规模，项目部需要招聘设计人员和技术人员。于是，公司计划到某人才市场进行招聘。人力资源部接到通知以后，告知小张要在某个人才市场进行招聘，除此以外，未做任何招聘规划。小张对此很是不解，其认为公司进行招聘应该提前对招聘工作进行规划，至少应该对招聘的人数和标准有具体的规定。但是公司认为，根本无须规划，遇到合适的人员就可以招聘到单位，且对于什么样的是“合适的”，也未给出明确的意见。公司在进行招聘之前，是否需要对招聘工作提前进行规划呢？

专家分析

单位进行招聘，应该有一个具体的招聘工作流程。招聘流程大致可以分为招聘前的准备、招聘中的测试以及招聘以后的人事决策。具体而言，是要先确定人员需求，然后制订招聘计划，再进行招聘面试以及人员的筛选，最后是招聘评估。从这个流程中我们可以看出，第一步就是要对招聘工作进行规划，只有先确定人员需求，并根据该需求制订招聘计划，之后的招聘工作才可以有序进行。就本案而言，没有对招聘工作做出规划，那么招聘人员就无法准确地判断自己的公司需要什么样的人员，就难以进行有效的招聘。所以，对招聘工作提前进行规划是必不可少的。

一般而言，招聘工作流程都是由公司的人力资源部制定的，也有一些是在公司章程中规定的。一个企业内部有一套完善的招聘流程，不仅可以规范公司的招聘行为，也可以保障公司以及其他人员的权益。所以企业对于招聘的管理必须提高重视程度，对于招聘流程需严格遵守。除此以外，我国《人才市场管理规定》第二十三条第一款规定，用人单位公开招聘人才，应当出具有关部门批准其设立的文件或营业执照（副本），并如实公布拟聘用人员的数量、岗位和条件。这也就意味着，企业必须在招聘之前将拟聘用人员的各个事项计划好才能进行招聘。

实务指南

员工招聘应该是一个有目的、有计划的行为。企业在每次招聘之前，要知道招聘的目的何在，是填补空缺还是新增员工，抑或进行战略储备。在明确招聘目的以后，进行人员需求的调查，并据此制订具体的招聘方案。当然，在制订招聘方案时也要考虑许多问题，如招聘的成本、招聘的方式等。所以，人力资源部门还要进行招聘成本的核算以及招聘效果的评估。企业将上述招聘前的准备工作完成以后，再按照规划进行招聘工作，才能低成本、高效率地招聘到自己真正需要的员工。

关联法规

《人才市场管理规定》

第二十三条 用人单位公开招聘人才，应当出具有关部门批准其设立的文件或营业执照（副本），并如实公布拟聘用人员的数量、岗位和条件。

用人单位在招聘人才时，不得以民族、宗教信仰为由拒绝聘用或者提高聘用标准；除国家规定的不适合妇女工作的岗位外，不得以性别为由拒绝招聘妇女或提高对妇女的招聘条件。

（二）招聘渠道

目前，企业进行招聘主要有以下几种渠道：传统媒体招聘、现场招聘、网络招聘、中介机构招聘、猎头公司招聘、员工推荐等。传统媒体招聘是指在广告、报纸、杂志上刊登招聘信息。现场招聘一般分为招聘会和人才市场招聘。网络招聘是近年来新兴的招聘方式，主要是通过网络发布招聘信息进行招聘。中介机构招聘是指企业将自己招聘对象的条件告知中介机构，由中介机构有偿地代替企业进行招聘。猎头公司招聘最初是指由猎头公司为企业物色高精尖人才，现在它们也逐渐提供初级、中级服务，其属于中介机构中比较特殊的一种。员工推荐则比较常见，是指员工推荐自己身边的亲戚朋友到企业就职，这种方式也是招聘渠道中比较有效的一种。

案例：“挖墙脚”是一种招聘渠道吗？

长运科学技术有限公司（以下简称长运公司）与海德科技公司（以下简称海德公司）一直是竞争对手。有一次长运公司在某高校招聘会上招聘了四名计算机专业的应届毕业生，在长运公司技术部负责人的培养下，这四名大学生很快就研发出了一种新型设备，为公司创造了效益。后来，这四名大学生组成的团队在各项比赛中多次获奖，长运公司也因此声名大噪，顺利拿下了许多项目。海德公司看到这一幕很不服气，于是海德公司打算把这四名大学生挖到自己的公司。经过公司几名领导的商议，海德公司决定将其中的两名大学生招聘至本公司并支付他们长运公司三倍的薪酬，还额外给予一笔安家费。这件事情被长运公司知道后，长运公司对于海德公司挖墙脚的行为非常鄙视，但是海德公司却辩称这是正常的招聘渠道。海德公司所言正确吗？

专家分析

这里的挖墙脚是指企业为了自己的利益，利用高薪或者其他手段将竞争对手的人员挖至本企业工作。企业的核心竞争力就是人才，所以企业对于人才都非常重视。可以说，一个企业内人才的多少，会直接影响一个企业的经济效益和发展前景。所以，现实中，许多企业发现有能力的工作人员以后，都希望其能为本企业效力，从而也就出现了许多挖墙脚的情况，甚至会委托猎头公司来为本企业挖优秀人才。在法律上，企业间挖墙脚的行为并未被禁止，但是从道德层面而言，我们还是不提倡这样的行为，尤其是一些恶意挖墙脚的行为。如果企业通过挖墙脚获取竞争对手的商业秘密，无论是挖墙脚的企业，还是被挖的员工，都可能因侵犯他人的商业秘密而承担刑事责任。

经济和科技发展，整个社会将是最终受益者。任何一个企业生产力的提高以及科技的创新，都会对社会的发展起到促进作用，所以企业间不能那么狭隘，仅为了自己的利益而置他人的利益于不顾。除此以外，每一个企业培养一个优秀的人才都是需要时间和成本的，如果随意挖墙脚成为一种风气，那将很难保证企业有再次培养人才的动力和信心，这对于整个社会而言也是一种损失。

实务指南

企业之间进行竞争，这是市场经济运行规律的体现，企业可以为了自己的利益而运用一些正当手段，但是对于挖墙脚的行为，我们是不提倡的。企业可以通过正常渠道招聘人才、培养人才，从而为企业创造价值。除此以外，企业还应该通过提高待遇以及塑造良好的企业文化留住员工，抵制其他企业的挖墙脚行为。

关联法规

《中华人民共和国反不正当竞争法》

第九条 经营者不得实施下列侵犯商业秘密的行为：

（一）以盗窃、贿赂、欺诈、胁迫、电子侵入或者其他不正当手段获取权利人的商业秘密；

（二）披露、使用或者允许他人使用以前项手段获取的权利人的商业秘密；

（三）违反保密义务或者违反权利人有关保守商业秘密的要求，披露、使用或者允许他人使用其所掌握的商业秘密；

（四）教唆、引诱、帮助他人违反保密义务或者违反权利人有关保守商业秘密的要求，获取、披露、使用或者允许他人使用权利人的商业秘密。

经营者以外的其他自然人、法人和非法人组织实施前款所列违法行为的，视为侵犯商业秘密。

第三人明知或者应知商业秘密权利人的员工、前员工或者其他单位、个人实施本条第一款所列违法行为，仍获取、披露、使用或者允许他人使用该商业秘密的，视为侵犯商业秘密。

本法所称的商业秘密，是指不为公众所知悉、具有商业价值并经权利人采取相应保密措施的技术信息、经营信息等商业信息。

《中华人民共和国刑法》

第二百一十九条　【侵犯商业秘密罪】有下列侵犯商业秘密行为之一，给商业秘密的权利人造成重大损失的，处三年以下有期徒刑或者拘役，并处或者单处罚金；造成特别严重后果的，处三年以上七年以下有期徒刑，并处罚金：

（一）以盗窃、利诱、胁迫或者其他不正当手段获取权利人的商业秘密的；

（二）披露、使用或者允许他人使用以前项手段获取的权利人的商业秘密的；

（三）违反约定或者违反权利人有关保守商业秘密的要求，披露、使用或者允许他人使用其所掌握的商业秘密的。

明知或者应知前款所列行为，获取、使用或者披露他人的商业秘密的，以侵犯商业秘密论。

本条所称商业秘密，是指不为公众所知悉，能为权利人带来经济利益，具有实用性并经权利人采取保密措施的技术信息和经营信息。

本条所称权利人，是指商业秘密的所有人和经商业秘密所有人许可的商业秘密使用人。

（三）现场招聘

现场招聘是指通过第三方提供场地，企业和人才在该场地内进行直接的面对面对话，进行招聘的一种方式。现场招聘一般可以分为招聘会和人才市场招聘，而最常见的招聘会就是高校招聘会。

高校招聘会就是高校为企业提供场地，由企业到高校内招聘应届毕业生的现场招聘模式。许多应届毕业生都通过高校招聘会找到了心仪的工作，而企业也通过招聘会找到了自己满意的员工。为了更方便更快捷地选择自己需要的人才，许多招聘会会有特定的主题，比如“研究生专场”“机械类本科毕业生专场”等。

案例：参加高校招聘会应该注意哪些问题？

2019 年 4 月，太康机械设备有限公司应某大学的邀请参加了该校 2019 届毕业生春季招聘会。在参加招聘会之前，太康机械设备有限公司人力资源部门已制订招聘计划，并在招聘时公布了需要招聘的人数、岗位以及入职要求等事项。参加招聘会的有人力资源部门的小李、小刘以及人力资源部张经理。在招聘时，两个女同学前来应聘文员职位，小李更看重 A 同学，因为该同学大学四年的成绩十分优异，而小刘则更倾向于 B 同学，因为 B 同学在大学期间参加了很多社团活动，还担任过学生会主席。但是，张经理却说他们没有全面思考招聘应该注意的问题。企业在参加高校招聘会时，应该注意哪些问题呢？

专家分析

企业在参加高校招聘会时，应该注意以下 5 个问题。第一，不能只关注学生的成绩单，还要注重学生的综合能力。许多企业在招聘时都会择优录取，许多人将“优”仅理解为成绩好。大学是个开放性很强的舞台，成绩单只能代表学生某些方面的能力，绝对不是评价一个大学生综合素质的砝码。除成绩外，企业还应该关注学生在社交、创新、社团活动中的能力。第二，不要过度关注实习经历。许多企业在招聘时会优先选择有工作经历的大学生，认为他们能尽快上岗。但是，并不是所有的大学生在校期间都有实习和工作的机会，所以企业应该更主动地为大学生提供一个工作平台，让他们有工作的机会，而不是盲目要求他们有实习经验或者工作经验。第三，企业参加高校招聘要实事求是，不能过度宣传。有些企业为了吸引人才而过度宣传自己，甚至有一些虚假宣传。例如，有的企业标榜自己是全国前多少强的企业，员工平均工资能达到多少，等等。这可能会一时吸引大学生前来应聘，但是并不可能长期欺骗下去，还会对企业的声誉造成不良影响。第四，高校招聘要充分考虑学生的生源地、家庭状况等因素。企业招聘学生，多数还是从长远打算的，希望招聘的员工能长期为本企业工作，这就需要在招聘时充分考虑学生的状况。比如，该学生以后想在哪里发展、家庭状况等。第五，在参加高校招聘会之前，要对该校的学生进行充分的调查。比如，该校学生的优势之处，创新能力等。这有助于企业高效地选择符合标准的员工。

实务指南

应届大学毕业生大多数都有工作热情和一定的创新能力，因此受到许多企业的青睐。但是，企业在参加高校招聘时也应该注意，不能仅靠某一方面的成绩就判断一个人的综合素质，而应该分析各个方面的因素选拔人才。同时，建议各个企业，如果条件允许，并且招聘岗位适宜，可以选择在高校招聘，给予大学生更多的工作机会。

（四）网络招聘

网络招聘又被称为电子招聘，是指利用互联网技术进行招聘。网络招聘主要有两种形式：一是企业注册成为某招聘网站或 App（应用程序）等招聘平台的会员，定期在该平台上发布招聘信息；二是在自有网络平台上发布招聘信息。网络招聘有很多优势，其不受地域空间限制，使不同地域的人可以通过互联网进行交流。并且，网络招聘可以节约招聘成本，相对于传统招聘，网络招聘仅需要发布信息即可，无其他开销。同时，网络招聘也可以提高招聘效率，企业和求职者都能根据具体条件和实际要求有针对性地进行选择。

案例：网络招聘启事给出的薪资，企业需要落实吗？

2018 年，大海股份有限公司在自己的网站上发布了几条招聘信息。其中一条招聘信息显示，招聘电气工程技术人员三名，要求学历最低是本科，5 年以上工作经验，薪酬为每月 8000~10000 元。刚刚辞职的张某看到这一条招聘信息很高兴，因为该公司是当地非常知名的企业，而且他的学历是本科，已经工作 6 年，完全符合招聘要求，再加上对薪酬也很满意，于是前去面试。面试以后，人力资源部门负责人很快就通知张某上班，但是张某在入职以后被告知每月薪酬只有 5000 元，远未达到网上招聘启事给出的标准。大海股份有限公司人力资源部门的责任人对此事并未给出合理的解释。对于网上招聘给出的薪资，企业需要落实吗？

专家分析

本案中，大海股份有限公司的做法是不妥的。对于其在网上招聘启事中给出的薪资，应该落实。既然在自己的网站上发布了招聘信息及薪酬，当求职者符合招聘条件并成功入职以后，它就应该给予求职者相应的薪酬。近年来，网络招聘作为一个新生事物成了招聘市场的主力军，虽然网络招聘有很多优势，但也有许多劣势。目前，网络招聘最大的一个问题就是信用缺失，即无法保证信息的真实性。在上述案例中，大海股份有限公司发布的信息可以说是不真实的，其依靠高薪引诱求职者前来应聘，但事后又不按照约定支付薪酬，这在道德上是信用的缺失，在法律上可以被视为一种违约甚至欺诈行为。

我国《人才市场管理规定》第二十四条规定，用人单位招聘人才，不得以任何名义向应聘者收取费用，不得有欺诈行为或采取其他方式谋取非法利益。发布虚假信息，或者通过网络恶意进行招聘，这些现象时有发生，有的是一些中介机构恶意操控的，有的是企业为了引诱求职者而为之。这些行为造成了整个网络招聘市场的紊乱。当然，也有一部分求职者存在信用缺失现象，这同样也会给企业带来损失。所以，对网络招聘进行法律规范和调整是十分必要的。目前，我国对此方面的规定仅限于大体框架，未做具体规制，因此还需要进一步健全管理制度。

实务指南

随着信息技术的迅速发展，网络已经成为人们社会生活的重要组成部分，网上求职成为人们找工作的首选途径。网络招聘在给人们带来便利的同时，也带来了各种问题，尤其是信用缺失现象日益泛滥。企业通过网络发布不真实信息，或者实行诈骗行为等，扰乱了招聘市场。长此以往，企业的名声也会受到很大影响，甚至会触犯法律，所以企业在进行网络招聘时，应该做到诚信招聘，发布的薪酬应与实际薪酬保持一致。

关联法规

《人才市场管理规定》

第二十四条　用人单位招聘人才，不得以任何名义向应聘者收取费用，不得有欺诈行为或采取其他方式谋取非法利益。

二、入职管理

入职管理是指企业通过让新员工了解其工作内容和职责要求，提供相关的资源以确保新员工能够尽快胜任工作岗位的过程。做好员工入职管理，需要从以下几个方面入手：

第一，做好入职指引工作，使新员工尽快进入角色。当然这也要分情况，刚刚毕业的大学生，没有工作经验，工作单位对其来说是陌生而新奇的，对于这样的员工，要更具体细致地进行入职指引。对于已有社会工作经验的新员工而言，入职指引则可以适当简化。

第二，做好入职培训。入职培训不仅能培养员工的工作技巧，还能帮助员工认识企业的文化，增强员工的认同感和主人翁意识，从而培养员工积极工作的心态，这对于企业凝聚力的增强也是十分有利的。

第三，协助新员工做好职业规划。新员工一般都是带着对职业的憧憬开始一份新工作的，这时候一份合理的职业规划是必不可少的。有了规划，员工才能迅速进入状态，开始高效率地工作。

第四，做好新员工入职的各个流程事项。新员工入职，是需要遵守一定的流程的，这些流程性事项必须准确无误地落实好，不然会给后续工作埋下隐患。

（一）入职流程

企业在招聘到新的员工后，应该为新员工办理入职手续，而新员工加入企业，也应该遵循一定的入职流程。一般而言，第一个步骤就是入职报到，即员工准备好需要的材料，填好员工登记表并交验各种材料。这一切都合格以后，企业应该及时与新入职的员工签订劳动合同。然后，许多企业在员工入职时会对员工进行培训，培训完成再正式工作。最后，就是在实习期过后对员工进行转正评估，评估合格的即可成为一名正式员工。

案例：可以不签订劳动合同直接入职吗？

2019 年 4 月，永光股份有限公司参加了某高校的应届毕业生专场招聘会。该公司计划招聘 8 名销售人员和 5 名技术人员。小刘看到了该招聘信息，遂投递了自己的简历。经过筛选，永光股份有限公司通知了 11 名同学前去面试，小刘就在其中。小刘在大学时参加创业营销大赛，多次获奖，人力资源部门的工作人员对于小刘的面试表现以及获奖经历都非常满意，于是决定录用小刘，并告知其可以随时来单位上班。2019 年 6 月，小刘毕业以后，来到该公司，公司给小刘安置好工作，但是小刘入职两周了，却没有人提签订劳动合同的事。员工可以不签订劳动合同直接入职吗？

专家分析

员工在入职之前是需要签订劳动合同的。根据《劳动合同法》[①]第七条和第十条的规定，用人单位自用工之日起即与劳动者建立劳动关系，建立劳动关系，应当订立书面劳动合同。已建立劳动关系，未同时订立书面劳动合同的，应当自用工之日起一个月内订立书面劳动合同。所以，员工在入职时，企业应该及时与其签订劳动合同，最迟不能超过一个月。如果超过一个月未满一年企业未与劳动者签订劳动合同，那么企业应该向劳动者每月支付两倍的工资。当然，如果是企业通知劳动者签订，而劳动者拒不签订劳动合同，那么企业应该书面通知劳动者终止劳动关系，且无须向劳动者支付经济补偿金。但是，企业不能等到用工之日起一个月以后再解除劳动关系，因为一旦超过一个月，就必须支付员工双倍工资。

除了本案中的情况外，有的企业与新入职的员工仅签订试用期劳动合同，待员工正式转正以后，再重新签订正式的劳动合同，这种做法也是违反法律规定的。因为试用期包含在劳动合同期限内，如果劳动合同仅约定试用期的，试用期不成立，该期限为劳动合同期限。所以，员工入职以后，企业与其签订的应该是正式的劳动合同。当然，如果在试用期内，企业发现员工不符合录用条件可以解除合同。

实务指南

为了避免自己的损失，企业在招聘到合适的员工以后，应该及时

① 为便于阅读，本书正文中法律名称中的“中华人民共和国”字样予以省略。

与员工签订劳动合同。如果企业由于各种原因未能在员工入职时与其签订劳动合同，那么最晚也应该在员工入职后一个月内与其签订完毕。当然，企业与员工在签订劳动合同时，应该坚持平等自愿、协商一致原则，不能有任何隐瞒、欺骗或者强迫等行为。

关联法规

《人才市场管理规定》

第三十一条 用人单位与应聘人才确定聘用关系后，应当在平等自愿、协商一致的基础上，依法签定聘用合同或劳动合同。

《中华人民共和国劳动合同法》

第七条 用人单位自用工之日起即与劳动者建立劳动关系。用人单位应当建立职工名册备查。

第十条 建立劳动关系，应当订立书面劳动合同。

已建立劳动关系，未同时订立书面劳动合同的，应当自用工之日起一个月内订立书面劳动合同。

用人单位与劳动者在用工前订立劳动合同的，劳动关系自用工之日起建立。

第八十二条 用人单位自用工之日起超过一个月不满一年未与劳动者订立书面劳动合同的，应当向劳动者每月支付二倍的工资。

用人单位违反本法规定不与劳动者订立无固定期限劳动合同的，自应当订立无固定期限劳动合同之日起向劳动者每月支付二倍的工资。

（二）入职审查

招聘过程中的入职审查，是指对拟聘用新员工的健康状况、身份、学历、履历、劳动关系和竞业限制等信息进行核实的过程。在入职审查过程中，应聘者应该如实提供自己的健康证明、身份证明、学历和工作经历证明，以及劳动关系和竞业限制证明等。在经过面试和笔试的层层筛选后，企业计划要录用的人员，需要经过入职审查进行过滤，其中可能包括二次审查、体检等环节。总之，入职审查在整个招聘过程中起着关键作用，最终决定招聘效果，对此，企业应该加以重视。

案例：入职之前，公司需要对员工进行哪些审查？

因为公司发展需要，大德公司拟招聘一批业务人员。制订招聘计划以后，大德公司人力资源部的几个工作人员通过人才市场现场招聘的方式进行了招聘，经过面试筛选，最终招到了三名业务人员。经过商议，人力资源部经理通知这三名求职者于某日到单位报到，并且携带好需要的各种材料，需要对他们的身份、学历、工作经历等信息进行审查。他同时要求，这三名求职者在入职之前到公司指定的体检机构进行体检，一切合格以后再签订劳动合同。公司的这些要求是合理的吗？在入职之前，公司需要对员工进行哪些审查呢？

专家分析

上述案件中，企业的做法是正确的，员工在入职之前，企业应该对员工进行必要的审查。（1）对身份、学历、工作经历等材料的审查。这些信息是员工最基本的信息，也是企业了解员工的第一层资料。目前，许多应聘者为了找到好工作而进行学历造假、工作经历造假、年龄造假等，这些都可能给企业造成潜在损失，所以对上述信息进行审查是十分必要的。（2）身体检查。员工在入职之前，企业应该要求其进行体检，从而排除潜在的某些疾病。因为患有某些疾病的员工一旦入职，企业会承担很大的风险，尤其是国家对于工伤问题越来越重视，一旦出现问题，对于企业是有弊无利的。（3）员工是否与其他企业存在劳动合同关系。这一点也是十分重要的，因为如果员工与其他单位还存在合同关系，那么企业将其聘用后，如果对其他单位造成损失，企业也是需要承担连带责任的。（4）竞业限制协议审查。竞业限制是劳动者与用人单位之间约定的保密条款，约定劳动者在终止或解除劳动合同后的一定期限内不得在生产同类产品、经营同类业务或有其他竞争关系的用人单位任职等。企业在员工入职之前应该审查其是否与其他企业有未到期的竞业限制协议，避免事后带来不必要的麻烦。

实务指南

招聘活动作为企业人力资源实务管理的第一环节，是风险防范的第一关，其对于劳动关系的整个过程都有重大影响。而入职审查是招聘过程中防范风险的关键环节，所以企业必须重视入职审查中存在的风险问题。除此以外，法律也规定，企业在招聘劳动者时，有权了解劳动者与劳动合同直接相关的基本情况，劳动者应当如实说明。既然法律规定了这一知情权，那么企业就应该好好利用，对员工进行入职审查。合理的入职审查能降低人力资源管理成本，也能防范相关法律风险，也是对本企业和员工负责的一种管理方式。

关联法规

《中华人民共和国劳动合同法》

第八条 用人单位招用劳动者时，应当如实告知劳动者工作内容、工作条件、工作地点、职业危害、安全生产状况、劳动报酬，以及劳动者要求了解的其他情况；用人单位有权了解劳动者与劳动合同直接相关的基本情况，劳动者应当如实说明。

（三）入职条件

公司对员工进行录用，除了要求员工符合一定的岗位要求外，在正式入职之前，根据公司的不同，还会安排新员工进行一定的培训与学习。其中，对公司章程的学习就被公司列入必学项，通过对公司章程的学习，可以加深新员工对公司的了解，方便其在进入公司后更好地开展工作，这对于公司本身的运营来说也是极其有利的。所以，新员工在入职前学习公司章程便成为部分公司的入职条件之一。

案例：员工入职前需要学习公司章程吗？

小张是一名刚毕业的大学生，其在河西公司的网站看到了招聘信息，于是来到河西公司面试，并成了该公司的一名销售人员。小张对于河西公司的了解主要是通过网上查询，认为这家公司发展前景不错，但是对于这家公司的具体内部管理规定不太了解。公司安排小张等一批新入职的员工在当年 12 月底正式入职。在新员工入职前，公司组织了为期两天的学习培训，其中一天就是学习公司章程。但是小张认为等到了公司，在实际工作中对公司章程自然会有所了解，为什么要浪费这一天时间进行学习呢？河西公司的做法对吗？员工入职前需要学习公司章程吗？

专家分析

本案中，公司的做法是正确的。员工入职前需要也有必要学习公司章程。在我国，设立公司必须依法制定公司章程。公司章程对公司、股东、董事、监事、高级管理人员具有约束力。可见，公司章程是每一家公司都必须制定的，主要对公司的名称、住所、经营范围及经营管理制度等重要事项进行规定，是规定公司组织和活动基本规则的基本文件。也正是由于公司章程是对公司的基本规章制度的基本规定，新员工入职前才有必要学习公司章程。新员工通过学习公司章程，可以对公司的基本情况及基本的规章制度有所了解，不仅可以从宏观上认识该公司，还可以对与自身利益密切相关的公司制度有所侧重了解，以便日后更好地维护自己的权益。而新员工入职前学习公司章程对于公司来说，不仅可以在最短的时间内使新员工了解基本的公司管理制度，以规范公司的运营秩序，减少不必要的纠纷，还可以以最快的速度使新员工融入公司，为公司创造收益，实现公司利益的最大化。公司章程是公司内部必须制定的文件，我国公司法从法律的角度赋予了企业对于很多事项的自主管理权，而这些自主管理权主要就体现在公司对章程的制定上。只要不违反我国法律的强制性规定，一般是允许公司对一些管理制度进行协商约定的，因此并非所有公司的公司章程都是完全一致的。公司不同，公司章程的内容也有所差异。因此，员工在入职前学习公司章程，不仅可以使员工在公司更好地开展工作，也可以使公司运营高效衔接。

实务指南

对于公司来说，公司章程对公司的基本事项做出了规定，其中一些管理规定是针对公司的情况所做出的，具有一定的公司特色。一般情况下，新员工在入职前或入职后的一段时间内，会被安排对公司的章程进行学习，对公司的基本发展情况以及与员工密切相关的管理制度进行了解，这样可以使新员工对公司的基本运营状况有所认识，以便更好、更快地融入其中。只有当员工对公司有足够的了解后，才能更好地为公司付出努力，才能找到正确的努力方向。所以，安排员工入职前学习公司章程是有必要的。

（四）单位应如实告知

用人单位招用劳动者时，应当如实告知劳动者工作内容、工作条件、工作地点、职业危害、安全生产状况、劳动报酬，以及劳动者要求了解的其他情况；用人单位有权了解劳动者与劳动合同直接相关的基本情况，劳动者应当如实说明。用人单位的告知义务建立在相关法律诚实信用原则的基础上，这是法律对用人单位提出的要求。用人单位的告知义务对构建和谐的劳动关系、保护劳动者的合法权益、促进企业发展等都有非常重要的作用。

案例：单位应该如何履行告知义务？

2019 年 9 月，马某看到海洋集团网站上发布的招聘信息后，向该公司的人力资源部投递了简历。后来，人力资源部通知马某到公司面试。经过面试，马某被录用，并约定了正式入职日期。但是一直到马某入职以后，人力资源部门的相关人员都未向马某告知其工作内容和工作性质。后来，马某在公司遇到某个高管，在与高管聊天的过程中，马某称公司未向自己告知工作的具体事项。该高管找到了人力资源部的负责人，询问了原因，人力资源部门表示这是自己工作的疏忽，没有及时尽到告知义务。用人单位应该如何向员工履行告知义务呢？

专家分析

我国《劳动合同法》第八条规定："用人单位招用劳动者时，应当如实告知劳动者工作内容、工作条件、工作地点、职业危害、安全生产状况、劳动报酬，以及劳动者要求了解的其他情况；用人单位有权了解劳动者与劳动合同直接相关的基本情况，劳动者应当如实说明。"由此可知，用人单位的如实告知义务是强制性的，即便是劳动者没有提出要求，用人单位也应该主动告知。首先应该告知的是工作内容，即劳动者在日后做哪些工作。其次是工作条件和工作地点，即劳动者在怎样的环境中进行工作，当下，这是劳动者在选择劳动单位时十分关注的一点，所以劳动单位必须如实告知。再次是职业危害，劳动单位必须把表面和潜在的职业危害都告知劳动者，让劳动者自行选择，不能靠欺骗手段留住劳动者。最后是安全生产状况以及劳动报酬等事项，这些都是与劳动者的切身利益息息相关的。有时，劳动者可能想不到这些，但是用人单位必须一一告知。除此以外，对于劳动者要求知道的内容，除了商业秘密以及不能被劳动者得知的事项，单位均应该如实告知。

用人单位的主动告知义务是很重要的，这关系到单位和劳动者双方的知情权，甚至会影响合同的效力。因为日后一旦发生纠纷，劳动者完全可以提出单位隐瞒真实情况是一种欺诈行为，从而请求仲裁或诉讼确认所签订的劳动合同无效。这会让企业与员工的关系处于一种很尴尬且不稳定的状态，对企业十分不利。

实务指南

近年来，我国劳动就业的情况是劳动力供大于求，于是就有部分企业利用劳动者求职心切的心理，隐瞒单位实际情况，剥夺劳动者的知情权，损害劳动者的合法权益。当然，也有部分企业仅因疏忽大意而未尽到如实告知的义务。《劳动合同法》强调用人单位应履行如实告知义务，这对于规范用人单位劳动用工行为，保障劳动者劳动就业知情权和选择权，构建稳定和谐的劳动关系都是十分必要的。所以，各个企业在新员工入职时，一定要注意履行好如实告知义务，保障劳动者的知情权。

关联法规

《中华人民共和国劳动合同法》

第八条 用人单位招用劳动者时，应当如实告知劳动者工作内容、工作条件、工作地点、职业危害、安全生产状况、劳动报酬，以及劳动者要求了解的其他情况；用人单位有权了解劳动者与劳动合同直接相关的基本情况，劳动者应当如实说明。

（五）禁止担保

用人单位招用劳动者，不得扣押劳动者的居民身份证和其他证件，不得要求劳动者提供担保或者以其他名义向劳动者收取财物。企业要想留住劳动者，必须依靠合法合理的手段，让劳动者自愿为本企业工作，只有这样，才能建立和谐的劳动关系。

案例：可以以“扣押毕业证书”的形式留住劳动者吗？

唐仁股份有限公司于2019年5月在某地的人才市场进行现场招聘，即将毕业的研究生小王发现该公司正在招聘人事专员，而自己的本科和研究生学的都是人力资源管理专业，所以向该公司投递了简历。唐仁股份有限公司看到研究生学历的小王有着丰富的实习经历，遂通知小王到公司进行面试。面试完毕以后，公司的多个负责人都十分欣赏小王，于是，公司很快就为小王办理了入职手续。但是，为了避免小王跳槽，公司人力资源部门将小王的硕士毕业证书和硕士学位证书扣押。人力资源部也有个别人认为这样的行为是不可取的，企业不能依靠这样的手段留住劳动者。公司可以以扣押毕业证书的形式留住劳动者吗？

专家分析

用人单位不得以扣押毕业证书的形式留住劳动者。《劳动合同法》第九条明确规定，用人单位招用劳动者，不得扣押劳动者的居民身份证和其他证件，不得要求劳动者提供担保或者以其他名义向劳动者收取财物。在现实生活中，许多用人单位为了留住劳动者，或者为了强迫劳动者进行工作，而扣押劳动者的居民身份证或者其他证件，如暂住证、驾驶证、毕业证书、从业证书和其他证明个人身份的证件等，以达到掌控劳动者的目的，避免劳动者跳槽。这种行为是违法的，一经发现，用人单位要承担相应的法律责任。

除了扣押证件外，用人单位有时还会采用非法方式留住劳动者，主要表现为向劳动者收取各种风险抵押金。其有两种方式：一是劳动者在与企业建立劳动关系时，企业令劳动者交纳一定的抵押金，如果劳动者拒不交付，那么企业则拒绝与其建立劳动关系。劳动者交纳以后，这笔抵押金也不一定能退回，如果劳动者未按照企业的要求工作，企业会对押金进行扣除。二是在建立劳动关系以后，企业令劳动者交纳上岗费和服装费等费用，如果劳动者拒不交付，那么企业就将其辞退或者开除。其实，上述两种做法都违反了《劳动合同法》的相关规定，企业应该杜绝这种行为。也许企业并非恶意收取押金，但这样的行为终归是不可取的，对于构建和谐的劳动关系也是十分有害的。

实务指南

企业在招聘员工时，切记不能以收取服装费、住宿费、培训费、上岗费等方式变相收取抵押金。也不能通过扣押劳动者的居民身份证或者其他证件，如暂住证、资格证书或其他证明个人身份的证件，以达到掌控劳动者或者其他非法的目的。总之，用人单位招用劳动者，不得要求劳动者提供担保或者以其他名义向劳动者收取财物，也不得扣押劳动者的相关证件。

关联法规

《中华人民共和国劳动合同法》

第九条　用人单位招用劳动者，不得扣押劳动者的居民身份证和其他证件，不得要求劳动者提供担保或者以其他名义向劳动者收取财物。

第二章

劳动关系管理

在企业进行人力资源管理的过程中，劳动关系管理必不可少。劳动关系管理涉及劳动合同的订立、效力、变更、履行以及解除等多方面的内容。同时，劳动关系管理的好坏也会对企业的经营状况产生一定影响。一旦企业在管理劳动关系的过程中操作不慎，违犯法律的规定，就可能会使企业承担相应的法律责任。因此，企业需要审时度势、未雨绸缪，事先了解劳动关系管理的相关法律法规，提升企业对劳动关系管理的水平，避免劳动关系纠纷的出现，防范法律风险，以促进企业整体经营状况不断改善。

一、劳动合同的订立

根据相关法律的规定，用人单位与劳动者订立劳动合同期限的类型主要有以下三种：

（1）固定期限劳动合同。固定期限劳动合同是指用人单位与劳动者约定了合同终止时间的劳动合同。用人单位与劳动者协商一致，可以订立固定期限劳动合同。现在企业与劳动者所订立的劳动合同绝大部分属于固定期限劳动合同。

（2）无固定期限劳动合同。无固定期限劳动合同是指用人单位与劳动者没有约定终止时间的劳动合同。用人单位与劳动者签订无固定期限劳动合同，可以在双方协商一致的情况下签订。但是，在符合法律规定的必须与劳动者签订无固定期限劳动合同的情形时，用人单位应当与劳动者签订无固定期限劳动合同。

（3）以完成一定工作任务为期限的劳动合同。以完成一定工作任务为期限的劳动合同是指用人单位与劳动者约定以某项劳动任务的完成期限为劳动合同期限的合同。一般在企业短期用工的情况下，适合签订此种劳动合同。

用人单位必须与劳动者签订劳动合同，否则，就可能承担相应的法律后果。用人单位与劳动者不签订劳动合同的后果，主要分为以下三种：

（1）用人单位自用工之日起超过一个月不满一年未与劳动者订立书面劳动合同的，不仅要补订劳动合同，其也应当向劳动者每月支付二倍的工资。其中，用人单位向劳动者每月支付二倍工资的起算时间为用工之日起满一个月的次日，截止时间为补订书面劳动合同的前一日。

（2）用人单位自用工之日起满一年不与劳动者订立书面劳动合同

的，视为用人单位与劳动者已订立无固定期限劳动合同。

（3）用人单位违反《劳动合同法》的规定不与劳动者订立无固定期限劳动合同的，自应当订立无固定期限劳动合同之日起向劳动者每月支付二倍的工资。

（一）订立时间与订立原则

用人单位与劳动者建立劳动关系，应当订立书面劳动合同。订立时间包括两种情形：（1）已建立劳动关系，未同时订立书面劳动合同的，应当自用工之日起一个月内订立书面劳动合同；（2）用人单位与劳动者在用工前订立劳动合同的，劳动关系自用工之日起建立。

订立劳动合同，应当遵循合法、公平、平等自愿、协商一致、诚实信用的原则。依法订立的劳动合同具有约束力，用人单位与劳动者应当履行劳动合同约定的义务。

案例：用人单位不签订劳动合同的，要承担怎样的法律后果？

乐乐有限公司是某市一家生产玩具的企业。2019 年 9 月，由于该公司的订单不断增多，为了能够及时完成任务，该公司准备招聘一批新员工。在企业的招聘通知发出之后，很多人前来应聘。最后，经过公司的筛选，王女士等 20 人应聘成功。在乐乐有限公司发给王女士入职通知书以后，王女士等人便开始在该公司的工厂工作。同时，该公司人力资源部门的负责人告诉他们，他们的试用期为一个月。试用期通过之后，才能够成为该公司的正式员工，但是该公司一直没有与他们签订劳动合同。因为王女士有一定的经验，就询问公司何时与他们签订劳动合同。公司的负责人称，公司在准备劳动合同，等准备好了马上就签。可是，三个月后，王女士等人都已经成为该公司的正式员工，该公司却仍未与他们签订劳动合同。用人单位不与员工签订劳动合同应承担怎样的法律后果?

专家分析

《劳动合同法》第七条，第十条第一款、第二款分别规定，用人单位自用工之日起即与劳动者建立劳动关系。建立劳动关系，应当订立书面劳动合同。已建立劳动关系，未同时订立书面劳动合同的，应当自用工之日起一个月内订立书面劳动合同。同时，该法第十四条第三款、第八十二条规定，用人单位自用工之日起满一年不与劳动者订立书面劳动合同的，视为用人单位与劳动者已订立无固定期限劳动合同。同时，用人单位自用工之日起超过一个月不满一年未与劳动者订立书面劳动合同的，应当向劳动者每月支付二倍的工资。由此可知，用人单位在与劳动者建立劳动关系之后，必须与劳动者签订书面劳动合同，这是用人单位应当履行的义务。如果用人单位违反法律规定，不及时签订劳动合同，就要承担赔偿责任，而且如果超过一年的期限，就会视为其已与劳动者签订无固定期限劳动合同。本案中，乐乐有限公司在王女士等人工作了三个月之后，仍然不与员工签订劳动合同的行为已经违反法律规定。该公司应该马上与王女士等人签订劳动合同，并支付他们从超过一个月之日起到签订劳动合同之日期间二倍的工资。如果其超过一年仍然不签订劳动合同，就视为已经与劳动者签订无固定期限劳动合同。

实务指南

实践中，部分企业故意拖延时间，不与劳动者签订劳动合同，这种行为是不合法的。如果企业不及时与劳动者签订书面劳动合同，超过一个月的，企业就要开始支付给劳动者二倍的工资。而一旦超过一年，企业除了要支付劳动者自用工之日起超过一个月不满一年期间内每月二倍的工资外，企业与员工之间就视为已经订立无固定期限劳动合同。因此，企业需要注意，在招聘员工时，应该按照法律规定及时与劳动者签订书面劳动合同，否则，要承担相应的法律责任。

关联法规

《中华人民共和国劳动合同法》

第七条 用人单位自用工之日起即与劳动者建立劳动关系。用人单位应当建立职工名册备查。

第十条第一款 建立劳动关系，应当订立书面劳动合同。

第二款 已建立劳动关系，未同时订立书面劳动合同的，应当自用工之日起一个月内订立书面劳动合同。

第十四条第三款 用人单位自用工之日起满一年不与劳动者订立书面劳动合同的，视为用人单位与劳动者已订立无固定期限劳动合同。

第八十二条 用人单位自用工之日起超过一个月不满一年未与劳动者订立书面劳动合同的，应当向劳动者每月支付二倍的工资。

用人单位违反本法规定不与劳动者订立无固定期限劳动合同的，自应当订立无固定期限劳动合同之日起向劳动者每月支付二倍的工资。

（二）当事人

根据相关法律的规定，劳动合同的主体，也就是当事人，包括以下两种：

第一，用人单位。适用于劳动合同法所调整的组织称为用人单位，其主要包括：（1）中华人民共和国境内的企业；（2）中华人民共和国境内的个体经济组织，这里的“个体经济组织”是指一般雇工在7人以下的个体工商户；（3）中华人民共和国境内的民办非企业单位，如依法成立的会计师事务所、律师事务所等合伙组织和基金会；（4）实行劳动合同制的国家机关、事业单位、社会团体等。

第二，劳动者。劳动者是指所有年满16周岁（特殊工种除外），依法与用人单位建立劳动关系，订立劳动合同的自然人。但是，下列人员不适用劳动合同法的相关规定：（1）公务员；（2）参照实行公务员制度的事业单位和社会团体的工作人员；（3）农村劳动者（乡镇企业职工和进城务工、经商的农民除外）；（4）现役军人；（5）家庭保姆。

案例：员工家属可以代签劳动合同吗？

长风公司是某市一家生产文具的公司。2019年11月，长风公司准备增加投资，扩大生产规模。因此，长风公司又招聘了50名工人。在这些员工入职三天以后，长风公司便准备与他们签订劳动合同，但签订劳动合同当天，其中的一名员工吴某生病没有来上班。该公司的人力资源部门经理便打电话给吴某，让他来签订劳动合同。于是，吴某便让自己的妻子来代他签订劳动合同。而公司认为，双方已经就相关条款达成一致，代他签字的又是他的妻子，为了省事儿，方便一次性为这些新员工办理相关手续，就同意让吴某的妻子代他在劳动合同上签字。此时，该公司人力资源部门的一名工作人员称不能让吴某的妻子代签，这是不符合法律规定的。员工的家属可以代签劳动合同吗？

专家分析

《劳动合同法》第十六条第一款明确规定："劳动合同由用人单位与劳动者协商一致，并经用人单位与劳动者在劳动合同文本上签字或者盖章生效。"由此可知，劳动合同双方的当事人是用人单位与劳动者，双方在订立劳动合同时，在协商一致的基础上，必须经过用人单位与劳动者本人在合同文本上签字或盖章，劳动合同才会发生法律效力。任何人都不能代替劳动者或者用人单位在劳动合同文本上签字。而在本案中，即使长风公司事先已经与吴某达成一致，也不能由吴某的妻子代签，因为如果允许劳动合同由他人代签，可能会产生很多法律风险。所以，员工的家属不能代签劳动合同。

实务指南

在实际生活中，因劳动者家属代签劳动合同而出现法律纠纷的现象是比较多见的。因为一旦员工的家属代签劳动合同，如果以后企业与员工之间发生劳动纠纷，当员工想要解除劳动合同时，其很可能不承认由家属代签的劳动合同。这时公司很难举证证明劳动合同是在与员工协商一致后由其家属代签的，就要承担相应的法律责任，甚至会损害公司的利益。所以，企业需要注意，在签订劳动合同时，必须由劳动者本人签字，不能让劳动者的家属代签，以防范法律风险。

关联法规

《中华人民共和国劳动合同法》

第十六条第一款　劳动合同由用人单位与劳动者协商一致，并经用人单位与劳动者在劳动合同文本上签字或者盖章生效。

（三）内容和形式

根据《劳动合同法》第十七条的规定，用人单位与劳动者订立劳动合同，必须采用书面形式。同时，劳动合同应当具备以下条款：

（1）用人单位的名称、住所和法定代表人或者主要负责人；

（2）劳动者的姓名、住址和居民身份证或者其他有效身份证件号码；

（3）劳动合同期限；

（4）工作内容和工作地点；

（5）工作时间和休息休假；

（6）劳动报酬；

（7）社会保险；

（8）劳动保护、劳动条件和职业危害防护；

（9）法律、法规规定应当纳入劳动合同的其他事项。

劳动合同除上述规定的必备条款外，用人单位与劳动者可以约定试用期、培训、保守秘密、补充保险和福利待遇等其他事项。

案例：公司能否在劳动合同中规定当劳动者绩效不佳时劳动合同自行终止？

2018 年 4 月，北京的某商业保险公司的营销部门需要招聘一批员工。在看到招聘信息以后，朱某前来面试。后来，经过两次选拔，朱某应聘成功。在朱某入职时，该保险公司便与朱某签订了劳动合同。合同约定，试用期为一个月，工作期限为两年。同时，合同约定公司实行绩效考核制度，如果朱某的业务量连续三个月达不到60万元，为绩效不佳的表现，则劳动合同自行终止。在签订劳动合同之后，朱某便开始在该保险公司工作，经过一个月的试用期成为正式员工。可是，2018年6月中旬，虽然朱某工作非常努力，但他的业务量只有40万元。此时，该保险公司提出警告，如果他在三个月的期限届满时没有达到既定的业绩，劳动合同就自行终止。2018年7月，三个月的期限已到，然而朱某并未达到既定业绩，该保险公司便以出现劳动合同终止的情形为由，解除了劳动合同。朱某认为，该保险公司在劳动合同中做出这样的约定是不合法的，于是向当地的劳动仲裁委员会申请劳动仲裁。公司能否在劳动合同中规定当劳动者绩效不佳时劳动合同自行终止？

专家分析

《劳动合同法》第十七条除了规定劳动合同的必备条款外，还明确规定，在劳动合同中可以约定必备条款之外的其他事项。但是，用人单位不能在劳动合同中约定劳动合同自行终止的情形。因为该法第四十四条规定了劳动合同终止的6种法定情形，概括来说，其主要包括：（1）劳动合同期满的；（2）劳动者开始依法享受基本养老保险待遇的；（3）劳动者死亡，或者被人民法院宣告死亡或者宣告失踪的；（4）用人单位被依法宣告破产的；（5）用人单位被吊销营业执照、责令关闭、撤销或者用人单位决定提前解散的；（6）法律、行政法规规定的其他情形。即双方在劳动合同中约定的劳动合同终止的情形只能在《劳动合同法》第四十四条规定的范围内。同时，《劳动合同法实施条例》第十三条规定：“用人单位与劳动者不得在劳动合同法第四十四条规定的劳动合同终止情形之外约定其他的劳动合同终止条件。”由此可见，用人单位与劳动者只能在劳动合同中约定法律规定的劳动合同的终止条件，不能自行设置劳动合同终止的条件。本案中，该保险公司与员工朱某在劳动合同中约定的“绩效不佳时，劳动合同自行终止”不属于法定的劳动合同终止条件。所以，公司不能在劳动合同中规定当劳动者绩效不佳时劳动合同自行终止。

实务指南

在实际生活中，企业在与员工签订劳动合同时，其可以在必备条款之外约定其他条款。但是，企业与劳动者所约定的条款必须符合法律规定，否则，就是无效的。例如，本案中的某商业保险公司，虽然法律允许企业在劳动合同中约定终止条件，但是其只能约定法定的终止条件。即使当前很多企业实行绩效管理制度，企业也不能将员工绩效不佳作为终止劳动合同的条件写入劳动合同。因此，这就需要企业在平时设置劳动合同内容时明确哪些劳动合同的内容可以自行约定，避免触犯法律规定。

关联法规

《中华人民共和国劳动合同法》

第四十四条　有下列情形之一的，劳动合同终止：

（一）劳动合同期满的；

（二）劳动者开始依法享受基本养老保险待遇的；

（三）劳动者死亡，或者被人民法院宣告死亡或者宣告失踪的；

（四）用人单位被依法宣告破产的；

（五）用人单位被吊销营业执照、责令关闭、撤销或者用人单位决定提前解散的；

（六）法律、行政法规规定的其他情形。

《中华人民共和国劳动合同法实施条例》

第十三条 用人单位与劳动者不得在劳动合同法第四十四条规定的劳动合同终止情形之外约定其他的劳动合同终止条件。

（四）无固定期限劳动合同

根据相关法律的规定，用人单位与劳动者协商一致，可以订立无固定期限劳动合同。除劳动者提出订立固定期限劳动合同外，在下列情形之下，劳动者提出或者同意续订、订立劳动合同的，用人单位应当与劳动者订立无固定期限劳动合同：

（1）劳动者在该用人单位连续工作满十年的；

（2）用人单位初次实行劳动合同制度或者国有企业改制重新订立劳动合同时，劳动者在该用人单位连续工作满十年且距法定退休年龄不足十年的；

（3）连续订立二次固定期限劳动合同，且劳动者没有出现用人单位可以单方提出解除劳动合同的情形，续订劳动合同的；

（4）用人单位自用工之日起满一年不与劳动者订立书面劳动合同的，视为用人单位与劳动者已订立无固定期限劳动合同。

案例：与企业签订了无固定期限劳动合同的员工，就不能被辞退吗？

2017 年 9 月，大海服饰有限公司的设计部计划招聘三名设计师。刚刚从国外留学回来的小平被录用。在小平入职的第一天，该公司就与她签订了两年的劳动合同，并约定了一个月的试用期。因为小平在平时的工作中非常认真，而且很有设计天赋，工作能力非常强，在试用期满后，就转正成为该公司的正式员工。2019 年 9 月，小平的劳动合同到期。由于她在这两年的工作中表现非常好，得到了领导的赏识，大海服饰有限公司在续订劳动合同时，就直接与小平签订了无固定期限劳动合同。可是后来，该公司发现小平与另一家服装公司也签订了劳动合同，虽然是做兼职，但小平对待工作越来越不认真，而且导致大海服饰有限公司设计的很多衣服与另一家公司雷同，严重影响了公司的声誉。在大海服饰有限公司向小平指出上述问题之后，小平仍然不改正。于是，大海服饰有限公司便决定解除与小平的劳动合同。在与员工签订了无固定期限劳动合同之后，企业还可以将其辞退吗？

专家分析

根据《劳动合同法》第三十九条第四项的规定，劳动者同时与其他用人单位建立劳动关系，对完成本单位的工作任务造成严重影响，或者经用人单位提出，拒不改正的，用人单位可以解除劳动合同。同时，除了《劳动合同法》第三十九条、第四十条规定的用人单位可以单方解除劳动合同的情形不受劳动合同期限的限制外，该法第四十二条规定的用人单位不得解除劳动合同的情形中，也没有将签订无固定期限劳动合同的劳动者纳入其中。由此可知，在劳动者出现违反法定的情形时，用人单位有权单方解除劳动合同，用人单位的此项权利并不会因为所签订的劳动合同是无固定期限劳动合同而受到限制。本案中，小平因为与其他服装公司建立了劳动合同关系，严重影响她在大海服饰有限公司工作任务的完成，在该公司指出上述问题之后，其拒不改正。因此，即使该公司与她签订了无固定期限劳动合同，该公司也可以依据法律规定解除劳动合同。所以，在与员工签订了无固定期限劳动合同之后，一旦出现法律规定的情形，企业仍可以将其辞退。

实务指南

实践中，部分企业认为一旦与劳动者签订了无固定期限劳动合同，就不能再将其辞退，这也导致很多企业不敢轻易与劳动者订立无固定期限劳动合同。这种认识是错误的，虽然签订无固定期限劳动合同对于劳动者而言是有利的，但是，如果劳动者的行为出现损害用人单位利益等法律规定的情形，企业同样可以单方解除劳动合同。所以，在实际生活中，企业在与劳动者订立无固定期限劳动合同时，不要有这方面的顾虑。

关联法规

《中华人民共和国劳动合同法》

第三十九条　劳动者有下列情形之一的，用人单位可以解除劳动合同：

……

（三）严重失职，营私舞弊，给用人单位造成重大损害的；

……

第四十条　有下列情形之一的，用人单位提前三十日以书面形式通知劳动者本人或者额外支付劳动者一个月工资后，可以解除劳动合同：

（一）劳动者患病或者非因工负伤，在规定的医疗期满后不能从事原工作，也不能从事由用人单位另行安排的工作的；

（二）劳动者不能胜任工作，经过培训或者调整工作岗位，仍不能胜任工作的；

（三）劳动合同订立时所依据的客观情况发生重大变化，致使劳动合同无法履行，经用人单位与劳动者协商，未能就变更劳动合同内容达成协议的。

第四十二条　劳动者有下列情形之一的，用人单位不得依照本法第四十条、第四十一条的规定解除劳动合同：

（一）从事接触职业病危害作业的劳动者未进行离岗前职业健康检查，或者疑似职业病病人在诊断或者医学观察期间的；

（二）在本单位患职业病或者因工负伤并被确认丧失或者部分丧失劳动能力的；

（三）患病或者非因工负伤，在规定的医疗期内的；

（四）女职工在孕期、产期、哺乳期的；

（五）在本单位连续工作满十五年，且距法定退休年龄不足五年的；

（六）法律、行政法规规定的其他情形。

二、劳动合同的效力

劳动合同的效力主要涉及劳动合同的成立、生效、无效与无效后果

4 个方面的内容，下面我们逐一来看看。

首先，劳动合同的成立。

劳动合同成立的基本要件是双方当事人的意思表示一致，如果有特殊的成立要件，则在该要件具备时，劳动合同成立。在大多数情况下，劳动合同的成立与生效同时发生，但是也可能由于某种原因而导致劳动合同无法生效或推迟生效。因此，劳动合同的成立并不能等同于劳动合同的生效。

其次，劳动合同的生效。

劳动合同的生效是指依法成立的劳动合同，从成立之日或者约定之日起发生法律效力。依据相关法律的规定，有效的劳动合同应该具备以下要件：

（1）劳动合同的主体必须符合法律的规定；

（2）劳动合同双方当事人的意思表示真实；

（3）订立劳动合同的程序以及劳动合同的内容、形式必须符合法律的规定。

再次，劳动合同的无效。

劳动合同的无效是指当事人签订的劳动合同因为欠缺法定的有效条件或者违背法律的强制性规定而不产生法律约束力。

（1）劳动合同无效的原因。根据相关法律的规定，在下列情形下劳动合同无效：

①以欺诈、胁迫的手段或者乘人之危，使对方在违背真实意思的情况下订立或者变更劳动合同的；

②用人单位免除自己的法定责任、排除劳动者权利的；

③违反法律、行政法规强制性规定的。

（2）劳动合同无效的程度包括两种：全部无效与部分无效。

（3）无效劳动合同的确认。根据《劳动法》《劳动合同法》的规定，劳动合同无效的确认机关是劳动争议仲裁委员会和人民法院。劳动合同无效的，应该首先由劳动争议仲裁委员会进行裁决确认。只有当事人对劳动争议仲裁委员会确认的劳动合同无效的仲裁裁决不服的，才由人民法院确认。

最后，劳动合同无效的法律后果。

无效的劳动合同自订立之日起就不发生法律效力，其产生的法律后果主要包括以下 4 个方面：

（1）即使劳动合同被确认无效，如果劳动者已付出劳动的，用人单位也应当向劳动者支付劳动报酬。劳动报酬的数额，参照本单位相同或者相近岗位劳动者的劳动报酬确定。

（2）双方终止履行被确认全部无效的劳动合同。

（3）修改部分无效的劳动合同，如果劳动合同的部分条款被确认无效，对其无效的部分进行修改或者删除。

（4）由于劳动合同无效给对方造成损害的，有过错的一方应当承担赔偿责任。

（一）生效时间

一般情况下，劳动合同的成立与生效时间是相同的。根据相关法律的规定，劳动合同可以规定合同的生效时间。没有规定劳动合同生效时间的，当事人签字之日即视为该劳动合同生效时间。

案例：劳动合同到期后劳动者仍继续工作，但没有续签，劳动合同是否继续生效?

天天公司是某市一家生产洗护用品的企业，王女士从2016年该公司成立时起就在该公司工作。2016年入职时，天天公司与王女士签订了为期三年的劳动合同。因为她平时工作非常认真，得到了公司领导的赏识。2019年8月1日，王女士与该公司的劳动合同已经到期。此时，王女士询问该公司的人力资源部门，人力资源部门称要与她续订劳动合同。但是，因为该公司最近比较忙，所以要过一段时间才能与她签订劳动合同，让她继续在该公司工作。然而，两个月后，该公司依然没有与其续订劳动合同。在这种情况下，劳动合同到期后劳动者仍继续工作，但没有续签，劳动合同是否继续生效?

专家分析

我国原劳动部颁发的《关于实行劳动合同制度若干问题的通知》第十四条规定："有固定期限的劳动合同期满后，因用人单位方面的原因未办理终止或续订手续而形成事实劳动关系的，视为续订劳动合同。用人单位应及时与劳动者协商合同期限，办理续订手续。由此给劳动者造成损失的，该用人单位应当依法承担赔偿责任。"同时，《最高人民法院关于审理劳动争议案件适用法律若干问题的解释》第十六条第一款也明确规定："劳动合同期满后，劳动者仍在原用人单位工作，原用人单位未表示异议的，视为双方同意以原条件继续履行劳动合同。一方提出终止劳动关系的，人民法院应当支持。"由此可知，在劳动合同期满之后，劳动者仍然在原单位工作，如果用人单位没有及时办理续订手续，就视为双方以原条件继续履行劳动合同，劳动合同继续生效。本案中，王女士在与天天公司的劳动合同期限届满之后，该公司一直没有与她续订劳动合同，此时为事实劳动关系，双方以原劳动合同中的条件继续履行劳动合同。

实务指南

实践中，企业与劳动者签订的劳动合同期限届满之后，如果打算继续聘用员工，就应该及时与其办理续订手续。否则，一旦劳动合同期限届满，企业不与劳动者续订劳动合同，如果员工仍然在原单位工作，法律就推定双方按照原来的劳动合同条件继续履行劳动合同，企业就丧失了选择的机会。而且，因此给员工造成损失的，企业还需要承担赔偿责任。所以，企业在日常的人力资源管理中需要注意，要及时做出决定是否与劳动合同期限届满的员工续签劳动合同。

关联法规

《关于实行劳动合同制度若干问题的通知》（劳部发〔1996〕354号）

14. 有固定期限的劳动合同期满后，因用人单位方面的原因未办理终止或续订手续而形成事实劳动关系的，视为续订劳动合同。用人单位应及时与劳动者协商合同期限，办理续订手续。由此给劳动者造成损失的，该用人单位应当依法承担赔偿责任。

《最高人民法院关于审理劳动争议案件适用法律若干问题的解释》

第十六条　劳动合同期满后，劳动者仍在原用人单位工作，原用人单位未表示异议的，视为双方同意以原条件继续履行劳动合同。一方提出终止劳动关系的，人民法院应当支持。

根据《劳动法》第二十条之规定，用人单位应当与劳动者签订无固定期限劳动合同而未签订的，人民法院可以视为双方之间存在无固定期限劳动合同关系，并以原劳动合同确定双方的权利义务关系。

（二）全部合同条款无效

劳动合同的全部无效是指劳动合同的内容因违背法律的强制性规定或者是在欺诈、胁迫的情况下订立而不发生法律效力。全部无效的劳动合同应该停止履行，并予以废止。需要注意的是，全部无效的劳动合同应该被取消或者废止，而不能被撤销，因为在劳动合同法中没有劳动合同的可撤销制度。

案例：劳动合同无效，还需要向劳动者支付报酬吗？

青枫科技有限公司是某市一家专门开发电子游戏的公司。2019 年 3 月，该公司的研发部因为原来的一名员工辞职，准备招聘一名新员工帮助开发游戏软件。于是，该公司在招聘信息中要求应聘者必须具有本科以上学历。小郑前来应聘，在面试时，他按照公司的要求出具了自己的本科学历证明。因为公司觉得他在游戏开发方面非常有天赋，而且他的各个方面都符合公司的要求，便录用了他，与他签订了为期三年的劳动合同，并约定了一个月的试用期。试用期结束之后，小郑成为公司的正式员工。可是，公司在给他办理相关入职手续时发现，他的学历证明是伪造的。后来，小郑说自己其实是高中毕业，因为一直都对电子游戏非常感兴趣，所以很想得到这份工作，就伪造了学历证明。后来，青枫科技有限公司请求劳动仲裁委员会作出劳动合同无效的裁决。最终，此份劳动合同因小郑的欺诈行为被裁决无效。劳动合同无效，企业还需要向劳动者支付报酬吗?

专家分析

根据《劳动合同法》第二十八条的规定：“劳动合同被确认无效，劳动者已付出劳动的，用人单位应当向劳动者支付劳动报酬。劳动报酬的数额，参照本单位相同或者相近岗位劳动者的劳动报酬确定。”由此可知，即使用人单位与劳动者签订的劳动合同无效，如果劳动者已经在该用人单位工作的，用人单位也需要根据相同或者相近劳动岗位向劳动者支付报酬。本案中，青枫科技有限公司与小郑的劳动合同因为小郑提供假学历证明的行为而无效，但小郑已经在该公司工作一个月，公司应该按照研发部内相同或者相近岗位在试用期的工资待遇向小郑支付一个月的工资。因此，即便劳动合同无效，企业也需要向劳动者支付报酬。

实务指南

在企业日常招聘员工时，部分劳动者为了得到工作而进行学历等资料造假的行为并不少见。虽然企业与实行造假行为的劳动者签订的劳动合同会因为劳动者欺诈而无效，但企业需要注意的是，即使劳动合同无效，如果员工已经付出劳动，企业也要向劳动者支付相应的工资，劳动者的报酬权并不因为劳动合同的无效而丧失。因此，实践中，企业在招聘员工时，要严格审查员工的入职材料，做好员工背景调查，并要求员工出具书面材料作为证据，以杜绝劳动者的就业欺诈行为。

关联法规

《中华人民共和国劳动合同法》

第二十八条 劳动合同被确认无效，劳动者已付出劳动的，用人单位应当向劳动者支付劳动报酬。劳动报酬的数额，参照本单位相同或者相近岗位劳动者的劳动报酬确定。

（三）部分条款无效

劳动合同部分无效是指在当事人订立的劳动合同中，部分条款因违犯法律的规定而不发生法律约束力。此时，对于无效的条款要予以修改或者删除。一般情况下，被认定为部分无效的劳动合同条款与其他内容相比，应该是独立的，即具有可分性。所谓可分性，是指该条款与劳动合同的其他条款没有关联，是独立存在的。如果其不具有可分性，就会导致劳动合同的全部无效。在实践中，部分条款无效的情况主要表现为，工作加班加点不支付加班费、未经批准不得辞职、工作时间超过法律的规定等。

案例：劳动合同部分无效影响其他部分的效力吗？

星星食品公司是一家专门生产膨化食品的企业。2019 年 3 月，该公司需要招聘一名食品安全员。江某被星星食品公司录用，并与该公司签订了劳动合同。劳动合同约定，工作期限为两年，试用期为一个月，每天工作 10 个小时。在一个月的试用期结束后，江某转为正式员工。然而，有一天，江某听自己的朋友说，法律规定的是 8 小时工作制。于是，江某向星星食品公司提出，公司规定自己每天工作 10 个小时的劳动合同是违法的，应该缩短劳动时间。而星星食品公司的相关部门的负责人称，既然劳动合同中的有关工作时间的条款是无效的，那么整个劳动合同也是无效的，所以请江某另谋高就。第二天，该公司就找了另一个员工替代江某。对此，江某不服，向当地的劳动仲裁争议委员会申请劳动仲裁。劳动合同中的部分条款无效是否会影响其他部分的效力？

专家分析

《劳动合同法》第二十七条规定："劳动合同部分无效，不影响其他部分效力的，其他部分仍然有效。"由此可知，在劳动合同中，如果部分独立存在的条款因违背法律的强制性规定而导致无效的，其不会影响劳动合同中其他条款的法律效力，其他部分仍然有效。本案中，星星食品公司与江某签订的劳动合同中，关于工作时间的条款因为违反了法律规定的 8 小时工作制而无效。但是，因为该条款是可以与其他条款的内容进行区分的，所以这并不影响劳动合同中约定的劳动期限、薪资待遇、试用期等其他条款的效力。因此，本案中，星星食品公司的做法是错误的，该企业与江某的劳动关系并不能因此而终止。该公司应该将江某的工作时间修改为 8 个小时，劳动合同中约定的其他条款按照原来的规定继续履行。

实务指南

实践中，企业与员工签订的劳动合同中，劳动合同的内容包括劳动合同期限、工作内容、工作地点、工作时间、休息休假、劳动报酬、社会保险等相关条款。需要企业予以注意的是，其中的一个条款或者几个条款无效不会影响其他条款的效力，也不会影响整个劳动合同的效力。对于无效的条款，或废止或改为按照国家标准执行，而其他部分的劳动合同依然按照原来劳动合同的规定继续履行。所以，企业不能因为一个劳动合同条款无效，就轻易宣布整个劳动合同无效，进而终止与劳动者的劳动关系。这不仅是违法的，对劳动者而言也是不公平的。

关联法规

《中华人民共和国劳动合同法》

第二十七条　劳动合同部分无效，不影响其他部分效力的，其他部分仍然有效。

三、劳动合同的履行和变更

劳动合同的履行是指用人单位与劳动者按照合同的规定履行各自的权利和义务。双方在履行劳动合同的过程中应当遵循以下三个原则：

（1）实际履行原则，也被称为亲自履行原则。其主要是指劳动者必须以自己的行为亲自履行劳动合同，不能由他人代替。因为劳动者履行劳动合同具有人身性质，其不能让他人来代替；而用人单位因其不具有不可分离性，在合同约定的情况下，用人单位具有可替代性。

（2）全面履行原则，即双方当事人必须严格按照劳动合同中的所有条款履行自己的义务。

（3）协助履行原则，即在一方履行劳动合同的过程中，因劳动关系需要双方当事人之间的合作，另一方应当予以协助、配合。

劳动合同的变更是指因法定事由的发生或者当事人约定情况的变

化，双方对已经生效的劳动合同进行修改或者补充的法律行为。

劳动合同的变更包括两种，即劳动合同主体的变更与劳动合同内容的变更。劳动合同主体的变更是指用人单位名称、法定代表人、主要负责人或者投资人等的变更。用人单位相关事项发生变更的，不影响劳动合同的履行。劳动合同内容的变更是指当事人双方变更劳动合同中的部分条款，如工作岗位、工作时间等。

此外，根据相关法律的规定，劳动合同变更的事由主要包括两种：

（1）因客观原因发生变更。客观原因是指劳动合同订立时所依据的客观情况发生重大变化，致使原劳动合同无法履行，如国家新的政策的出台、企业濒临破产或经营状况出现严重困难、发生自然灾害等原因。

（2）因主观原因发生变更。主观原因是指用人单位与劳动者协商一致变更劳动合同的内容。

（一）劳动合同的履行

关于劳动合同的履行，《劳动合同法》作出了明确规定，企业在履行劳动合同的过程中应注意以下 4 个方面的内容：

（1）关于劳动报酬的规定。用人单位应当按照劳动合同约定和国家规定，向劳动者及时足额支付劳动报酬。如果用人单位拖欠或者未足额支付劳动报酬的，劳动者可以依法向当地人民法院申请支付令，人民法院应当依法发出支付令。

（2）关于劳动者工作时间及加班费用的规定。用人单位应当严格执行劳动定额标准，不得强迫或者变相强迫劳动者加班。用人单位安排加班的，应当按照国家有关规定向劳动者支付加班费。

（3）关于安全生产的规定。用人单位不得违章指挥，不得强迫劳动者冒险作业。对于用人单位的违法行为，劳动者有权拒绝。同时，用人单位应该保证劳动者的工作条件，对于危害生命安全和身体健康的劳动条件，劳动者有权对用人单位提出批评、检举和控告。

（4）关于用人单位相关事项变更的规定。用人单位变更名称、法定代表人、主要负责人或者投资人等事项，不影响劳动合同的履行。

案例：用人单位分立，影响劳动合同的履行吗？

恒山公司是某市一家经营红酒的公司，该公司的红酒在当地非常有名。后来，该公司也开始生产一些果汁、可乐等其他饮品。2016年5月，该公司的董事会决定，为提升公司的核心竞争力，将红酒推向国际市场，准备将公司的一部分财产分离，成立一个新的恒水有限公司，专门生产果汁、可乐等饮品，而原来的公司主要生产红酒。在决定分立之后，恒山公司便开始办理各种分立手续，并且将原来公司的一部分员工分配到新公司工作。该公司的相关部门认为分配到新公司的员工应该终止与原来公司的劳动合同，在入职之后根据新公司的情况重新签订劳动合同。但是，该公司的员工认为，不能因为公司分立而终止与他们的劳动合同，这对他们是不公平的。用人单位分立，是否影响劳动合同的履行？

专家分析

《劳动合同法》第三十四条规定："用人单位发生合并或者分立等情况，原劳动合同继续有效，劳动合同由承继其权利和义务的用人单位继续履行。"由此可知，在实际生活中，用人单位无论是合并，还是分立，都不影响原来与本单位劳动者签订的劳动合同的效力。合并或者分立后的新用人单位继续按照原来的劳动合同内容履行。本案中，虽然恒山公司将本公司的一部分财产分离出去，成立了一个新的公司，并将一部分员工调到新公司工作，但是，原来的劳动合同仍然有效，新成立的恒水公司应当按照恒山公司与这部分员工原来的劳动合同继续履行该合同。所以，恒山公司不能终止与这部分员工的劳动合同，其在劳动合同中的权利和义务应该由恒水公司承继，继续履行。

实务指南

近年来，随着我国经济的不断改革，不少企业根据国家政策和市场需求进行改组重建，有的企业或被兼并，或被撤销，有的企业一分为二，但是，不管企业如何合并或者分立，其原来与员工签订的劳动合同都不会因此无效。因此，这就需要企业注意，无论其出于何种原因合并或者分立，原来的劳动合同继续有效，由承继其权利和义务的单位继续履行，企业不能因此而终止与员工的劳动合同，更不能与员工重新签订劳动合同。

关联法规

《中华人民共和国劳动合同法》

第三十四条　用人单位发生合并或者分立等情况，原劳动合同继续有效，劳动合同由承继其权利和义务的用人单位继续履行。

（二）协商变更劳动合同

协商变更劳动合同是指用人单位与劳动者达成合意，双方在协商一致的基础上修改或者补充原来签订的劳动合同的内容。协商变更劳动合同必须建立在双方当事人协商一致、平等自愿的基础上。另外，双方协商变更劳动合同需要采用书面形式。变更后的劳动合同文本由用人单位和劳动者各执一份。

案例：与劳动者协商变更劳动合同，应坚持什么原则？

炫美有限公司是某市一家专门制作婚纱礼服的企业。2016 年 4 月，小萌在该公司招聘员工时，应聘成功，成为该公司设计部的一名员工。在小萌入职以后，该公司便与她签订了劳动合同，合同约定：试用期为一个月，劳动合同期限为一年，其工作内容主要是负责公司产品设计。小萌工作了一个月之后，便转为该公司的正式员工。后来，该公司发现小萌在整理材料方面做得特别好，甚至超过了她的专业能力。因此，公司觉得她比较适合做行政部门的工作，而此时该公司的行政部门正好人手不够。于是，公司便征求小萌的意见，准备变更劳动合同，将她调动到该公司的行政部门工作。可是，小萌觉得如果改变自己的工作岗位，那么自己所学的专业知识就荒废了。因此，她并没有同意公司的提议。但是，几天之后，公司人力资源部通知小萌到行政部门工作，同时变更了与她的劳动合同。小萌觉得公司这样做是不合理的。该公司的做法是否正确？用人单位在与劳动者协商变更劳动合同时，应该坚持什么原则？

专家分析

《劳动合同法》第三十五条第一款规定："用人单位与劳动者协

商一致，可以变更劳动合同约定的内容。变更劳动合同，应当采用书面形式。”由此可知，在用人单位与劳动者签订劳动合同之后，劳动合同尚未履行或者履行完毕之前，经过双方协商一致，可以采用书面形式变更劳动合同的内容。也就是说，用人单位与劳动者变更劳动合同的内容应该遵循平等自愿、协商一致的原则。而在本案中，虽然炫美有限公司征求了小萌的意见，但是，在小萌没有同意的情况下，依然发出变更劳动合同、让小萌更换工作岗位的通知。该企业的这种做法违背了协商一致的原则，违反了法律规定。而且，在小萌没有同意的情况下，企业不能利用自己的优势地位而强迫其更换工作岗位，这同时违背了平等自愿的原则。所以，企业在与劳动者协商变更劳动合同时，应当遵循协商一致、平等自愿的原则。

实务指南

实践中，在用人单位与劳动者签订劳动合同后，在履行合同的过程中，随着客观条件等各方面因素的变化，有时劳动合同可能需要进行适当调整。但企业需要注意的是，其在与劳动者协商变更劳动合同时，不仅要采用书面形式，而且要遵循平等自愿、协商一致的原则。企业如果要与劳动者协商变更劳动合同，应征求劳动者的意见，尊重劳动者的选择，而不能违背劳动者的意愿随意变更劳动合同的内容。否则，其很可能会因触犯法律规定，损害劳动者的合法权益，而承担法律责任。

关联法规

《中华人民共和国劳动合同法》

第三十五条第一款 用人单位与劳动者协商一致，可以变更劳动合同约定的内容。变更劳动合同，应当采用书面形式。

（三）单方变更劳动合同

单方变更劳动合同是指在发生法律规定的事由时，当事人一方可以根据客观情况的变化而不经协商，依法决定变更劳动合同的内容。实践中，这一般是指用人单位在出现法定事由时，决定与劳动者变更劳动合同，主要表现为调整工作岗位、工作地点、工资待遇等。根据相关法律的规定，在以下三种情形下，用人单位可以单方变更劳动合同：（1）劳动者无法胜任现在的工作；（2）劳动者患病或者非因工负伤，在规定的医疗期满后不能从事原工作；（3）劳动合同订立时所依据的客观情况发生重大变化，致使劳动合同无法履行。

案例：劳动者因病出院后不能胜任原来的工作岗位，单位可以变更劳动合同吗？

丰天化肥制造厂是某县一家小型企业。2015 年 3 月，吴某成为该企业的一名搬运工，与该企业签订了为期两年的劳动合同。2016 年 1 月，吴某在工作时突然晕倒，后来经过诊断为心脏病。医生说吴某的身体比较虚弱，即使出院，也不可以再做体力活。2016 年 2 月，经过住院休养之后，吴某又回到原来的单位上班。但是，该化肥制造厂觉得吴某不能再胜任原来的工作，因此为了保证吴某的生命安全，决定与吴某变更劳动合同，将吴某调到该化肥制造厂的仓库工作。于是，该化肥制造厂便重新拟订了劳动合同的内容。由于管理仓库的工资比原来低，吴某不同意更换工作岗位，认为公司不能擅自决定变更劳动合同。在此种情况下，劳动者因病出院后不能胜任原来的工作岗位，单位可以变更劳动合同吗？

专家分析

《劳动合同法》第四十条第一项规定，劳动者患病或者非因工负伤，在规定的医疗期满后不能从事原工作，也不能从事由用人单位另行安排的工作的，用人单位提前三十日以书面形式通知劳动者本人或者额外支付劳动者一个月工资后，可以解除劳动合同。由此可知，该条间接规定了劳动者患病在规定的医疗期满后，如果仍然不能胜任原来的工作，企业可以单方变更劳动合同。本案中，吴某在生病康复之后，由于其身体状况无法再从事原来的搬运工作，因此丰天化肥制造厂单方决定变更劳动合同，将其调至管理仓库岗位的行为是合法的。所以，本案中，化肥制造厂的行为是正确的。

实务指南

我国法律虽然规定劳动合同的变更需要双方当事人协商一致，但是在劳动者无法胜任原来的工作时，企业可以依法单方变更劳动合同。然而，企业需要注意的是，由于实践中，劳动者不能胜任工作是企业变更劳动合同的常见理由，企业单方变更劳动合同的权利也并不是不受任何约束的。企业要行使此项权利，通常需要提供证据证明劳动者不能胜任现有的工作岗位，而且企业在变更劳动合同之后，为劳动者安排的新的工作岗位应该与其劳动能力与劳动技能相适应。

关联法规

《中华人民共和国劳动合同法》

第四十条 有下列情形之一的，用人单位提前三十日以书面形式通知劳动者本人或者额外支付劳动者一个月工资后，可以解除劳动合同：

（一）劳动者患病或者非因工负伤，在规定的医疗期满后不能从事原工作，也不能从事由用人单位另行安排的工作的；

（二）劳动者不能胜任工作，经过培训或者调整工作岗位，仍不能胜任工作的；

（三）劳动合同订立时所依据的客观情况发生重大变化，致使劳动合同无法履行，经用人单位与劳动者协商，未能就变更劳动合同内容达成协议的。

四、劳动合同的解除

劳动合同的解除是指在劳动合同订立以后，履行完毕之前，由于某种原因使劳动合同中的一方或者双方当事人中断劳动合同关系的法律行为。根据相关法律的规定，劳动合同的解除分为双方协商解除劳动合同与单方解除劳动合同两种。

其中，双方协商解除劳动合同主要是指用人单位与劳动者在协商一致的情况下解除劳动合同的情形。

单方解除劳动合同，根据主体的不同，分为用人单位单方解除劳动合同与劳动者单方解除劳动合同：

1. 用人单位单方解除劳动合同。用人单位单方解除劳动合同的情形主要包括：

（1）过错性辞退，即因员工的过错行为，用人单位单方解除劳动合同。

（2）非过错性辞退是指劳动者本人没有过错，但是由于主客观原因导致劳动合同无法履行，用人单位在符合法律规定的情形下，提前三十日以书面形式通知劳动者本人或者额外支付劳动者一个月工资后，可以解除劳动合同。其主要包括以下情形：①劳动者患病或者非因工负伤，在规定的医疗期满后不能从事原工作，也不能从事由用人单位另行安排的工作的；②劳动者不能胜任工作，经过培训或者调整工作岗位，仍不能胜任工作的；③劳动合同订立时所依据的客观情况发生重大变化，致使劳动合同无法履行，经用人单位与劳动者协商，未能就变更劳动合同内容达成协议的。

（3）经济性裁员，即用人单位在出现经营困难等法定情形时，履行一定的程序后，便可以辞退部分员工。

2. 劳动者单方解除劳动合同。出现法定情形的，劳动者也享有单方解除劳动合同的权利。根据相关法律的规定，劳动者单方解除劳动合同的权利可以分为预告解除与即时解除。

（1）预告解除。这是指劳动者在提前通知用人单位，履行相应的程序后就可以单方解除劳动合同。根据相关法律的规定，劳动者的单方解除又可以分为两种情况：①劳动者在试用期内提前三日通知用人单位可以解除劳动合同；②劳动者提前三十日以书面形式通知用人单位，可以解除劳动合同。

（2）即时解除。即时解除劳动合同是指一旦出现法律规定的情形，劳动者无须提前通知用人单位，可以马上解除劳动合同。其主要包括 7 种情形：①未按照劳动合同约定提供劳动保护或者劳动条件的；②未及时足额支付劳动报酬的；③未依法为劳动者缴纳社会保险费的；④用人单位的规章制度违反法律、法规的规定，损害劳动者权益的；⑤因《劳动合同法》第二十六条第一款规定的情形致使劳动合同无效的；⑥用人单位以暴力、威胁或者非法限制人身自由的手段强迫劳动者劳动的，或者用人单位违章指挥、强令冒险作业危及劳动者人身安全的；⑦法律、行政法规规定劳动者可以解除劳动合同的其他情形。

（一）协商解除

协商解除，也被称为合意解除，即用人单位与劳动者达成一致解除劳动合同。也就是说，无论劳动合同的期限如何规定，在劳动合同开始履行后，双方当事人可以在试用期内、试用期满、固定劳动合同期满前以及无固定期限劳动合同的任何一个时间段内协商解除劳动合同。同时，其可以协商劳动合同解除之后双方权利和义务的分配等内容。但是，在协商解除劳动合同时，双方应该遵循以下三个原则：

（1）双方自愿的原则。协商解除劳动合同必须建立在双方自愿的基础上，任何一方都不能强迫另一方解除劳动合同。

（2）平等协商的原则。在协商解除劳动合同的过程中，任何一方都不得将自己的意志强加给对方，双方当事人应该就解除劳动合同中出现的问题平等地协商。

（3）不得损害对方利益、第三人利益及社会公共利益。所谓的协商一致就是要求双方当事人不得损害任何一方的利益，同时也不得损害他人的合法权益和社会公共利益。

根据提出的主体不同，协商解除劳动合同可以分为用人单位主动提议解除劳动合同而劳动者同意解除的情形，以及劳动者提出辞职而用人单位批准的情形。不同的情形所产生的法律后果是不同的：

（1）用人单位提议解除劳动合同。用人单位向劳动者提出解除劳动合同并与劳动者协商一致的，应当向劳动者支付经济补偿。

（2）劳动者提议解除劳动合同。劳动者提议解除劳动合同后，用人单位同意而解约的，用人单位无须向劳动者支付经济补偿。

案例：协商解除劳动合同，也需要向员工支付经济补偿吗？

果果有限公司是某市一家专门生产糖果的企业。钱某从该公司于2010年成立之后就一直在该公司工作。2015年7月，钱某与该公司签订了无固定期限劳动合同。然而，2016年10月，由于该公司进行改制，钱某所在的部门将被撤销。此时，该公司相关部门便找到钱某进行协商，征求钱某的意见，问他是否愿意解除劳动合同。钱某觉得自己继续在该公司工作也没有前途，于是，便与该公司达成一致决定解除劳动合同。然而，在签订协议时，钱某发现协议中只是规定，双方协商一致解除劳动合同，公司会将10月的工资按时发放给他。钱某听说解除劳动合同会有经济补偿，便询问公司的人员。工作人员称，因为他与公司是协商解除劳动合同，因此公司是无须支付经济补偿的。请问，该公司的做法是否正确？企业与员工协商解除劳动合同，还需要支付经济补偿吗？

专家分析

根据《劳动合同法》第三十六条、第四十六条的规定，用人单位与劳动者协商一致，可以解除劳动合同。用人单位向劳动者提出解除劳动合同并与劳动者协商一致解除劳动合同的，应当向劳动者支付经济补偿。由此可知，协商解除劳动合同并没有程序上、实体上的限制，只要双方达成合意即可。而即使是用人单位与劳动者协商一致解除劳动合同，如果是用人单位首先提出解除劳动合同的，其也需要向劳动者支付经济补偿。本案中，虽然双方达成一致解除劳动合同，但因为是果果有限公司提出解除劳动合同的，所以依据相关法律的规定，该公司仍然需要向钱某支付经济补偿。因此，本案中，该公司的做法是错误的。

实务指南

实践中，用人单位与劳动者协商解除劳动合同的现象并不少见。对于双方当事人协商解除劳动合同，虽然法律没有过多的限制，但企业需要注意的是，如果企业提出解除劳动合同，其仍然要向劳动者支付相应的经济补偿。也就是说，在协商解除劳动合同的情况下，企业是否要向劳动者支付经济补偿，取决于是否由其提出解除劳动合同。

关联法规

《中华人民共和国劳动合同法》

第三十六条 用人单位与劳动者协商一致，可以解除劳动合同。

第四十六条 有下列情形之一的，用人单位应当向劳动者支付经济补偿：

……

（二）用人单位依照本法第三十六条规定向劳动者提出解除劳动合同并与劳动者协商一致解除劳动合同的；

……

（二）因员工过错解除

根据相关法律的规定，在员工出现法定过错时，用人单位可以单方解除劳动合同，无须征求劳动者的意见。用人单位因员工的过错解除劳动合同的情形主要有6个：（1）劳动者在试用期内被证明不符合录用条件的；（2）劳动者严重违反用人单位的规章制度的；（3）劳动者违反忠实义务而导致的过错性辞退，如劳动者严重失职，营私舞弊，给用人单位造成重大损害的；（4）被追究刑事责任的劳动者，用人单位可以即时解除劳动合同；（5）劳动者在外兼职而导致的过错性辞退；（6）劳动者以欺诈、胁迫的手段或者乘人之危，使对方在违背真实意思的情况下订立或者变更劳动合同的。

案例：劳动者将自己的工作承包给别人干，用人单位可以因此解除劳动合同吗？

长江教育科技有限公司是某市一家司法考试培训机构。2015年6月，冯某成为该公司的正式员工，其专门负责为该机构整理历年的司考真题的图书，同时进行解析，最后出版。开始时，冯某工作非常认真。可是，他在工作了一段时间之后就觉得非常无聊，因为每天都是做着相同的工作。但因为他每主编一本真题解析图书，该机构会给他一定的提成，于是，他为了减轻自己的工作量，便以低于自己工资的价格将工作承包给别人。这样他就不用工作了，还可以从中赚钱。在冯某让别人完成工作之后，便将书稿交给了该公司。可是，在该公司将该书稿出版之后，由于该书中错误百出，很多解析都是不正确的，给公司的声誉造成了重大损害。于是，该公司便决定解除与冯某的劳动合同。该公司的做法是否正确？用人单位可以因此解除劳动合同吗？

专家分析

根据《劳动合同法》第二十九条的规定，用人单位与劳动者应当按照劳动合同的约定，全面履行各自的义务。同时，该法第三十九条也规定，劳动者严重失职，营私舞弊，给用人单位造成重大损害的，用人单位可以解除劳动合同。因此，劳动者在签订劳动合同之后，应该亲自履行劳动合同。如果其失职给用人单位造成重大损害，用人单位便可以解除劳动合同。本案中，冯某在与长江教育科技有限公司签订劳动合同之后，将自己的工作承包给别人，并因此给公司造成严重损失，所以，该公司可以解除与冯某的劳动合同。也就是说，《劳动合同法》虽然没有把员工将工作承包给他人作为用人单位单方解除劳动合同的情形，但劳动者的这种做法也是违反劳动合同的履行原则的。如果其因此而给用人单位造成重大损失或者严重违反了用人单位的规章制度，用人单位完全可以行使单方解除劳动合同的权利。

实务指南

实践中，有些企业在与劳动者签订劳动合同之后，部分劳动者将工作承包给他人，这种行为其实是违反《劳动合同法》的规定的。企业需要注意的是，在劳动者出现此种行为时，企业可以向劳动者主张违约责任。但是，如果其不具备解除劳动合同的情形，企业就不能行使单方解除劳动合同的权利。因此，这就需要企业在单位的规章制度中做出规定，一旦劳动者出现此种行为，企业可以及时维护自己的权利。

关联法规

《中华人民共和国劳动合同法》

第二十九条　用人单位与劳动者应当按照劳动合同的约定，全面履行各自的义务。

第三十九条　劳动者有下列情形之一的，用人单位可以解除劳动合同：

（一）在试用期间被证明不符合录用条件的；

（二）严重违反用人单位的规章制度的；

（三）严重失职，营私舞弊，给用人单位造成重大损害的；

（四）劳动者同时与其他用人单位建立劳动关系，对完成本单位的工作任务造成严重影响，或者经用人单位提出，拒不改正的；

（五）因本法第二十六条第一款第一项规定的情形致使劳动合同无效的；

（六）被依法追究刑事责任的。

（三）经济性裁员

经济性裁员是指用人单位因为经营发生困难，为改善经营状况，降低劳动成本而一次性辞退部分劳动者的行为。经济性裁员具有严格的程序和条件的限制，用人单位必须遵守规定。根据相关法律的规定，用人单位进行经济性裁员的要求是：

（1）程序要件的限制。需要裁减人员二十人以上或者裁减不足二十人但占企业职工总数百分之十以上的用人单位在进行经济性裁员时，其需要提前三十日向工会或者全体职工说明情况，听取工会或者职工的意见后，裁减人员方案经向劳动行政部门报告，才可以裁减人员。

（2）实质要件的限制。根据相关法律的规定，用人单位在发生下列情形时，才可以进行裁员：①依照企业破产法规定进行重整的；②生产经营发生严重困难的；③企业转产、重大技术革新或者经营方式调整，经变更劳动合同后，仍需裁减人员的；④其他因劳动合同订立时所依据的客观经济情况发生重大变化，致使劳动合同无法履行的。

（3）用人单位在进行裁员时，应当优先留用的员工的限制。裁减人员时，应当优先留用与本单位订立较长期限的固定期限劳动合同或无固定期限劳动合同的人员，以及家庭无其他就业人员，有需要扶养的老人或者未成年人的员工。

（4）裁员之后重新招用员工的限制。用人单位依照规定裁减人员，在六个月内重新招用人员的，应当通知被裁减的人员，并在同等条件下优先招用被裁减的人员。

案例：企业在遭遇经济困难需要裁员时，应该优先留下哪些员工？

同生公司是某市一家生产水果罐头的公司。该公司于2010年成立，自成立以来，该公司的效益一直很好。然而，2016年，由于经济非常不景气，市场低迷，公司的订单逐渐减少。而此时，该公司由于原来的总经理辞职，新任总经理一时间无法管理好公司，从而导致该公司的生产经营出现严重问题，资金无法周转。此时，董事会不得不做出裁减员工的决定。而季某等人从公司成立时起就一直在该公司工作，且公司在2015年已经与他们签订无固定期限劳动合同。可是，公司在裁减员工时，却将季某等已经在公司工作很多年的员工裁减，而将公司最近两年新招聘的一批学历比较高的年轻员工留下。为此，季某等人不服，认为他们已经与公司签订无固定期限劳动合同，应该优先留下他们。企业在遭遇经济困难需要裁员时，应该优先留下哪些员工?

专家分析

《劳动合同法》第四十一条第二款明确规定，用人单位在裁减人员时，应当优先留用下列人员：（1）与本单位订立较长期限的固定期限劳动合同的；（2）与本单位订立无固定期限劳动合同的；（3）家庭无其他就业人员，有需要扶养的老人或者未成年人的。由此可知，企业在因经营困难等法定原因需要裁减员工时，应该优先留用上述三类员工。留用上述三类员工主要是基于两个原因：一是他们在企业内工作时间比较长，劳动关系相对比较稳定；二是他们需要维持家庭生活。本案中，同生公司因经营困难需要裁员，依据法律规定，其应该优先留用季某等与公司签订无固定期限劳动合同的员工。因此，本案中，该企业的做法是错误的。

实务指南

在现实生活中，企业出现经营困难等原因而进行裁员的现象并不少见。法律允许企业在出现法定情形时裁减人员，在经济性裁员时，企业就需要对现有的员工做出取舍。在进行取舍的过程中，为了保证公平，企业需要按照法律规定，优先留用符合条件的员工，避免因裁员而导致劳动纠纷。

关联法规

《中华人民共和国劳动合同法》

第四十一条第二款 裁减人员时，应当优先留用下列人员：

（一）与本单位订立较长期限的固定期限劳动合同的；

（二）与本单位订立无固定期限劳动合同的；

（三）家庭无其他就业人员，有需要扶养的老人或者未成年人的。

（四）限制解除

根据相关法律的规定，用人单位在下列情况下不得依据非过错性辞退与经济性裁员的规定单方解除劳动合同：

（1）从事接触职业病危害作业的劳动者未进行离岗前职业健康检查，或者疑似职业病病人在诊断或者医学观察期间的；

（2）在本单位患职业病或者因工负伤并被确认丧失或者部分丧失劳动能力的；

（3）患病或者非因工负伤，在规定的医疗期内的；

（4）女职工在孕期、产期、哺乳期的；

（5）在本单位连续工作满十五年，且距法定退休年龄不足五年的；

（6）法律、行政法规规定的其他情形。

案例：员工在下班路上遭遇车祸受伤，用人单位可以将其解聘吗？

海洋公司是一家专门开发软件的股份制企业。小明在大学毕业之后就在该公司工作，已经将近5年，从开始时的一名小职员成长为现在的部门经理。2016年9月的一天，小明在开车回家的路上，和另一辆车相撞，发生交通事故。小明的伤势非常严重，不仅右腿骨折，而且脑部受到损伤，医生认为小明即便康复之后，也会留下后遗症，还会丧失部分劳动能力。经过鉴定，事故发生的主要责任是对方超速行驶。在小明发生车祸后，海洋公司觉得小明已经无法再从事原来的工作，便提出要解聘小明。小明在得知公司的做法之后，认为公司的这种行为是不合法的。于是，他便向当地的劳动争议仲裁委员会申请劳动仲裁。员工在下班路上遭遇车祸受伤，用人单位可以将其解聘吗?

专家分析

根据《工伤保险条例》第十四条的规定，职工在上下班途中，受到非本人主要责任的交通事故或者城市轨道交通、客运轮渡、火车事故伤害的，应当认定为工伤。同时，《劳动合同法》第四十二条规定，劳动者有下列情形之一的，用人单位不得依照本法第四十条、第四十一条的规定解除劳动合同：（1）从事接触职业病危害作业的劳动者未进行离岗前职业健康检查，或者疑似职业病病人在诊断或者医学观察期间的；（2）在本单位患职业病或者因工负伤并被确认丧失或者部分丧失劳动能力的；（3）患病或者非因工负伤，在规定的医疗期内的；（4）女职工在孕期、产期、哺乳期的；（5）在本单位连续工作满十五年，且距法定退休年龄不足五年的；（6）法律、行政法规规定的其他情形。由此可知，用人单位虽然可以单方解除劳动合同，但其权利的行使是有限制的。本案中，小明在下班途中遭遇车祸，而交通事故的主要原因是由于对方超速，因此小明的交通事故应认定为工伤。即便小明丧失了部分劳动能力，用人单位也不能以此为由解除劳动合同。所以，员工在下班路上非因自己的主要责任而遭遇车祸受伤，企业不可以因此解聘员工。

实务指南

实践中，虽然用人单位拥有单方解除劳动合同的权利，但是为了维护劳动者的合法权益，企业的单方解除权也是受到一定限制的。而像本案中，在上下班的途中遭遇车祸的情形也是很常见的。当企业在面临此种遭遇的员工时，企业的单方面解除权就要受到限制，其不能随便解聘员工。

关联法规

《中华人民共和国劳动合同法》

第四十二条 劳动者有下列情形之一的，用人单位不得依照本法第四十条、第四十一条的规定解除劳动合同：

……

（二）在本单位患职业病或者因工负伤并被确认丧失或者部分丧失劳动能力的；

……

《工伤保险条例》

第十四条 职工有下列情形之一的，应当认定为工伤：

……

（六）在上下班途中，受到非本人主要责任的交通事故或者城市轨道交通、客运轮渡、火车事故伤害的；

……

（五）违法解除

根据劳动合同法的规定，除了与劳动者协商一致外，用人单位只能在三种情况下单方解除劳动合同，即劳动者具有过错、用人单位提前三十日以书面形式通知劳动者本人或者额外支付劳动者一个月工资后的非过错性解除劳动合同、经济性裁员。也就是说，用人单位只有在法定的情形之下才能解除劳动合同，并且用人单位解除劳动合同需要依据法律规定的程序，在劳动者符合法定情形时支付经济补偿。反之，在其他情况下，如果企业单方解除劳动合同，就属于违法行为，需要承担法律责任。

案例：用人单位违法解除劳动合同，既要向员工支付补偿金，又要支付赔偿金吗？

绿草公司是某市一家房地产公司。2013 年，该公司在招聘财务人员时，毕业于某重点大学的萍萍被录用。萍萍对待工作一直认真负责，在 2015 年续订劳动合同时，绿草公司就与她签订了无固定期限劳动合同。可是，萍萍在结婚之后，把重心放在了家庭上，工作开始出现懈怠。2016 年 6 月，萍萍在工作过程中，因为疏忽大意出现计算错误，给公司造成重大损失。此次事件发生后，公司便提出与萍萍解除劳动合同。而萍萍说她正在怀孕期间，公司不能解聘她。然而，公司仍然向她发送了解聘通知书，同时向她支付经济补偿标准的二倍的赔偿金。萍萍对此不服，认为公司违法解除劳动合同，不仅应该支付赔偿金，还要支付三个月的经济补偿。用人单位违法解除劳动合同，既要向员工支付补偿金，又要支付赔偿金吗？

专家分析

《劳动合同法》第八十七条规定："用人单位违反本法规定解除或者终止劳动合同的，应当依照本法第四十七条规定的经济补偿标准的二倍向劳动者支付赔偿金。"同时，《劳动合同法实施条例》第二十五条规定："用人单位违反劳动合同法的规定解除或者终止劳动合同，依照劳动合同法第八十七条的规定支付了赔偿金的，不再支付经济补偿。赔偿金的计算年限自用工之日起计算。"由此可见，用人单位违法解除劳动合同的，应该按照该法规定的经济补偿标准的二倍向劳动者支付赔偿金。在其支付赔偿金之后，就无须再支付经济补偿。也就是说，赔偿金与经济补偿不能同时并存。本案中，绿草公司在萍萍怀孕期间解除劳动合同是违反法律规定的。绿草公司在违法解除劳动合同之后，已经依照规定向萍萍支付相应的赔偿金。因此，该公司不用另行支付经济补偿。

实务指南

实务中，部分企业因为各种原因，有时可能会违反法律的规定而解除与劳动者的劳动合同。根据相关法律的规定，企业一旦违反规定解除劳动合同，就需要向劳动者支付相应的赔偿金或者经济补偿。但需要企业予以注意的是，赔偿金与经济补偿只需支付其中的一项，如果支付了赔偿金，就不必再支付经济补偿。

关联法规

《中华人民共和国劳动合同法》

第八十七条　用人单位违反本法规定解除或者终止劳动合同的，应当依照本法第四十七条规定的经济补偿标准的二倍向劳动者支付赔偿金。

《中华人民共和国劳动合同法实施条例》

第二十五条　用人单位违反劳动合同法的规定解除或者终止劳动合同，依照劳动合同法第八十七条的规定支付了赔偿金的，不再支付经济补偿。赔偿金的计算年限自用工之日起计算。

（六）离职手续的办理

用人单位与劳动者解除劳动合同后，双方需要协作办理离职手续，对此双方应当承担如下义务：

用人单位的义务有：（1）应当依据法定程序为劳动者办理离职手续，并在解除或者终止劳动合同时出具解除或者终止劳动合同的证明；（2）应当在十五日内为劳动者办理档案和社会保险关系转移手续；（3）依照法律规定应当向劳动者支付经济补偿的，要在办结工作交接时支付；（4）对已经解除或者终止的劳动合同的文本，至少保存二年备查。

劳动者的义务有：应当按照双方约定，办理工作交接。

案例：解除劳动合同的证明过于简单的，是否符合法律规定？

白云酒店是某市一家连锁酒店。2015 年 6 月，该酒店准备招聘几名员工。由于该酒店在当地非常有名，在招聘信息发出后，很多人前来应聘。刚刚从某大学毕业的小红也参加了此次面试，最后，小红被聘用。在小红被聘用后，该酒店就与她签订了为期两年的劳动合同，并约定了一个月的试用期。可是，小红转正后，认为自己一个大学毕业生做服务员，无法发挥自己的专业知识。因此，在工作了两个月后，小红便向该酒店提出辞职。后来她与酒店协商一致，解除了劳动合同。在她提出辞职后，酒店就为她办理了离职手续，并出具了解除劳动合同的证明。然而，在该证明上只是写了小红离职的原因与日期，其他什么内容都没有。该酒店所出具的解除劳动合同的证明是否合法？解除劳动合同的证明过于简单的，是否符合法律规定？

专家分析

《劳动合同法实施条例》第二十四条规定："用人单位出具的解除、终止劳动合同的证明，应当写明劳动合同期限、解除或者终止劳动合同的日期、工作岗位、在本单位的工作年限。"由此可见，用人单位在与劳动者解除劳动合同时，其出具的解除劳动合同的证明至少应该包括劳动合同期限、解除劳动合同的日期、工作岗位、在本单位的工作年限等内容。如果内容过于简单，没有包括上述内容，则不符合法律规定。而在本案中，白云酒店在与小红协商解除劳动合同后，出具的解除劳动合同的证明中只写明了解除合同的原因及日期，而没有法律规定的其他内容，过于简单，因此是不符合法律规定的。

实务指南

企业在日常经营中，与员工解除劳动合同的现象是比较常见的。无论是哪一方提出解除劳动合同，企业都应该出具解除劳动合同的证明。且在出具解除劳动合同的证明时，必须在证明中写明法律规定的事项。否则，如果证明的内容过于简单，没有包括基本事项，很可能因为不符合法律规定而无效。

关联法规

《中华人民共和国劳动合同法实施条例》

第二十四条　用人单位出具的解除、终止劳动合同的证明，应当写明劳动合同期限、解除或者终止劳动合同的日期、工作岗位、在本单位的工作年限。

五、经济补偿金

经济补偿金是指在法律规定的情形下，用人单位与劳动者解除或者终止劳动合同后，按照法律规定的标准一次性支付给劳动者的经济补偿。其适用范围主要是：

（1）用人单位提出协商解除劳动合同的情形。在双方协商一致解除劳动合同时，如果是由用人单位提议的，那么用人单位就要按照规定向劳动者支付经济补偿。

（2）用人单位在劳动者无过失情形下解除劳动合同的，经济补偿金的发放。其主要有：①劳动者患病或者非因工负伤，在规定的医疗期满后不能从事原工作，也不能从事由用人单位另行安排的工作的；②劳动者不能胜任工作，经过培训或者调整工作岗位，仍不能胜任工作的；③劳动合同订立时所依据的客观情况发生重大变化，致使劳动合同无法履行，经用人单位与劳动者协商，未能就变更劳动合同内容达成协议的。

（3）用人单位在经济裁员的情形下经济补偿金的发放。在下列情形下，用人单位在履行一定的程序之后可以裁减人员，但需要支付经济补偿金：①依照企业破产法的规定进行重整的；②生产经营发生严重困难的；③企业转产、重大技术革新或者经营方式调整，经变更劳动合同后，仍需裁减人员的；④其他因劳动合同订立时所依据的客观经济情况发生重大变化，致使劳动合同无法履行的。

（4）用人单位在劳动者被迫辞职的情形下解除劳动合同的，经济补偿金的发放。其主要包括：①未按照劳动合同约定提供劳动保护或者劳动条件的；②未及时足额支付劳动报酬的；③未依法为劳动者缴纳社会保险费的；④用人单位的规章制度违反法律、法规的规定，损害劳动者权益的；⑤以欺诈、胁迫的手段或者乘人之危，使对方在违背真实意思的情况下订立或者变更劳动合同，致使劳动合同无效的；⑥用人单位以暴力、威胁或者非法限制人身自由的手段强迫劳动者劳动的，或者用人单位违章指挥、强令冒险作业危及劳动者人身安全的；⑦法律、行政法规规定劳动者的其他情形。

（5）劳动合同终止的情形下经济补偿金的发放。除用人单位维持或者提高劳动合同约定条件续订劳动合同，劳动者不同意续订的情形外，依照规定终止固定期限劳动合同的，用人单位需要支付经济补偿金。

（一）计算标准

根据相关法律的规定，用人单位在向劳动者支付经济补偿时，主要有三个标准：（1）按劳动者在本单位工作的年限，每满一年支付一个月工资的标准向劳动者支付；（2）六个月以上不满一年的，按一年计算；（3）不满六个月的，向劳动者支付半个月工资的经济补偿。此外，需要注意的是，劳动者月工资高于用人单位所在直辖市、设区的市级人民政府公布的本地区上年度职工月平均工资三倍的，向其支付经济补偿的标准按职工月平均工资三倍的数额支付，向其支付经济补偿的年限最高不超过十二年。

案例：用人单位向劳动者支付经济补偿的月工资是怎样计算出来的？

璐璐鞋业制造厂是某市一家生产鞋子的企业。自2013年以来，陈某一直在该鞋厂工作，当时陈某与该鞋厂签订了为期三年的劳动合同。2016年9月，璐璐鞋业制造厂与陈某签订的劳动合同已经到期。此时，该鞋厂提出续订劳动合同，但前提是需要修改劳动合同。该鞋厂称由于最近几年经济不景气，如果续订劳动合同，陈某的工资就要比原来低200元，同时，年终奖金也会减少。陈某认为该鞋厂这样做是不合理的，于是，就没有继续与该企业续订劳动合同，准备再去找一份新工作。后来，该鞋厂打算将陈某最后一个月的工资与三个月工资的经济补偿金支付给陈某并解除劳动合同。但是，该鞋厂的相关工作人员并不清楚应该以陈某哪个月的月工资为标准计算陈某的经济补偿，因为他每个月的工资数额都不一样。用人单位支付劳动者经济补偿的月工资是怎样计算出来的？

专家分析

根据《劳动合同法》第四十七条的规定，经济补偿按劳动者在本单位工作的年限，每满一年支付一个月工资的标准向劳动者支付。六个月以上不满一年的，按一年计算；不满六个月的，向劳动者支付半个月工资的经济补偿。本条所称月工资是指劳动者在劳动合同解除或者终止前十二个月的平均工资。由此可知，用人单位支付给劳动者的经济补偿金是根据其工作时间的长短计算的。劳动者工作每满一年，就支付给劳动者一个月的工资。而经济补偿金中的月工资是劳动者在解除劳动合同或者终止劳动合同前十二个月的平均工资。本案中，陈某在该企业工作了三年，在劳动合同期满之后，由于用人单位降低工作待遇，陈某没有再继续签订劳动合同。此时，根据《劳动合同法》第四十四条、第四十六条的规定，璐璐鞋业制造厂应该按照规定支付给陈某三个月工资的经济补偿，而这里月工资的计算标准是陈某在终止劳动合同之前十二个月的平均工资。

实务指南

用人单位在符合法定条件下，可与劳动者解除或者终止劳动合同，但要支付相应的经济补偿。经济补偿是每满一年支付一个月工资，这里的月工资标准是根据劳动者在解除或者终止劳动合同之前的十二个月工资的平均值，而不是以某一个月的工资数额为标准。

关联法规

《中华人民共和国劳动合同法》

第四十四条　有下列情形之一的，劳动合同终止：

（一）劳动合同期满的；

……

第四十六条　有下列情形之一的，用人单位应当向劳动者支付经济补偿：

……

（五）除用人单位维持或者提高劳动合同约定条件续订劳动合同，劳动者不同意续订的情形外，依照本法第四十四条第一项规定终止固定期限劳动合同的；

……

第四十七条第一款　经济补偿按劳动者在本单位工作的年限，每满一年支付一个月工资的标准向劳动者支付。六个月以上不满一年的，按一年计算；不满六个月的，向劳动者支付半个月工资的经济补偿。

第三款　本条所称月工资是指劳动者在劳动合同解除或者终止前十二个月的平均工资。

（二）支付时间

根据相关法律的规定，劳动者符合支付经济补偿金的条件的，用人单位应该在办理工作交接时支付。如果用人单位在与劳动者解除或者终止劳动合同时，未依照劳动合同法的规定向劳动者支付经济补偿，由劳动行政部门责令其限期向劳动者支付劳动报酬、加班费或者经济补偿，劳动报酬低于当地最低工资标准的，应当支付其差额部分；如果用人单位逾期不支付，劳动行政部门会责令用人单位按应付金额百分之五十以上百分之一百以下的标准向劳动者加付赔偿金。

案例：经济补偿金可以晚于工资发放吗？

黄土食品有限公司是某市一家生产火锅调料的企业。2015年，该企业在招聘员工时，贺某来到该公司的人力资源部门工作。然而，在工作了一年之后，经过三次变更工作岗位，贺某依然不能胜任他的工作。于是，公司便以其无法胜任工作为由提前三十日提出与贺某解除劳动合同。2016年4月，黄土食品有限公司与贺某签订了劳动合同解除协议，并为他办理了相关离职手续。然而，该公司在为贺某办理相关离职手续时，称先支付贺某最后一个月的工资，一个月工资的经济补偿金在三天之后办理工作交接时支付。贺某认为，反正公司早晚都会给自己经济补偿金，就答应了公司的要求。企业应向劳动者支付的经济补偿金是否可以晚于工资发放？

专家分析

根据《劳动合同法》第五十条第一款、第二款的规定："用人单位应当在解除或者终止劳动合同时出具解除或者终止劳动合同的证明，并在十五日内为劳动者办理档案和社会保险关系转移手续。劳动者应当按照双方约定，办理工作交接。用人单位依照本法有关规定应当向劳动者支付经济补偿的，在办结工作交接时支付。"同时，《工资支付暂行规定》第九条规定："劳动关系双方依法解除或终止劳动合同时，用人单位应在解除或终止劳动合同时一次付清劳动者工资。"由此可知，用人单位在与劳动者解除劳动合同时，应该一次性付清劳动者工资，同时在办理工作交接时支付给劳动者经济补偿金。也就是说，在用人单位与劳动者解除劳动合同的情况下，用人单位支付给劳动者工资与经济补偿金的时间不一定是相同的。双方可以按照约定在办理工作交接时支付经济补偿金，但是劳动者的工资在解除劳动合同时必须支付。本案中，黄土食品有限公司在解除劳动合同时，就已经付清贺某的工资。根据相关法律的规定，双方可以约定在工作交接时支付经济补偿，因此劳动者的经济补偿可以晚于工资发放。

实务指南

实践中，企业与员工解除劳动合同后，如果企业需要支付劳动者经济补偿金，其应该在双方办理工作交接时支付。另外，企业需要注意的是，劳动者的工资不一定要与经济补偿金一起发放，经济补偿金的支付时间完全可以晚于工资的发放时间。因为经济补偿金的支付时间是由工作交接的时间决定的，双方可能约定在劳动合同解除后的某个时间才办理工作交接。所以，企业在日常经营管理过程中要知道这些法律规定，并严格依法办事，否则一旦逾期支付经济补偿金，就很可能因此而需要再支付一定的赔偿金。

关联法规

《中华人民共和国劳动合同法》

第五十条第一款　用人单位应当在解除或者终止劳动合同时出具解除或者终止劳动合同的证明，并在十五日内为劳动者办理档案和社会保险关系转移手续。

第二款 劳动者应当按照双方约定，办理工作交接。用人单位依照本法有关规定应当向劳动者支付经济补偿的，在办结工作交接时支付。

《工资支付暂行规定》

第九条 劳动关系双方依法解除或终止劳动合同时，用人单位应在解除或终止劳动合同时一次付清劳动者工资。

（三）与经济赔偿金的区别

经济补偿金与经济赔偿金的区别主要表现在以下三个方面：

（1）主观过错不同。经济补偿金在适用时不考虑用人单位有无过错；而经济赔偿金需要根据当事人的过错程度来确定，其是一种过错责任。

（2）承担的主体不同。经济补偿金是单向的，只能由用人单位来负担；而经济赔偿金可能由用人单位支付，也可能由劳动者支付。

（3）二者的法律性质不同。经济补偿金的性质是一种补偿，倾向于保护劳动者；而经济赔偿金的性质是一种对于过错者的惩罚。

案例：在哪些情况下，企业应支付经济赔偿金？

绿树企业是某市一家生产水杯的公司。2016 年 9 月，因为订单比较多，该企业准备再招聘几名员工。吴某在应聘成功以后，该公司与他签订了为期两年的劳动合同，并约定试用期为一个月。吴某工作了一个月之后，便成为该公司的正式员工。可是，吴某工作了三个月之后，由于公司的订单已经完成，不再需要这么多员工，绿树公司便单方决定与吴某解除劳动合同。吴某认为，公司的这种做法是违法的，便向当地的劳动争议仲裁委员会提起劳动仲裁，要求绿树公司支付经济赔偿金。在此种情况下，企业是否需要支付经济赔偿金？根据相关法律的规定，企业应该在哪些情况下支付经济赔偿金？

专家分析

根据《劳动合同法》第四十八条、第八十五条、第八十七条、第九十三条的规定，用人单位应该在下列情况下支付经济赔偿金：（1）用人单位违反规定解除或者终止劳动合同，劳动者不要求继续履行劳动合同或者劳动合同已经不能继续履行的；（2）用人单位与劳动者违法约定的试用期已经履行的；（3）用人单位未按照劳动合同的约定或者国家规定及时足额支付劳动者劳动报酬、低于当地最低工资标准支付劳动者工资、不支付加班费，以及解除或者终止劳动合同没有支付经济补偿，在劳动行政部门责令限期支付后，逾期仍然不支付的；（4）对不具备合法经营资格的用人单位的违法犯罪行为，劳动者已经付出劳动的。在本案中，绿树企业违反法律规定与劳动者吴某解除劳动合同，依法应该向吴某支付经济赔偿金，其标准为经济补偿金的两倍。

实务指南

实践中，企业与劳动者解除劳动合同的现象是比较常见的。如果因企业过错而解除劳动合同，则需支付劳动者经济赔偿金。这里企业需要注意的是，劳动者的经济补偿金与经济赔偿金是有所区别的，二者的适用情形不同，经济赔偿金是对企业的惩罚。因此，企业在日常经营管理过程中，应该注意在哪些情况下需要支付经济赔偿金，从而避免因触犯法律规定承担法律责任。

关联法规

《中华人民共和国劳动合同法》

第四十八条 用人单位违反本法规定解除或者终止劳动合同，劳动者要求继续履行劳动合同的，用人单位应当继续履行；劳动者不要求继续履行劳动合同或者劳动合同已经不能继续履行的，用人单位应当依照本法第八十七条规定支付赔偿金。

第八十三条 用人单位违反本法规定与劳动者约定试用期的，由劳动行政部门责令改正；违法约定的试用期已经履行的，由用人单位以劳动者试用期满月工资为标准，按已经履行的超过法定试用期的期间向劳动者支付赔偿金。

第八十五条 用人单位有下列情形之一的，由劳动行政部门责令限期支付劳动报酬、加班费或者经济补偿；劳动报酬低于当地最低工资标准的，应当支付其差额部分；逾期不支付的，责令用人单位按应付金额百分之五十以上百分之一百以下的标准向劳动者加付赔偿金：

（一）未按照劳动合同的约定或者国家规定及时足额支付劳动者劳动报酬的；

（二）低于当地最低工资标准支付劳动者工资的；

（三）安排加班不支付加班费的；

（四）解除或者终止劳动合同，未依照本法规定向劳动者支付经济补偿的。

第八十七条 用人单位违反本法规定解除或者终止劳动合同的，应当依照本法第四十七条规定的经济补偿标准的二倍向劳动者支付赔偿金。

第九十三条　对不具备合法经营资格的用人单位的违法犯罪行为，依法追究法律责任；劳动者已经付出劳动的，该单位或者其出资人应当依照本法有关规定向劳动者支付劳动报酬、经济补偿、赔偿金；给劳动者造成损害的，应当承担赔偿责任。

六、竞业限制

竞业限制，又被称为竞业禁止、竞业避让，是指用人单位为了维护自身的利益，防止劳动者在离职后泄露商业秘密或者到与其有竞争关系的企业工作的一种措施。根据相关法律的规定，竞业限制具有以下特征：

（1）竞业限制的主体只限于管理人员、技术人员以及其他负有保密义务的人员。

（2）竞业限制的范围应该明确规定，即用人单位应该将什么样的企业与其有同业竞争关系写在合同之中。

（3）竞业限制的地域范围应该具有合理性，即要在一定的地域范围内约束劳动者在同类单位从事相关行为。

（4）竞业限制的期限要符合法律规定。根据《劳动合同法》的规定，在解除或者终止劳动合同后，有签订竞业限制协议的劳动者到与本单位生产或者经营同类产品、从事同类业务的有竞争关系的其他用人单位，或自己开业生产或者经营同类产品、从事同类业务的竞业限制期限，不得超过二年。

（5）在竞业限制协议中，对负有保密义务的劳动者，用人单位可以在劳动合同或者保密协议中与劳动者约定竞业限制条款，并约定在解除或者终止劳动合同后，在竞业限制期限内按月给予劳动者经济补偿。劳动者违反竞业限制约定的，应当按照约定向用人单位支付违约金。劳动者违反劳动合同中约定的保密义务或者竞业限制，给用人单位造成损失的，应当承担赔偿责任。

（一）竞业限制协议

竞业限制协议，也被称为竞业禁止协议，是指用人单位为了维护自身的利益，防止本单位的劳动者离职后泄露其商业秘密或者到其他与其有竞争关系的单位工作而与之签订的一种双务合同。用人单位与劳动者签订的竞业限制协议一般包括以下 8 个方面的内容：（1）企业与劳动者的基本信息，如用人单位的名称、劳动者的姓名、身份证号等内容；（2）劳动者的工作岗位、保密责任等；（3）用人单位与劳动者应当履行的义务；（4）竞业限制的起止时间；（5）知识产权的归属；（6）竞业限制期间劳动者的经济补偿；（7）双方违反约定之后的违约责任；（8）合同的效力等内容。

案例：对哪些人员要签订竞业限制协议？

彭大公司是某市一家软件开发公司。2016 年 6 月，该公司由于规模扩大，准备招聘一批新员工。刚大学毕业的小风到该公司应聘，在经过多次选拔之后，小风被该公司录取，成为该公司市场部的一名员工。小风入职以后，该公司就与小风签订了劳动合同。可是，在签订劳动合同后，该公司的工作人员要求小风再签一份竞业限制协议，防止小风泄露公司的商业秘密。小风了解到，一旦签订竞业限制协议，以后就会受到很多限制，而且小风觉得自己只是市场部的一名员工，根本接触不到公司的任何商业秘密或者关键信息，因此他认为自己不需要签订这份竞业限制协议。然而，该公司称，只要是公司的员工，无论什么岗位，为了维护公司的利益，都必须签订这份协议。该公司的这种做法是否正确？用人单位应该要求哪些人员签订竞业限制协议？

专家分析

《劳动合同法》第二十四条第一款规定："竞业限制的人员限于用人单位的高级管理人员、高级技术人员和其他负有保密义务的人员。竞业限制的范围、地域、期限由用人单位与劳动者约定，竞业限制的约定不得违反法律、法规的规定。"由此可见，签订竞业限制协议的人员主要包括三种：（1）高级管理人员，如企业中的董事、总监、经理；（2）高级技术人员，如企业中的技术开发人员；（3）其他负有保密义务的人，如企业中的部门经理、相关档案管理人员等。对于在此范围外的其他人员，用人单位是不能要求其签订竞业限制协议的。本案中，因为小风的工作岗位是该公司市场部的员工，并不属于这三类人员中的任何一种，所以彭大公司不能要求小风与其签订竞业限制协议。因此，该公司要求所有员工都签订竞业限制协议的做法是错误的。

实务指南

在日常经营管理中，很多企业为了维护自己的利益，防止其商业秘密等信息泄露，都要求部分员工在入职时签订竞业限制协议。可是，企业需要注意的是，为了保护企业的权益，法律虽然允许企业与员工签订竞业限制协议，但竞业限制协议毕竟对劳动者进行了限制，因此其签订的范围必须有所限制，即企业不能与所有岗位、所有文化程度的员工都签订竞业限制协议。只有高级管理人员、高级技术人员和其他负有保密义务的关键人员才需要签订竞业限制协议。

关联法规

《中华人民共和国劳动合同法》

第二十四条第一款 竞业限制的人员限于用人单位的高级管理人员、高级技术人员和其他负有保密义务的人员。竞业限制的范围、地域、期限由用人单位与劳动者约定，竞业限制的约定不得违反法律、法规的规定。

（二）补偿问题

根据相关法律的规定，用人单位在与劳动者签订竞业限制协议之后，因为会限制劳动者的择业权，甚至劳动者在此期间不能利用自己擅长的从业技术进行劳动，很可能会导致劳动者收入的降低，所以用人单位应该给予劳动者一定的合理的经济补偿。双方可以在合同中明确约定经济补偿的计算方法、支付方式等问题。此外，如果用人单位没有约定竞业限制经济补偿金或者约定的经济补偿金不合理，会导致竞业限制条款无效。

案例：劳动者违反竞业限制条款怎么办？

长丰公司是某市一家主要生产小型农用播种机的公司。陈某从2007年该公司成立以后，就一直在该公司的生产车间工作。2015

年，陈某升职为该公司的车间主任，负有保管设计图纸并按照图纸分配工作任务的责任，所以该公司就与他签订了竞业限制协议。该协议规定，无论陈某因何种原因离职，在两年内都不能到与长丰公司有竞争关系的公司就职，也不能自办与公司有竞争关系的公司或者从事与公司商业秘密有关的产品的生产。如果其没有按照约定履行义务，则要支付给公司解除劳动合同前一年工资总收入的30倍的违约金。2016年9月，陈某以自己的家里有事为由提出辞职。可是，不久后该公司发现陈某到了另一家与其有竞争关系的公司上班。对于陈某违反竞业限制协议的行为，该公司应该怎么办？

专家分析

《劳动合同法》第二十三条规定："用人单位与劳动者可以在劳动合同中约定保守用人单位的商业秘密和与知识产权相关的保密事项。对负有保密义务的劳动者，用人单位可以在劳动合同或者保密协议中与劳动者约定竞业限制条款，并约定在解除或者终止劳动合同后，在竞业限制期限内按月给予劳动者经济补偿。劳动者违反竞业限制约定的，应当按照约定向用人单位支付违约金。"据此可知，用人单位在与劳动者签订竞业限制协议时，双方不仅可以在合同中约定相关保密事项，也可以约定违约责任。如果劳动者违反竞业限制协议，应当按照约定承担法律责任，支付违约金。本案中，陈某在与长丰公司解除劳动合同后，在竞业限制期间就到了其他与该公司有竞争关系的公司就职，这违反了竞业限制条款的规定。长丰公司可以根据合同约定，要求陈某承担违约责任，支付其解除劳动合同之前一年收入的30倍的违约金。

实务指南

实践中，如果企业与劳动者签订了竞业限制协议之后，劳动者违反了竞业限制协议中的约定，企业便可要求劳动者支付约定的违约金。因此，这就需要企业在与劳动者签订竞业限制协议时，事先明确约定劳动者违约之后的违约责任。企业可以在协议中写明一定数额的违约金，也可以约定违约金的计算方法。另外，竞业限制违约金的确定要体现公平合理性，企业也要考虑劳动者的承受能力，否则也是难以执行的。

关联法规

《中华人民共和国劳动合同法》

第二十三条 用人单位与劳动者可以在劳动合同中约定保守用人单位的商业秘密和与知识产权相关的保密事项。

对负有保密义务的劳动者，用人单位可以在劳动合同或者保密协议中与劳动者约定竞业限制条款，并约定在解除或者终止劳动合同后，在竞业限制期限内按月给予劳动者经济补偿。劳动者违反竞业限制约定的，应当按照约定向用人单位支付违约金。

（三）竞业限制的时限

根据相关法律的规定，如果用人单位要求劳动者履行保密义务的期限长于劳动合同期限，一般就要通过与劳动者签订竞业限制条款进行约束。对于竞业限制的时间，用人单位可以与劳动者协商确定。因为竞业限制严格限定了劳动者的择业权，因此虽然用人单位可以与劳动者签订竞业限制协议，但是对劳动者的竞业限制最长不得超过两年。如果用人单位与劳动者约定的竞业限制时间超过法定期限，则很可能会导致约定的效力受到质疑。

案例：法律对竞业限制的时限是如何规定的?

洋洋有限公司是一家专门从事动画设计的公司。2018 年 6 月，小东在某重点大学研究生毕业后，经过朋友的介绍到了该公司的设计部工作。小东在入职后，洋洋有限公司就与他签订了劳动合同。同时，因为小东会接触到公司的动画设计方案，因此公司又让小东签订了一份竞业限制协议。该竞业限制协议规定，小东在洋洋有限公司工作期间及离职后的两年内不得到与该公司存在同业竞争关系的公司就职，也不得自己生产或者经营与该公司有任何竞争关系的产品或者服务。小东觉得洋洋有限公司规定的竞业限制的期限太长，这样对自己以后的发展非常不利。而该公司称，它要求部分员工签订竞业限制协议是符合法律规定的。该企业规定的竞业限制协议的期限是否符合法律规定？对于竞业限制的时限法律是如何进行规定的？

专家分析

《劳动合同法》第二十四条明确规定：“竞业限制的人员限于用人单位的高级管理人员、高级技术人员和其他负有保密义务的人员。竞业限制的范围、地域、期限由用人单位与劳动者约定，竞业限制的约定不得违反法律、法规的规定。在解除或者终止劳动合同后，前款规定的人员到与本单位生产或者经营同类产品、从事同类业务的有竞争关系的其他用人单位，或者自己开业生产或者经营同类产品、从事同类业务的竞业限制期限，不得超过二年。”可见，法律规定了竞业限制的期限可以由当事人双方事先约定，但是对于竞业限制的期限法律规定了一个上限，即在用人单位与劳动者解除或者终止劳动合同之后最长不得超过两年。本案中，因为小东接触到的设计方案属于公司的商业秘密，所以公司必须与他签订竞业限制协议。而且，该公司与他签订的竞业限制协议的时间是他离职之后的两年内，这个期限是符合法律规定的。因此，洋洋有限公司的做法符合法律规定，是合法的。

实务指南

竞业限制是为了保护企业的商业秘密不因为劳动者而外泄，从而对劳动者的择业权加以限制的一种措施。实践中，很多企业在招聘的过程中，会与部分员工签订竞业限制协议。企业需要注意的是，企业与员工约定的竞业限制期限可以根据商业秘密的价值或者员工掌握秘密的程度协商确定，但是最长不能超过两年。企业应严格遵守这一规定，否则可能因为恶意限制员工的择业权而导致协议无效。

关联法规

《中华人民共和国劳动合同法》

第二十四条 竞业限制的人员限于用人单位的高级管理人员、高级技术人员和其他负有保密义务的人员。竞业限制的范围、地域、期限由用人单位与劳动者约定，竞业限制的约定不得违反法律、法规的规定。

在解除或者终止劳动合同后，前款规定的人员到与本单位生产或者经营同类产品、从事同类业务的有竞争关系的其他用人单位，或者自己开业生产或者经营同类产品、从事同类业务的竞业限制期限，不得超过二年。

七、服务期

服务期，又被称为最低服务年限，是指用人单位为了使劳动者履行其事先承诺的义务或者其为劳动者提供了某种特殊待遇，从而要求劳动者为本单位工作满一定的年限，并在此期间不另谋职业而与劳动者签订的协议。根据相关法律的规定，服务期具有以下 6 个特征：

（1）服务期既适用于固定期限的劳动合同，也适用于无固定期限的劳动合同；

（2）我国法律中的服务期一般是指最低服务年限；

（3）服务期的约定一般是针对管理能力比较强、技术水平比较高的劳动者；

（4）服务期约定一般与劳动者的脱产培训学习相关；

（5）在约定服务期时，一般同时约定违约金的数额；

（6）劳动者在违反服务期合同后，需承担违约赔偿责任。

用人单位之所以与劳动者约定服务期，主要原因如下：

（1）约定服务期可以为用人单位留住人才，维护用人单位的合法权益。在企业所管理的劳动关系中，一般与企业约定服务期的都是一些技术性的员工。而这样的员工学历和素质都比较高，企业对其进行辅助性培训，会大幅提升他们的价值。企业留住这样的员工可以提高自身的竞争能力，创造更大的价值。

（2）用人单位与劳动者约定服务期可以回收人力资源的成本。企业在对员工进行专业培训时，投入的培训费用属于成本，而约定最低服务年限，可以通过该服务期内员工为企业创造的劳动价值回收成本。

（3）约定服务期可以限制劳动者离职。一般情况下，在企业对员工进行专业的培训后，如果没有约定服务期，部分员工可能在掌握了一定的技能后寻找待遇更高的工作岗位，从而导致企业人才流失。约定服务期，则可以避免这一现象的出现。

（一）可以约定服务期的情形及服务期期限

根据相关法律的规定，用人单位为劳动者提供专项培训费用，对其进行专业技术培训的，可以与该劳动者订立协议，约定服务期。我国法律没有规定劳动者的最低服务年限，用人单位在与劳动者签订服务期合同，确定服务期限时，一般情况下应考虑以下5个方面的因素：（1）用人单位对劳动者的培训时间；（2）培训期间的费用；（3）劳动者的可替代性的大小；（4）补偿措施；（5）其他影响服务期合同的因素。此外，用人单位与劳动者约定服务期的，不影响按照正常的工资调整机制提高劳动者在该服务期内的劳动报酬。

案例：服务期期限可以大于劳动合同的期限吗？

康康公司是某市一家商业保险公司。2019年8月，该公司的销售部需要招聘20名员工。张某等人应聘成功，成为该公司的员工。在其入职之后，该公司便与他签订了为期两年的劳动合同，并约定一个月的试用期。张某等人没有工作经验，因此在试用期结束后，该公司需要对新入职的员工进行专门培训。在进行培训前，该公司提出与张某等人另外签订服务期合同，要求他们在接受培训后，在公司的服务期限至少为三年。张某觉得自己的劳动合同期限只有两年，服务期限却比劳动合同期限长，认为该公司这样做是不合法的。因此，张某便提出服务期限过长，服务期限应该与劳动合同期限相同，否则，劳动合同期满后，自己的合法权益可能会受到侵害。该公司规定的劳动者的服务期限是否合法？服务期限是否可以大于劳动合同的期限？

专家分析

《劳动合同法》第二十二条第一款规定："用人单位为劳动者提供专项培训费用，对其进行专业技术培训的，可以与该劳动者订立协议，约定服务期。"同时，《劳动合同法实施条例》第十七条规定："劳动合同期满，但是用人单位与劳动者依照劳动合同法第二十二条的规定约定的服务期尚未到期的，劳动合同应当续延至服务期满；双方另有约定的，从其约定。"据此可知，用人单位与劳动者约定的服务期限是可以大于劳动合同的期限的。如果劳动合同到期，而服务期限还未满的，劳动合同应该延长至服务期满。本案中，因为康康公司要对张某等人进行专门培训，所以与张某等人签订服务期合同。根据相关法律的规定，康康公司与张某等人约定的服务期合同的期限可以大于劳动合同期限。因此，该公司的做法是合法的。

实务指南

企业在日常招聘员工时，为了提高员工的素质，可能会对新入职的员工进行专门的培训。为了避免员工在接受培训后辞职，企业会与员工约定服务期限。这里需要注意的是，约定的服务期限不一定要与劳动合同的期限相同，企业与员工约定的最低服务年限是可以大于劳动合同的期限的。

关联法规

《中华人民共和国劳动合同法》

第二十二条第一款 用人单位为劳动者提供专项培训费用，对其进行专业技术培训的，可以与该劳动者订立协议，约定服务期。

《中华人民共和国劳动合同法实施条例》

第十七条 劳动合同期满，但是用人单位与劳动者依照劳动合同法第二十二条的规定约定的服务期尚未到期的，劳动合同应当续延至服务期满；双方另有约定的，从其约定。

（二）违反服务期约定的法律后果

根据相关法律的规定，用人单位可以与劳动者在服务期合同中约定违约金的数额。如果用人单位与劳动者签订服务期合同后，劳动者违反服务期合同约定，用人单位可以要求劳动者按照约定的违约金数额支付违约金，承担违约责任。但是，违约金的数额不得超过用人单位提供的培训费用。用人单位要求劳动者支付的违约金不得超过服务期尚未履行部分所应分摊的培训费用。

案例：未到服务期而考研的员工，应该承担违约责任吗？

飞翔公司是某市一家非常有名的生产衣柜的公司。2014年，小艳在大学毕业之后就到了飞翔公司的市场营销部工作。当时因为该公司对员工的要求比较高，在员工转正后都要进行两个月的专业培训。在小艳转正后，该公司在对其进行培训前，便与她签订了服务期合同。该合同约定了三年的服务期，如果小艳违约，则要支付该公司一万元的违约金，而当时小艳与公司签订的劳动合同的期限是两年。小艳在工作了两年后，觉得生活压力非常大。因此，她决定辞去现在的工作，准备参加研究生考试，继续深造。但是，在她提出辞职后，因为她的服务期还差一年，所以该公司要求她承担违约责任，支付违约金。小艳认为，自己是去考研，又不是找新的工作，飞翔公司不能要求她承担违约责任。未到服务期而考研的员工，应该承担违约责任吗？

专家分析

根据《劳动合同法》第二十二条第二款的规定，劳动者违反服务期约定的，应当按照约定向用人单位支付违约金。据此可知，一旦用人单位与劳动者约定了服务期，劳动者就应该遵守约定。如果劳动者违反服务期的约定，用人单位可以按照双方签订的服务期合同的约定要求劳动者承担违约责任，支付违约金。在此条中，法律概括地规定了劳动者违约就要承担违约责任，并没有规定除外的情形。也就是说，除用人单位存在过错外，无论劳动者基于何种理由违反约定，其都应该承担违约责任。本案中，虽然小艳在服务期未满时辞职是为了继续深造，而不是另找新工作，但是她离职的行为依然违反了其与飞翔公司之间的服务期约定，违约责任不会因为其是去考研而免除。所以，小艳应该按照当时的约定承担违约责任，支付飞翔公司一万元的违约金。

实务指南

实践中，部分企业在新员工入职后会对其进行专门的技术培训。企业为了保证员工在参加培训后继续留在公司工作，避免人才流失，会与参加培训的劳动者签订服务期合同，约定员工最低的服务年限。劳动者如果违反了服务期的约定，用人单位就可以要求其按照约定承担违约责任，支付违约金。这里需要注意的是，劳动者违约责任的承担没有例外情形，即不管劳动者是因要去考研深造而违约，还是因去做其他事情而违约，只要违约，就应按照约定承担违约责任。

关联法规

《中华人民共和国劳动合同法》

第二十二条第二款 劳动者违反服务期约定的，应当按照约定向用人单位支付违约金。违约金的数额不得超过用人单位提供的培训费用。用人单位要求劳动者支付的违约金不得超过服务期尚未履行部分所应分摊的培训费用。

八、劳务派遣

劳务派遣是指劳务派遣单位根据用工单位的要求，为其选拔、派遣劳动者，从而在劳务派遣单位与被派遣的劳动者、用工单位三者之间建立劳动关系的一种用工方式。

在劳务派遣中，主要存在三种关系，即派遣单位与用工单位之间劳动力派遣合同关系、派遣单位与被派遣劳动者之间的劳动合同关系、用工单位与被派遣劳动者之间的劳务提供关系。在劳务派遣的三类主体中，劳务派遣单位与用工单位分别有各自应承担的义务。

劳务派遣单位的义务如下：

（1）劳务派遣单位作为用人单位，其义务主要是：①劳务派遣单位作为用人单位，应当依照公司法的有关规定设立，注册资本不得少于五十万元。②劳务派遣单位作为用人单位，应当履行用人单位对劳动者的义务。劳务派遣单位与被派遣劳动者订立的劳动合同，除应当载明劳动合同的必备事项外，还应当载明被派遣劳动者的用工单位以及派遣期限、工作岗位等情况。③劳务派遣单位应当与被派遣劳动者订立二年以上的固定期限劳动合同，按月支付劳动报酬；被派遣劳动者在无工作期间，劳务派遣单位应当按照所在地人民政府规定的最低工资标准，向其按月支付报酬。

（2）劳务派遣单位对用工单位的义务，主要体现在：劳务派遣单位派遣劳动者应当与接受以劳务派遣形式用工的单位（以下简称用工单位）订立劳务派遣协议。劳务派遣协议应当约定派遣岗位和人员数量、派遣期限、劳动报酬和社会保险费的数额与支付方式以及违反协议的责任。

用工单位的义务如下：

（1）用工单位应当根据工作岗位的实际需要与劳务派遣单位确定派遣期限，不得将连续用工期限分割订立数个短期劳务派遣协议。

（2）用工单位应当执行国家劳动标准，提供相应的劳动条件和劳动保护。

（3）告知被派遣劳动者的工作要求和劳动报酬，支付加班费、绩效奖金，提供与工作岗位相关的福利待遇。

（4）对在岗被派遣劳动者进行工作岗位所必需的培训。

（5）用工单位连续用工的，实行正常的工资调整机制。

（6）用工单位不得将被派遣劳动者再派遣到其他用人单位。

（一）劳务派遣的岗位适用

根据相关法律的规定，劳务派遣一般适用于临时性、辅助性或者替代性的工作岗位。临时性工作岗位是指存续时间不超过6个月的岗位；辅助性工作岗位是指为主营业务岗位提供服务的非主营业务岗位；替代性工作岗位是指用工单位的劳动者因脱产学习、休假等原因无法工作的一定期间内，可以由其他劳动者替代工作的岗位。另外，如果用工单位决定在某个辅助性岗位中使用被派遣的劳动者，其应当经职工代表大会或者全体职工讨论，提出方案和意见，与工会或者职工代表平等协商确定，并在用工单位内公示。而且，用工单位应当严格控制劳务派遣用工数量，使用的被派遣劳动者数量不得超过其用工总量的10%。

案例：用工单位能否让派遣职工从事重要岗位的工作？

雷雨公司是某市一家电力公司。2018年12月，由于该电力公司的一名电工辞职，其一时间找不到合适的电工。于是，该公司便找到当地一家劳务派遣公司，让该公司派遣一名合适的人员做电工。正好当时该劳务派遣公司的一名员工方某是原来某企业的下岗职工，其一直从事的是电工的工作。因此，该劳务派遣公司便准备将方某派遣到雷雨公司工作。而此时雷雨公司人力资源部的一名工作人员称，电工的岗位在该电力公司属于比较重要的工作岗位，不能让派遣职工担任，否则就是违法的。但是，该电力公司高管认为，当前重要的是弥补职位空缺，而且劳务派遣合同的期限也是比较短的，让派遣职工从事这个岗位没有问题。

用工单位是否可以让派遣职工从事重要岗位的工作？

专家分析

用工单位不能让派遣职工从事重要岗位的工作。根据《劳动合同法》第六十六条第一款的规定，劳务派遣一般在临时性、辅助性或者替代性的工作岗位上实施。同时，《劳务派遣暂行规定》第三条第一款进一步明确规定，用工单位只能在上述三个岗位上使用被派遣的劳动者。据此可知，用工单位不能在本单位的一些主营工作岗位或者重要的工作岗位上使用被派遣劳动者，其如果招用被派遣劳动者，只能限于具有临时性、辅助性或者替代性的工作岗位。本案中，电工这一工作岗位属于该电力公司的重要工作岗位，不属于劳务派遣者的工作岗位范围，所以该电力公司不能在这一岗位上招用劳务派遣人员。

实务指南

劳务派遣在企业经营中是一种很常见的现象，其可以使企业的人事管理更简便，还可以提高管理效率，规避劳动纠纷。但企业需要注意的是，并不是所有的工作岗位都可以使用劳务派遣人员。根据相关法律的规定，企业只能在临时性、辅助性或者替代性的工作岗位上使用被派遣的劳动者。而像本案中的电力公司在企业重要的工作岗位上使用被派遣劳动者的行为就是违法的。因此，企业要在法律规定的工作岗位上使用被派遣的劳动者，避免触犯法律。

关联法规

《中华人民共和国劳动合同法》

第六十六条第一款 劳动合同用工是我国的企业基本用工形式。劳务派遣用工是补充形式，只能在临时性、辅助性或者替代性的工作岗位上实施。

《劳务派遣暂行规定》

第三条第一款 用工单位只能在临时性、辅助性或者替代性的工作岗位上使用被派遣劳动者。

（二）被派遣员工的待遇

根据相关法律的规定，被派遣的劳动者主要有以下三个方面的权利：（1）被派遣劳动者享有与用工单位的劳动者同工同酬的权利。用工单位无同类岗位劳动者的，参照用工单位所在地相同或者相近岗位劳动者的劳动报酬确定。（2）被派遣劳动者有权在劳务派遣单位或者用工单位依法参加或者组织工会，维护自身的合法权益。（3）被派遣劳动者在被用工单位退回之后，劳务派遣单位应当按照不低于所在地人民政府规定的最低工资标准，向其按月支付报酬。

案例：劳务派遣中劳动者的福利待遇应当由用工单位提供吗?

茂盛百货公司是某市市中心的一家商场。由于售货员何某马上要休产假，因此该公司准备在劳务派遣公司找一名被派遣的劳动者暂时替代她的工作岗位。后来，茂盛百货公司与当地一家劳务派遣公司签订了劳务派遣协议，由该公司派遣一名符合条件的员工来该百货公司工作，并在劳务派遣协议中约定了半年的劳务派遣期限。后来，劳务派遣公司将杜某派到该百货公司工作。在杜某被派遣到该百货公司工作后，该百货公司告知了杜某工作要求与劳动报酬，同时告知杜某其仅负责提供每月的劳动报酬，而其他福利待遇则是由劳务派遣公司提供的，而杜某却说劳务派遣公司告诉她的是福利待遇是由用工单位提供的。劳务派遣中劳动者的福利待遇是由用工单位提供吗?

专家分析

《劳动合同法》第六十二条第一款第三项明确规定，用工单位应当支付被派遣劳动者加班费、绩效奖金，提供与工作岗位相关的福利待遇。同时，《劳务派遣暂行规定》第九条也明确规定："用工单位应当按照劳动合同法第六十二条规定，向被派遣劳动者提供与工作岗位相关的福利待遇，不得歧视被派遣劳动者。"由此可知，在企业使用被派遣劳动者时，除支付被派遣劳动者工资外，其有义务为被派遣劳动者提供与工作岗位相关的福利待遇。本案中，茂盛百货公司作为劳务派遣合同中的用工单位，被派遣的劳动者杜某的相关福利待遇应该由茂盛百货公司提供，而不是由劳务派遣公司负责。

实务指南

实践中，企业使用被派遣的劳动者是很常见的现象。然而，企业在使用被派遣劳动者时需要注意，其除应该按时向被派遣劳动者支付工资外，还应该向被派遣劳动者提供与工作岗位相关的福利待遇，这是企业作为用工单位的义务。因此，企业如果在生产经营的过程中使用被派遣劳动者，应该注意平等对待被派遣劳动者，按照相关法律的规定，支付加班费、绩效奖金，提供与工作岗位相关的福利待遇。

关联法规

《中华人民共和国劳动合同法》

第六十二条第一款 用工单位应当履行下列义务：

……

（二）告知被派遣劳动者的工作要求和劳动报酬；

（三）支付加班费、绩效奖金，提供与工作岗位相关的福利待遇；

……

《劳务派遣暂行规定》

第九条 用工单位应当按照劳动合同法第六十二条规定，向被派遣劳动者提供与工作岗位相关的福利待遇，不得歧视被派遣劳动者。

（三）劳务派遣的退回

在被派遣劳动者出现下列情形时，用工单位可以将劳动者退回劳务派遣单位：（1）在试用期间被证明不符合录用条件的；（2）严重违反用人单位的规章制度的；（3）严重失职，营私舞弊，给用人单位造成重大损害的；（4）劳动者同时与其他用人单位建立劳动关系，对完成本单位的工作任务造成严重影响，或者经用人单位提出，拒不改正的；（5）因欺诈、胁迫的情形致使劳动合同无效的；（6）被依法追究刑事责任的；（7）劳动者患病或者非因工负伤，在规定的医疗期满后不能从事原工作，也不能从事由用人单位另行安排的工作的；（8）劳动者不能胜任工作，经过培训或者调整工作岗位，仍不能胜任工作的；（9）用工单位被依法宣告破产、吊销营业执照、责令关闭、撤销、决定提前解散或者经营期限届满不再继续经营的；（10）劳务派遣协议期满终止的。

案例：被派遣人员不能胜任工作，用人单位将其退回的，派遣单位需要退还费用吗?

红花是某市一家广告设计工作室。由于该企业的规模比较小，其员工数量也非常少。因此，该企业通常都是雇用一个人负责员工的午餐。2016 年 4 月，由于原来负责做饭的员工辞职，红花便与当地一家劳务派遣公司签订了劳务派遣协议，要求该公司派遣一名能够做饭的劳动者，劳务派遣公司便将李某派遣至该工作室。然而，李某在工作了一段时间后，红花发现她无法胜任这份工作，因为其每次做的饭都非常难吃，员工们反映强烈。于是，红花便以李某无法胜任工作为由将其退回。同时，红花要求劳务派遣公司退还其在签订劳务派遣协议时所付的相关服务费用 500 元。派遣劳务公司认为它已经按照约定为该工作室派遣了劳动者，所以无须退还相关费用。在被派遣的劳动者不能胜任工作时，用工单位将其退回的，派遣单位需要退还费用吗?

专家分析

在用工单位与劳务派遣公司签订劳务派遣协议后，双方之间达成的是一种民事合同。在一般情况下，劳务派遣公司会根据为用工单位服务的项目与服务人数确定服务费用。在用工单位支付了服务费用后，派遣单位才会派出劳动者到该单位工作。而当被派遣的劳动者无法胜任用工单位的工作而被退回时，这就说明劳务派遣公司没有按照约定履行义务。如果派遣单位没有再派遣新的劳动者，其应该将相关的费用退还给用工单位。对此，《劳动合同法》等相关法律并没有作出明文规定，但根据《民法典》第五百七十七条的规定，当事人一方不履行合同义务或者履行合同义务不符合约定的，应当承担继续履行、采取补救措施或者赔偿损失等违约责任。因此，本案中，红花将被派遣的劳动者退回劳务派遣公司后，劳务派遣公司如果没有继续履行义务，其就应该按照双方在合同中的约定将服务费用退还给用工单位。

实务指南

实践中，因被派遣的劳动者无法胜任工作，导致用工单位将其退回的现象是很常见的。对于用工单位而言，其支付了相关费用，劳务派遣公司应按照用工单位的要求派遣符合条件的劳动者。如果劳动者因不能胜任工作而被用工单位退回，那么劳务派遣公司很可能因没有按照合同的约定履行义务而导致违约。此时，用工单位可以要求劳务派遣公司重新派遣劳动者或者要求其退还相关服务费用。

关联法规

《中华人民共和国民法典》

第五百七十七条　当事人一方不履行合同义务或者履行合同义务不符合约定的，应当承担继续履行、采取补救措施或者赔偿损失等违约责任。

九、商业秘密与保密协议

商业秘密是指不为公众所知悉、能为权利人带来经济利益、具有实用性并经权利人采取保密措施的技术信息和经营信息。商业秘密一般具有以下 4 个特点：

（1）商业秘密是不为公众所知悉的，即不能是已经对外公开的或者公众普遍知晓的信息。

（2）商业秘密不是一种绝对的权利，即商业秘密不具有排他性，如果其他人以合法方式取得了商业秘密，则取得者就与原来拥有商业秘密的人拥有一样的地位。商业秘密的拥有者不能阻碍在他之前掌握该信息的人使用、转让该信息，也不能阻碍后来通过合法手段掌握该信息的人使用、转让该信息。

（3）商业秘密具有潜在的商业价值，其可以使经营者获得利益，拥有竞争上的优势。

（4）商业秘密的保护期不是法定的，保护期限的长短取决于拥有者所采取的保密措施及其他人对此项信息的公开程度。

保密协议是指用人单位为了维护企业的利益，而与了解该企业商业秘密的劳动者签订的要求其保守商业秘密的协议。在企业的劳动关系管理中，其与劳动者往往在一份协议中同时约定保守商业秘密与竞业限制的义务。但是，二者是有区别的，其主要表现为以下 6 个方面：

（1）二者产生的基础不同。保密协议中的保密义务是一种法定义务，即使没有保密协议，劳动者也具有保密义务；而竞业限制协议则是基于一种约定而产生的义务。

（2）二者的侧重点不同。保密协议侧重的是劳动者不能泄露商业秘密，即不能"说"；而竞业限制协议侧重的则是不能"做"。

（3）二者的期限不同。保密协议是没有期限限定的；而竞业限制协议一般不得超过两年。

（4）是否支付补偿金不同。在保密协议中，企业可以不支付劳动者补偿金；而在竞业限制协议中，企业必须与劳动者约定劳动者经济补偿金。

（5）二者的范围不同。保密协议只是要求劳动者不能泄露企业的商业信息，不涉及劳动者的择业权；而竞业限制协议则限制劳动者的择业权。

（6）法律责任的承担方式不同。在保密协议中，企业不能与劳动者约定劳动者违反约定要支付违约金；而在竞业限制协议中企业可以与劳动者约定，劳动者在违反约定后要支付违约金。

（一）商业秘密的认定与范围

根据法律的规定，商业秘密的认定标准是：（1）非公知性，即该信息是不能从公开渠道直接获取的；（2）实用性，即该信息具有确定的可应用性，能为权利人带来现实的或者潜在的经济利益或者竞争优势；（3）保密性，即权利人采取保密措施，包括订立保密协议，建立保密制度及采取其他合理的保密措施。

商业秘密主要包括两类：（1）技术信息，如设计、程序、产品配方、制作工艺、制作方法；（2）经营信息，包括管理诀窍、客户名单、货源情报、产销策略、招投标中的标底及标书内容等信息。

案例：客户资料属于商业秘密吗？

新新公司是某市一家旅行社。小红从2015年大学毕业后一直在该公司工作，从一名导游成为该公司的经理。小红在升为公司经理后，由于该公司的重要客户的资料都由经理掌握，所以该公司便与她签订了保密协议，要求她不得泄露公司的客户资料。但是小红在新新公司工作期间，将新新公司的客户资料泄露给了另外一家旅行社，给新新公司造成了严重的损失。后来，小红的行为被公司发现了，于是，新新公司便要求小红承担赔偿责任。小红认为，新新公司与她签订的保密协议是不合理的，旅行社的客户资料不属于商业秘密。新新公司的客户资料是否属于商业秘密呢？

专家分析

《反不正当竞争法》第九条第四款明确规定：“本条所称的商业秘密，是指不为公众所知悉、具有商业价值并经权利人采取相应保密措施的技术信息、经营信息等商业信息。”同时，《关于禁止侵犯商业秘密行为的若干规定》第二条第五款也规定：“本规定所称技术信息和经营信息，包括设计、程序、产品配方、制作工艺、制作方法、管理诀窍、客户名单、货源情报、产销策略、招投标中的标底及标书内容等信息。”据此可知，企业的客户资料具有能够为企业带来经济利益和可应用性等商业秘密的特征，同时企业对于自己的客户资料一般都是要采取保密措施的，所以客户资料属于商业秘密。因此，本案中，新新公司的客户资料属于商业秘密，小红作为旅行社经理负有保密义务。

实务指南

在现实生活中，商业秘密对于一个企业来说至关重要，因此一般对于能够接触到商业秘密的人，企业都会与其签订保密协议。但商业秘密的判断是有法定标准的，并不能靠企业自己进行认定。因此，企业在日常经营管理过程中，应该明确商业秘密的判断标准及商业秘密的范围，及时采取保密措施，避免因为商业秘密的错误认定而给自己带来法律风险。

关联法规

《中华人民共和国反不正当竞争法》

第九条 经营者不得实施下列侵犯商业秘密的行为：

（一）以盗窃、贿赂、欺诈、胁迫、电子侵入或者其他不正当手段获取权利人的商业秘密；

（二）披露、使用或者允许他人使用以前项手段获取的权利人的商业秘密；

（三）违反保密义务或者违反权利人有关保守商业秘密的要求，披露、使用或者允许他人使用其所掌握的商业秘密；

（四）教唆、引诱、帮助他人违反保密义务或者违反权利人有关保守商业秘密的要求，获取、披露、使用或者允许他人使用权利人的商业秘密。

经营者以外的其他自然人、法人和非法人组织实施前款所列违法行为的，视为侵犯商业秘密。

第三人明知或者应知商业秘密权利人的员工、前员工或者其他单位、个人实施本条第一款所列违法行为，仍获取、披露、使用或者允许他人使用该商业秘密的，视为侵犯商业秘密。

本法所称的商业秘密，是指不为公众所知悉、具有商业价值并经权利人采取相应保密措施的技术信息、经营信息等商业信息。

《关于禁止侵犯商业秘密行为的若干规定》

第二条第五款　本规定所称技术信息和经营信息，包括设计、程序、产品配方、制作工艺、制作方法、管理诀窍、客户名单、货源情报、产销策略、招投标中的标底及标书内容等信息。

（二）保密协议

实践中，用人单位在与劳动者签订保密协议时，应当采取书面形式。保密协议一般应具备以下主要条款：（1）劳动者保密的内容与范围；（2）保密协议中双方当事人的权利和义务；（3）保密协议的期限；（4）违约责任。

案例：保密协议中可以约定高额违约金吗？

富贵公司是一家生产电子产品的企业。2018 年 3 月，王某作为一名设计师到该公司的产品设计部任职。在王某入职时，由于其需要经常接触到公司的产品设计方案，于是，公司除与他签订劳动合同外，还与其签订了保密协议。该保密协议中约定，王某在该公司任职期间或者以后离职后不得将公司的产品设计方案泄露给其他人。如果其违反约定，则要支付违约金 200 万元。王某在富贵公司工作了一年后就跳槽到其他公司。后来富贵公司发现王某所在的公司生产的电子产品的外观设计与自己正在开发的一款产品非常相似。于是，富贵公司要求王某承担违约责任，支付保密协议中约定的违约金 200 万元。王某认为，富贵公司与他在保密协议中约定高额违约金的行为是违法的。用人单位可以与劳动者在保密协议中约定高额违约金吗？

专家分析

根据《劳动合同法》第二十五条的规定，用人单位只能在劳动服务期与竞业限制协议中与劳动者约定由劳动者承担违约金。同时，根据《劳动合同法》第九十条、《违反〈劳动法〉有关劳动合同规定的赔偿办法》第五条的规定，劳动者违反劳动合同中约定保密事项，对用人单位造成经济损失的，劳动者应当承担损害赔偿责任。由此可知，用人单位可以与负有保密义务的劳动者签订保密协议，其可以在保密协议中约定劳动者违反竞业限制后应支付的违约金，但是不能在保密协议中约定劳动者违反保密义务应支付的违约金。当劳动者违反保密义务时，用人单位可以主张侵权损害赔偿。本案中，由于富贵公司与王某在保密协议中约定了200万元的违约金，而法律禁止企业与劳动者在保密协议中约定违约金，因此，该协议约定的违约金是无效的。在王某泄露富贵公司的商业秘密后，富贵公司可以依法要求王某承担侵权损害赔偿责任。

实务指南

企业在日常经营中，为了保护自己的商业秘密，可能会与部分接触商业秘密的员工签订保密协议。然而，企业需要注意的是，可以与员工签订保密协议，但是不能在保密协议中约定让劳动者支付高额违约的违约责任。因为法律明文规定，企业只能在服务期合同与竞业限制协议中约定劳动者承担违约金的责任。如果劳动者违反保密约定，企业可以依法主张侵权损害赔偿。

关联法规

《中华人民共和国劳动合同法》

第二十二条第二款　劳动者违反服务期约定的，应当按照约定向用人单位支付违约金……

第二十三条　用人单位与劳动者可以在劳动合同中约定保守用人单位的商业秘密和与知识产权相关的保密事项。

对负有保密义务的劳动者，用人单位可以在劳动合同或者保密协议中与劳动者约定竞业限制条款，并约定在解除或者终止劳动合同后，在竞业限制期限内按月给予劳动者经济补偿。劳动者违反竞业限制约定的，应当按照约定向用人单位支付违约金。

第二十五条　除本法第二十二条和第二十三条规定的情形外，用人单位不得与劳动者约定由劳动者承担违约金。

第九十条　劳动者违反本法规定解除劳动合同，或者违反劳动合同中约定的保密义务或者竞业限制，给用人单位造成损失的，应当承担赔偿责任。

《违反〈劳动法〉有关劳动合同规定的赔偿办法》

第五条　劳动者违反劳动合同中约定的保密事项，对用人单位造成经济损失的，按《反不正当竞争法》第二十条的规定支付用人单位赔偿费用。

《中华人民共和国反不正当竞争法》

第十七条　经营者违反本法规定，给他人造成损害的，应当依法承担民事责任。

经营者的合法权益受到不正当竞争行为损害的，可以向人民法院提起诉讼。

因不正当竞争行为受到损害的经营者的赔偿数额，按照其因被侵权所受到的实际损失确定；实际损失难以计算的，按照侵权人因侵权所获得的利益确定。经营者恶意实施侵犯商业秘密行为，情节严重的，可以在按照上述方法确定数额的一倍以上五倍以下确定赔偿数额。赔偿数额还应当包括经营者为制止侵权行为所支付的合理开支。

经营者违反本法第六条、第九条规定，权利人因被侵权所受到的实际损失、侵权人因侵权所获得的利益难以确定的，由人民法院根据侵权行为的情节判决给予权利人五百万元以下的赔偿。

第三章

绩效管理

绩效管理是一个企业进行人力资源管理活动的重要组成部分，是管理者根据企业目标对被管理者的工作技能、工作活动、工作产出进行持续沟通与考核评价，从而保证企业的战略目标得以实现的过程。可以说，不懂得绩效管理就不能真正进行人力资源管理。所以，了解绩效管理的内容、程序对于人力资源工作者而言是十分必要的。

一、绩效管理的内容

进行绩效管理，首先要了解什么是绩效。绩效是企业中个人在特定时间内的可描述的工作行为和可测量的工作结果，以及企业结合个人在过去工作中的素质和能力，指导其改进和完善，从而预计在未来特定时间内所能取得的工作成效的总和。绩效有多因性、多维性和动态性三个特点。多因性是指员工的绩效不是单纯地取决于单一因素，而是受制于主观、客观多种因素。这些因素归纳起来主要体现在四个方面：技能、激励、机会和环境。多维性是指要从不同的方面和维度对员工的绩效进行考核分析，一般为工作能力、工作态度和工作绩效三个方面。动态性是指绩效是多因性的，而这些因素又是不确定的，会随着时间的推移而不断发生变化，这涉及考核的时效性问题以及设置合理绩效考核周期的问题。

绩效管理是一个封闭的循环系统，是指员工以企业的战略目标分解出来的小目标为努力方向，根据绩效考核反馈的信息和管理人员的指导，最终实现公司战略目标的过程。绩效管理是一个综合管理体系，在人力资源管理中处于核心位置，贯穿企业管理的始终。绩效管理的过程具体包括绩效计划、绩效实施、绩效评价、绩效反馈以及绩效改进五个环节，这五个环节同时也是绩效管理的整个流程。绩效计划是绩效管理系统的第一个环节，是启动绩效管理和实现绩效管理战略目标的关键。绩效实施是绩效管理中连接计划和评价必不可少的过程，不仅关系到绩效计划的落实和完成，也影响绩效评估的效果。绩效评价也被称为绩效考核，是绩效管理的中心环节，也是技术性最强的一个环节。绩效反馈和绩效改进则是绩效管理的最终落脚点，即整个过程结束以后，分析下一步需要向哪个方向进行努力的过程。

（一）绩效管理概念与特点

绩效是指“绩”和“效”的结合，绩是指成绩，效是指效率。绩效可以分为个人绩效和组织绩效。绩效管理是指企业的管理人员通过一定的方法和制度确保企业员工的工作成绩和效率能够与企业的战略目标保持一致，并能够推动企业某项战略目标的实现。绩效管理基本可以呈现系统性、目的性以及强调沟通等特点。

案例：绩效管理的重点工作是什么？

星辰文具有限公司是一家生产文具的企业。该公司在成立之初，规模非常小，企业员工人数也非常少，因此该公司并未对员工进行绩效管理。自 2010 年起，星辰文具有限公司凭借智能彩笔的发明创造占据了当地的文具市场，星辰文具也自此开始被人们熟知。后来，该企业不断扩大规模，2013 年，开始导入绩效管理系统。公司总经理张某虽然是公司创始人，但是其对绩效管理并不了解，遂聘请了职业经理人王某进行管理。企业绩效管理的重点工作是什么呢？

专家分析

绩效管理具有系统性、目的性以及强调沟通的特点。具体而言，绩效管理是一个比较完整的系统，而不是单纯的一个步骤或是一个环节。绩效管理的目的性是指绩效管理必须与目标管理很好地结合才能令绩效管理更有成效。只有进行目标管理，才能让员工知道自己努力的方向是什么，进而提高自己的工作效率。强调沟通是指在绩效管理中沟通起着十分重要的作用，比如设定绩效规则需要沟通，设定绩效目标也要进行沟通等。实践中，许多企业的管理活动不成功，就是因为企业内部没有做好及时沟通，企业内部的认知出现了偏差。

绩效管理的重点工作是什么呢？就是我们经常提起的绩效考核，也有人称之为绩效评价。这是人力资源管理系统中技术性最强的环节，也是人力资源管理者最关心的内容。简单来说，绩效考核其实就是指评估员工个人工作绩效的过程和方法。一个有效的绩效考核系统可以起到良好的行为引导作用，首先体现为评价主体对员工行为的引导作用，即谁是评价者，员工就必须注意这个人对于自己的工作期望是什么，并据此努力工作。其次体现为评价周期对员工行为的导向作用，因为绩效周期意味着员工可以在怎样的期限内安排和调整自己的工作。最后体现为评价标准和评价指标对员工的行为的引导作用。在进行绩效考核时，也要遵循一定的原则，即公平公正原则、公开透明原则、制度化原则以及可行性原则等。

实务指南

企业在进行绩效考核时，最基本的就是设定绩效考核的基本内容和形式。一般来说，企业绩效考核的内容包括工作业绩、工作能力和工作态度。当然，这三者并非孤立存在的，而是存在一定的联系，形成一个绩效考核系统以实现特定的绩效管理目的。对于绩效考核的形式，则要根据不同的工作性质、工作特点以及考核的复杂程度确定。一般来说，对于高层和中层管理者，可以采用述职的形式；对于一些业务类员工和普通员工，则可以采取表格形式；对于操作类员工，可以采用过程记录表的形式。总之，企业要根据自己内部的情况进行区分。

（二）绩效管理的作用

绩效管理是企业人力资源管理的核心，企业的人力资源管理是一个有机系统，这个系统中各个环节紧密相连，绩效管理在这个系统中占据核心地位。绩效管理通过把企业战略目标分解到各个业务单元及每个员工，对每个员工的绩效进行管理、改进和提高从而提高企业整体的绩效，企业的生产力和价值也会随之而得到提升，企业的竞争优势也因此增强。

案例：应充分发挥绩效管理的哪些优势?

海洋公司于2016年成立了人力资源部，该部门于2017年设计了一套绩效管理体系。在前两个季度，该绩效管理体系遭受了很多阻力。各个部门均不能很好地配合人力资源部的绩效管理工作，除此以外，公司的高层对此也十分不重视。人力资源部的负责人对此非常头疼，其认为，公司员工没有正确认识到绩效管理的优势和作用，公司高层也未能起一个带头作用。于是，人力资源部向董事长提交了一份关于绩效管理的作用和优势的报告，希望能够引起董事长的重视。绩效管理到底有哪些优势和作用，又该如何发挥其优势呢?

专家分析

一个完善的绩效管理系统能够为企业进行人力资源管理决策提供有效的信息和依据，更能够将员工的工作与组织的战略目标紧紧相连，从而实现企业的战略目标。绩效管理具有以下几个优势和作用。第一，绩效管理有助于企业战略目标的实现。绩效管理是以企业的整体战略目标为导向的，绩效管理可以将企业的整体战略目标经过一层一层地分解，变成各个部门和各个员工的具体工作计划和工作目标。这样，绩效管理就成了执行企业目标的工具。第二，良好的绩效管理可以提高企业的绩效。通过绩效管理，可以提升企业、员工、项目组的潜能，使企业不断充实自己的管理方法，从而帮助企业提高绩效。绩效管理是提高企业的绩效，实现企业目标的有效途径和手段。第三，绩效管理有助于塑造良好的企业文化。一个良好的企业文化能够提高整体凝聚力，增强员工对企业的归属感，从而更好地为企业服务。企业文化对于企业的绩效有很大的推动作用，而企业的绩效管理对于企业文化也会起到塑造作用。第四，绩效管理有助于企业内部的沟通与合作。绩效管理是一个需要各级管理者与员工相互沟通与合作才能完成的过程。从绩效目标的确定开始，各级管理者和员工之间就需要不断地沟通，没有企业内部之间的沟通与合作，几乎不可能完成企业绩效管理的目标。所以，绩效管理对于企业内部之间的沟通与合作起到了一定的促进作用。第五，绩效管理有助于对企业员工潜能的激发。绩效管理为企业内部每位员工工作和发展提供了动力，有助于充分激发每位员工的潜能。对于企业而言，这能够创造更好的效益，对于员工个人而言，也是一种收获。

实务指南

绩效管理可以将员工的工作目标和企业的战略目标联系在一起，二者互相促进，共同达成，同时绩效管理可以促使各级管理者和员工之间进行有效的沟通和合作，从而让企业员工树立良好的团队意识等。这些优势仅是绩效管理重要意义中的一部分，其还有许多潜在的意义。总之，企业要进行有效的绩效管理，充分发挥绩效管理的优势。

二、绩效管理的程序

谈到绩效管理的程序，我们可以从宏观和微观两个方面将其分为绩效管理大流程和绩效管理小流程。大流程就是指一个企业如何引入一套绩效管理体系，以及如何使企业上下认同绩效管理体系并使该绩效管理体系得以成功实施。小流程则是指绩效管理的基本流程，主要包括绩效计划、绩效实施、绩效评价、绩效反馈以及绩效改进五个步骤。

绩效管理的大流程首先是绩效管理程序导入，然后是绩效管理试点，最后是全面落实。其实这个程序是循序渐进的，只有导入该管理程序以后，才能开始实施，但是实施也并非一开始就全面推进，而是要进行试点调整以后才开始在整个企业落实。当绩效管理在企业中全面落实时，就要开始绩效管理的小流程。绩效计划是绩效管理小流程的第一个环节，在制订好绩效计划以后，员工开始按照计划开展工作，这也就是绩效管理小流程的第二个环节绩效实施。为了对绩效实施的成果进行评价和考核，实现绩效管理的目的，接下来的环节就是绩效评价或者绩效考核。绩效评价是绩效管理的一个关键环节，十分重要，绩效评价完成之后，管理人员要根据评价结果与员工尽心沟通，这个环节即为绩效反馈。这样，员工就能够及时认识到自己的优势和不足，从而在今后的工作中更好地改进，进行改进的过程也是整个绩效管理小流程的最后一步，即绩效改进。

（一）程序导入

绩效管理作为企业的一个重要管理系统，有个导入的过程，导入以后才能正式开始绩效管理。绩效管理大流程的导入，需要做一些前期准备，然后慢慢推进。前期准备工作包括对原来绩效体系的诊断以及对企业管理基础的审视，推进的过程也是从部分到整体的一个循序渐进的过程。

案例：导入绩效管理的程序是怎样的？

益生有限公司自2015年起开始推行绩效管理体系。为此，该公司还专门成立了绩效管理委员会，委员会主任由公司总经理担任，公司的财务经理担任副主任，委员会的委员则由公司各个部门的负责人担任。绩效管理委员会推行绩效管理体系的第一步就是进行公司绩效管理制度设计。到目前为止，该公司的绩效管理还处于一个导入的过程，绩效管理体系还未被真正在公司应用。企业导入绩效管理的程序应该是怎样的？

专家分析

绩效管理的导入是一个系统的过程。为了实现绩效管理的顺利引入和推进，还要做许多工作，比如准备工作、协调工作和控制工作。在一套新的绩效管理程序导入之前，要对原有的绩效体系进行分析，即明确企业原来是否有绩效管理系统。如果有，要明确原来的绩效管理系统存在什么问题，才会计划导入新的绩效管理系统。除此以外，要知道整个企业的管理基础是什么，以及企业文化和发展是否适合绩效管理系统的导入。同时，要对员工进行民意调查，即企业内部是否多数人接受绩效管理。这些是一个企业导入绩效管理的基础。

至于绩效管理的导入过程，也应该是循序渐进的，不可能一步到位。一般而言，许多企业会在某个部门先进行试点，并且运行两个以上的考核周期，然后根据绩效管理的效果再决定是扩大试点范围还是对绩效管理方式进行调整。试点结束以后就会全面推广，即在更大的范围内进行绩效管理。在全面推进绩效管理的时候，首先，要注意逐步推进，不能一下子就全面实施，即便是经过试点的绩效管理，在整个企业中运行也是需要一个过程的。其次，要注意进行有效的绩效管理培训，全面推广绩效管理必须要进行自上而下的绩效管理培训。这些培训要对企业全体员工进行，但是也要有管理人员和普通员工的划分，做到分开进行培训。在实施过程中，还要注意及时提供专业的技术支持。绩效管理人员在遇到工作上的问题时，必须保证有专业人员提供帮助，并且这种帮助要做到及时有效。同时，绩效管理体系要制度化和规范化，并且要以文件的形式确定下来，以便更好地落实。

实务指南

绩效管理系统的推进和逐步完善都需要一定的时间，企业不可能立即导入绩效管理系统并且达到一个满意的水平。绩效管理的导入是企业与该系统以及员工与该系统逐步融合和适应的一个过程，员工从最初适应这一管理系统到最后能够自觉地对自己一个周期的绩效进行评价，可能需要几年的时间。所以，计划导入绩效管理系统，企业就必须充分认识到这一点，做好长久的准备。

（二）高层人员的绩效管理

高层人员一般是指一个企业中的高级管理人员。高层人员的工作和决策直接影响整个企业的战略目标导向。普通员工是高层人员决策的执行者，二者在工作性质上完全不同。据此，企业对高层人员和普通人员的绩效管理也应该不同，二者应有各自的一套绩效管理方式和绩效考核模式。

案例：对高层人员和普通员工的绩效管理能一样吗？

大元集团的业务范围包括电子、机械、通信、商业、金融和汽车等领域。该集团前些年投资兴建了几十家生产和销售公司，但是好景不长，各家公司都被解散或者合并。大元集团内部对此事进行了分析，认为这是因为没有建立一个完善的绩效管理系统。于是，从2010年开始，大元集团所有的公司都开始导入绩效管理体系。对于绩效评估这一环节，员工们都认为这是非常重要的，因为这不仅影响自己的奖金数额与福利，还是对自己工作的一个客观评价。为了做到整个企业的绩效评估公平公正，公司高层有人提出要对高层人员和普通员工进行统一的绩效管理。对高层人员和普通员工的绩效管理能一样吗？

专家分析

在企业中，对高层人员的绩效管理和对普通员工的绩效管理是不同的。首先，高层人员和普通员工在企业中所处的位置是不一样的。高层管理者一般都是企业的主要负责人，比如总经理、副总经理、各部门负责人、高级技术人员和总经理指定的人员等。这些人是企业战略、规划、制度的制定者、引导者和推行者，高层管理队伍的素质和管理水平直接关系到企业的执行力，关系到企业的生存发展。普通员工则是高层领导决策的执行者，是企业最底层的劳动者，当然也是企业效益的直接创造者。二者在企业中的位置不同，所起的作用不同，这就意味着对二者的绩效管理肯定是不同的。

二者绩效管理的不同在实际操作中还体现在以下三个方面。第一，二者的绩效指标不同。制定有效的绩效指标是绩效考核取得成功的保证，是建立绩效考核体系的中心环节，也是绩效管理者最关注的问题。高层人员和普通员工的工作性质不同，高层人员的工作一般属于管理或者决策类，而普通员工的工作则属于生产、销售等执行类。对二者工作的衡量标准不同，所以考核的标准也不同。虽然指标在制定时所遵循的原则和目的要与企业战略目标保持一致，但是在制定时会根据高层人员和普通员工进行一定的区别。第二，绩效考核周期不同。一般来讲，高层人员的考核周期要比普通员工的考核周期长。因为高层人员的劳动更加烦琐复杂，体现其业绩的时间较长，而普通员工所做的工作比较简单，易考核，体现其业绩的时间较短，所以二者的绩效考核周期也是不同的。第三，绩效考核的方式不同。对普通员工来说，采取简单的表格形式，就能明了地反映其工作状况。但是对高层人员，就不能仅靠表格的形式体现其业绩，所以对高层人员的考核方式较普通员工更复杂。除此以外，高层人员和普通员工的绩效管理还存在许多不同之处，不能采取完全相同的模式进行管理。

实务指南

在企业中，必然有中高层管理人员和普通员工。企业在进行绩效管理时，一定要对二者进行区分。二者可以适用同一个绩效管理体系，但是对于具体的绩效考核指标、标准、周期、绩效反馈等都要进行区分。尤其要注意中高层管理人员的决策和管理工作必须与企业的战略目标一致，企业要在这个基础上，对中高层人员进行绩效管理。

三、指标分解与设定

要对绩效进行管理，首先就要对绩效进行衡量和评价。绩效衡量的前提是绩效评价指标与标准的识别和认定。绩效指标是指对员工的行为、能力、态度和业绩等进行评估的指标维度，也就是说从哪些方面对员工的工作绩效进行衡量或者评估。绩效指标贯穿绩效管理的各个环节：在绩效计划阶段，对于绩效指标的设计也要进行相应的讨论；在绩效实施时，要对绩效指标进行观察和分析，从而对绩效情况进行辅导；而至于绩效考核，绩效指标就是其考核的标准。绩效指标有三个作用。第一，绩效指标有导向作用，表现为其对于绩效管理的导向作用。管理工作会根据绩效指标而划分轻重，所以对于员工的工作也会起到导向作用。第二，绩效指标有约束作用，绩效指标就是告诉员工应该做什么，做到什么程度，这样就直接约束了员工的日常行为。第三，绩效指标有竞争作用，即绩效指标的设定要求员工通过自己的努力达到一个具体的工作目标，绩效指标给予员工努力的方向和发展的动力，同时也可以让员工之间产生竞争和对比，从而互相促进，共同进步。绩效指标的制定必须在企业发展战略的指导下进行，具体应该根据企业的年度经营计划分解到部门和个人。

（一）指标分解

指标分解是指将企业的总体战略目标下展到二阶、三阶的子目标。在绩效指标分解的过程中， 从公司层面的总目标到部门目标再到岗位目标，应当是一个因果关系环环相扣的目标链。如果只停留在部门层面，导致子目标与总目标之间没有因果联系，那这种分解就是不成功的。关于绩效指标分解，企业可以采取平衡计分卡法、关键业务流程控制点分解法、KPI（关键绩效指标）分解法以及系统性指标分解法 4 种分解方法。

案例：绩效指标有哪些分解方法？

风帆有限公司在 2010 年导入了绩效管理体系，该绩效管理体系在企业内发挥了很大的作用，从 2010 年至今，该公司的业绩一直不断提升。但是该公司的绩效管理并非一帆风顺，也经历了许多波折。公司因刚开始设计的绩效指标未能与公司战略目标保持一致而不断地对该绩效指标进行修改，在实施的过程中也一直不断地对其进行调整，最终在 2013 年才落实好一套完整的绩效管理体系。在绩效指标分解方面，风帆有限公司采取了平衡计分卡方法进行分解，这不仅提高了员工的工作效率，还让整个企业得到了迅速发展。什么是平衡计分卡方法呢？除此以外，绩效指标还有哪些分解方法呢？

专家分析

绩效指标分解是否合理对于企业的绩效管理而言意义重大，企业绩效指标主要有四种分解方法。第一个方法是平衡计分卡分解法，这个方法最突出的特点是将企业的使命和发展战略与企业业绩评价系统相联系，把企业的战略目标转变为具体的目标和测评指标。平衡计分卡以企业的战略为基础，将各种衡量方法整合为一个有机整体。平衡计分卡从企业战略出发，提供了分析绩效指标的四个方面：一是财务，旨在解决股东的看法和评价；二是顾客，旨在解决顾客的意见等问题；三是内部过程，也就是对企业内部的工作情况进行分析；四是学习和创新，目标是解决企业内部是否一直在不断地进步等问题。第二个方法是关键业务流程控制点分解法。这种方法的特点就是将企业关键成功因素与内部流程相联系，准确地看清各种流程对于成功的关键因素的影响，从而分析出各种流程在企业管理中的作用。第三个方法是KPI分解法。KPI是指关键绩效指标，是把企业的战略目标分解为可运作的远景目标的工具，也是企业绩效管理系统的基础。KPI是对企业战略目标的进一步细化和发展，企业目标是长期的、指导性的和概括性的，各个职位的关键绩效指标内容丰富，针对职位而设置，着眼于考核当年的工作绩效，具有可衡量性。第四个方法是系统性指标分解法。利用本法对绩效指标进行分解时，需要进行两个步骤，即横向分解和纵向分解。横向分解是指根据不同层级部门进行分解，分解出二级指标和三级指标等。纵向分解是指由于每个部门对于完成指标产生的影响不同，要根据这些差异确定指标权重。

实务指南

绩效指标的分解，总结来说要分为以下几个步骤，首先要对企业的战略目标进行梳理；其次是寻找关键的成功因素，制定一个战略结构图，然后再分解公司关键绩效指标，形成部门绩效指标；最后分解部门关键绩效指标，生成个人业绩目标。按照上述几个步骤进行，再运用合适的方法，即可制定出合理有效的最佳绩效指标。

（二）指标设定

绩效指标有很多作用，指标的设定是绩效考核的基础环节，在设定绩效指标时，应该重点遵循以下 5 个原则：战略目标一致性原则、素质与业绩并重原则、可衡量性原则、针对性原则，以及时效性原则。除此以外，绩效指标的制定必须在企业发展战略的指导下进行，还要综合各种依据和因素合理制定。

案例：绩效指标有哪些设定原则？

王某是海昌公司的绩效经理，负责该公司的绩效管理工作。每到 12 月底，王某都要负责制定出下一年的绩效考核指标。2015 年，海昌公司改变了战略目标，但是王某所制定的绩效考核指标还是根据公司之前的战略目标设计的，公司只能让王某重做。经过几次修改，王某的绩效指标终于通过。2015 年 12 月，王某又开始制定 2016 年的绩效考核指标，但是这次的指标还是按照公司 2014 年的战略目标设计的。公司只能令王某再次返工。对此，王某很是头疼，其每次制定绩效指标都要浪费大量的精力，但是公司对此也表示无奈，绩效指标如果与企业战略目标相悖，肯定是不可取的。绩效指标到底有哪些设定原则呢？

专家分析

绩效指标在设定时并不是毫无依据的，其应该遵循一定的原则。第一，战略目标一致性原则，即绩效指标的设定应该与企业的战略目标一致，这也是一个基本原则。在本案中，王某设定的绩效指标未遵循这一原则，所以必须进行修改。第二，素质与业绩并重原则，即绩效指标应该既重视业绩又重视素质。如果过分注重业绩，容易让员工急功近利，不择手段走捷径；如果过分注重素质，又会增加企业内部不讲实效的交往风气，所以在设定绩效指标时，二者应该兼顾。第三，可衡量性原则，即绩效指标可以被衡量，具体而言就是可以被量化或者被准确地描述。传统的绩效考核可能会以“优、良、合格”等字眼评价，其实这样的考核是十分模糊的，参考意义不大，区分度也不够明确，所以企业在制定绩效指标时应该注意其可衡量性。第四，针对性原则。该原则是指每项绩效指标的设定应该针对某项特定的工作，即一项考核指标应该是为了一定的考核目的而制定的。第五，时效性原则，即某项绩效指标的设定一定要规定在多长时间之内完成或者有效，这也是为了提高企业内部的时间意识，提高效率。严格根据该原则制定绩效指标，有利于避免误解和不公平现象发生。

绩效指标设定除遵循一定的原则外，还要遵守一定的程序。绩效指标的设计和制定一般包括以下程序：首先是分解企业战略目标与确定岗位职责；其次是对工作岗位进行分析，并依据绩效考核的基本原则与目的对所设计的绩效指标进行论证，使其具有一定的科学依据；再次是提取指标并进行指标分析，确定指标体系；最后是为了让已经确定的绩效指标更合理，再次对其进行修订。

实务指南

绩效考核的导向性是通过绩效指标实现的，因此绩效指标是绩效考核过程中的考核内容。为了保证绩效考核的战略导向，绩效指标的设计应该抓住关键指标并分清层次，符合指标设计的基本要求，还要遵循指标设定的原则，严格按照指定依据设定。

四、周期设定

绩效考核周期是指多长时间进行一次考核，这与考核的目的以及被考核的职位有关。不同类型的绩效考核指标需要不同的考核周期，考核的频率也关系到考核是否合理等问题。考核周期的设计取决于公司的规模、管理的幅度、员工的层级、工作的性质，也取决于行业特征、产品的产出周期等因素。绩效考核周期一般分为季度考核、半年度考核、年度考核。一般企业会根据各种组织活动、评测对象的具体情况和考核的具体目的确定考核周期的长短。为了确定考核周期，首先会从各类职能部门管理人员的工作特点方面考虑；其次会考虑各项管理成本以及奖金和绩效工资等发放的周期；最后要看工作任务的烦琐复杂程度，如果工作较为容易，相应的周期也会较短，如果工作复杂，周期也会变长。一般的企业职能部门的管理人员，其工作内容较为一致，其工资和奖金一般都是按月发放，那么此时可以遵循月考核制度。企业职能部门管理人员的绩效考核周期，一般是级别越高周期越长，级别越低周期越短。因为职务级别层次越高，其劳动复杂程度就越高，其素质、能力特别是业绩的表现周期也就越长，而对于职务级别低的员工，劳动比较简单，表现业绩的时间较短，考核周期也较短。除此以外，周期的设定还要考虑许多因素，这些对于绩效考核十分重要。

（一）确定周期

企业对员工的考核应该遵循统一的时间。对于人力资源部门来说，统一固定的考核周期有利于其获取持续性、可比较性强的信息，以便更准确地衡量员工的实际工作表现。同时，也可以避免将考核周期以外的信息强行引入考核，防止员工对考核周期的认知出现偏差而影响工作，导致考核不公平现象的发生。确定考核周期十分重要，确定考核周期需要考虑的因素也很关键，企业应加以重视。

案例：如何确定最佳绩效考核周期?

凯乐集团是从事日用品生产和销售的大型企业，集团总部下设几个业务平台，分别从事各种产品的生产，同时还有专门的销售公司。但是，由于该集团没有专门的绩效管理体系，导致该集团在运营过程中遇到了严重的阻碍。随着该集团的进一步发展，该集团导入了绩效管理体系，并且安排了专门的团队负责集团的绩效管理。在绩效管理制度的设计阶段，对于考核周期的确定出现了分歧，管理团队的人员都是各个部门的负责人，都根据自己部门的情况提出了考核周期设置的建议。到底应该如何确定一个最佳绩效考核周期呢?

专家分析

绩效考核周期的设定需要考虑许多因素，在企业内部，对不同职系、不同层级的员工的考核周期都不尽相同。那么，到底应该如何确定最佳绩效考核周期呢？首先，要按层级设定考核周期，许多企业对于总经理级别的考核周期较长，一般是一年；对于部门经理的考核周期较短，可能为半年或者一个季度；对于普通员工的考核周期一般是一个月。但这只是一般情形，要想确定最佳考核周期，要根据层级的不同分别设定。对于高层人员，如果企业是平稳的制造业，那么对于高层的考核周期可以确定为半年或者一年；对于工程项目类的企业，考核周期要长一些，因为项目本身耗时就比较长，所以可以确定为一年以上；对于中层管理人员，最好是以季度为周期，当然这也要根据企业的具体情况而定；对于基层的普通员工，则最佳周期一般应为一个月。当然，如果绩效指标的数据化和信息化有其固定的采集周期，比如两个月，那么为了方便灵活，也可以以这个周期为考核周期。其次，要根据行业特点进行确定。对于研发职系，要结合研发的周期确定考核周期；对于销售职系，则要结合销售周期；对于生产职系，毋庸置疑要结合生产流程以及生产周期。但是一般在确定最佳考核周期时都会选择月或者月的倍数，即季度、半年、年。之所以这样确定，既是因为考核结果与薪酬挂钩，而薪酬的发放是以月份为周期，又是因为财务报表中的大量数据与绩效考核结果有关，而财务报表以月份为周期。总之，确定一个最佳绩效考核周期并非易事，需要结合企业的各个事项全面进行分析确定。

实务指南

绩效评价周期的设定没有统一的标准，典型的评价周期是月、季度、半年、一年，也可以在一项任务或者一个项目完成以后进行。考核频率不应太频繁，否则会浪费时间和精力，还会给员工造成心理负担以及不必要的干扰。考核周期也不宜过长，如果周期太长，反馈太迟，会让员工觉得绩效考核的作用不太，甚至有流于形式之嫌。所以，一个企业要想确定一个最佳考核周期，要综合考虑许多因素。

（二）考虑因素

绩效考核需要耗费一定的人力和物力，设定考核周期必须考虑许多因素。如果考核周期过短，会给企业增加成本；如果考核周期过长，会降低考核的准确性，损害员工的耐心。因此，过短或者过长都会影响绩效管理的效果，不利于员工的绩效改进。在确定绩效考核周期时应该考虑员工职位的性质、绩效指标的性质以及企业的基本特征等。

案例：设定绩效考核周期应考虑哪些因素？

同创网络公司是一家私营企业。该公司创立之初，并不重视企业绩效考核，仅依靠公司总经理的能力和社会关系网络而支撑了整个企业的发展。2017 年，同创网络公司引进了一位人力资源总监，自此，该公司的绩效考核制度才开始建立起来。2019 年，该总监提议要建立一套完整的绩效管理系统，并对绩效考核的周期再次进行设定。该公司目前的考核周期虽然较合理，但是由于当初设立时很草率，许多因素未考虑到，因此有许多不尽如人意之处。设定绩效考核周期应该考虑哪些因素呢？

专家分析

合理确定绩效考核周期，应该考虑以下三个因素。第一，员工职位的性质。企业内有许多职位，职位性质不同，绩效考核周期的长短也应该是不同的。职位一般包括级别和工作性质，级别高的工作人员，比如高层管理人员，其考核周期一般要长于普通职员。所以，在设定考核周期时，企业内的各个职位的考核周期并不完全一样，要视其性质而定。第二，绩效指标的性质。一般而言，对于性质比较稳定的指标，考核周期可以相对长一些，对于性质不稳定的指标，考核周期可以短一些。如果一个企业进行绩效考核的内容为业绩指标、能力指标和态度指标，那么就这三者而言，业绩指标周期则可以短一些，因为其属于性质不稳定的指标。对于能力指标，一个人的能力在短时间内是很难有所变化的，所以该指标性质较稳定，其考核周期可以长一些。对于态度指标，其周期应该缩短，一是因为其变化性强；二是因为员工的工作态度直接影响工作的效率和企业的利益，将态度指标考核周期缩短，对于让员工树立良好的工作态度有积极的作用和意义。第三，企业的基本特征。其实这应该也是很重要的一个考虑因素，却往往被人们忽视。在设定绩效考核周期时，应该考虑的一个大问题就是其企业属于一个怎样的大行业，每个行业的特征不同，产品生产周期也不一样，这也会对考核周期产生影响。比如，有的企业一个月内就会生产许多批产品或者许多服务，那就可以采用月度或者季度为周期考核；有的企业生产产品或者提供服务需要数个月才能结束，则可以考虑年度周期。总之，绩效考核的周期并非一成不变，要视情况而定，还要根据企业的实际情况做出相应的调整。

实务指南

制定合理的考核周期对于企业来说非常重要，在设定周期时除了考虑上述因素外，还要注意企业员工工作任务的完成周期、奖金发放的周期、员工的工作性质以及员工数量等因素。除此以外，在设定考核周期时，还要考虑该企业一直沿用的考核周期。如果企业过去一直沿用的是某一种考核周期，而且员工也非常赞同现有的周期情况，考核效果也不错，那就无须对考核周期进行改变或者调整。另外，设定考核周期也要考虑实际操作和成本等问题。

第四章

薪酬管理与设计

薪酬管理是指在企业发展战略指导下，对员工薪酬支付原则、薪酬策略、薪酬水平、薪酬结构、薪酬构成进行确定、分析和调整的动态管理过程。薪酬管理包括薪酬体系设计和薪酬日常管理两个方面。薪酬管理是人力资源管理的一个重要内容，薪酬管理与企业全体员工的利益息息相关，对薪酬管理进行学习应该是所有人力资源工作者的必修课。

一、工资标准

通过为用人单位提供劳动而得到工资是人们的主要经济来源，但是由于各地经济水平不一样，每家用人单位的行业特点以及经济效益不一致，不同地区、不同用人单位下的劳动者所获得的工资标准也是不一样的。正是基于这样的差异的存在，我国对于工资标准更多的是让用人单位根据自己的现状同劳动者进行自主协商，从而确定工资的金额，而没有制定全国统一的工资标准。但是，在劳动供需双方中，劳动者相对于用人单位一般处于弱势地位，如果一味地追求意思自治，由二者自主决定工资，追求自身利益最大化的用人单位难免会利用自己的优势地位对工资做出较低的约定，从而损害劳动者的利益。所以，我国实行最低工资保障制度，即要保证劳动者的基本生活水平，无论是传统的全日制用工形式，还是新兴的非全日制用工形式，当地政府都应当对最低月工资标准或小时工资标准做出相应的规定，用人单位同劳动者所做的关于工资金额的约定均不得低于政府最低工资的规定，对劳动者的合法权益做出充分的保障。

（一）最低工资标准

可以说工资是当今社会劳动者的主要生活来源之一，工资的高低直接影响人们的生活水平。国家为了保证劳动者的工资收入，要求各地政府制定当地最低工资标准，并要求当地用人单位工资标准不得低于该最低工资标准。最低工资标准是当地政府在充分考虑当地的经济现状的前提下制定出来的，用来满足人们的基本生活需要，一旦用人单位的工资标准低于当地最低工资标准，将可能引发不必要的社会纠纷，不利于社会稳定。

案例：如果用人单位制定的工资标准低于当地的最低工资标准，会有什么法律后果？

李某从大学毕业后便进入当地一家大公司工作。为了让家人过上高品质的生活，李某几乎每天都工作十七八个小时，周六和周日也几乎都在加班。在这种高强度工作下，李某获得了成功，但是身体也开始出现问题，李某甚至对于部分工作有点儿力不从心。为了调养自己的身体，李某进入离家较近的一家小公司工作，工作压力比较小。但是在工作一个月后，李某发现自己的工资仅有1800元，而当地最低工资标准为2300元，李某很气愤，找该公司理论，但是该公司对此不以为然。如果用人单位制定的工资标准低于当地的最低工资标准，会有什么法律后果？

专家分析

根据《劳动法》第四十八条的规定，国家实行最低工资保障制度。最低工资的具体标准由省、自治区、直辖市人民政府规定，报国务院备案。用人单位支付劳动者的工资不得低于当地最低工资标准。同时，该法第九十一条规定："用人单位有下列侵害劳动者合法权益情形之一的，由劳动行政部门责令支付劳动者的工资报酬、经济补偿，并可以责令支付赔偿金：（一）克扣或者无故拖欠劳动者工资的；（二）拒不支付劳动者延长工作时间工资报酬的；（三）低于当地最低工资标准支付劳动者工资的；（四）解除劳动合同后，未依照本法规定给予劳动者经济补偿的。”本案中，当地最低工资标准是月工资2300元，但是该公司仅向李某发放了1800元，这远低于当地的最低工资标准。该公司的行为侵犯了李某的劳动者权益，系违法行为。李某可以请求劳动行政部门责令该公司支付劳动者的工资报酬、经济补偿与赔偿金。

每个地区的最低工资标准是由省、自治区、直辖市人民政府制定，并报国务院备案的，由于每个地区的经济发展状况不同，最低工资标准也可能不同，所以国家并没有对最低工资标准做出统一规定。用人单位在制定工资标准时，除了要结合自己的经营现状和经济效益情况等外，还不得低于当地政府制定的最低工资标准，因此用人单位的工资自主制定权是有一定限度的，不是绝对自由的。每个用人单位都会追求自身利益最大化，为了充分保证劳动者不受用人单位剥削，保障劳动者的合法权益，国家才会实行最低工资保障制度。

实务指南

工资是劳动者的收入来源，应当满足劳动者的日常生活需求。如果工资过低，满足不了劳动者的日常开销，会给社会的稳定埋下隐患。所以，对于用人单位来说，单位的工资标准制定不仅关系到劳动者的生存，也关系到劳动关系的调整，应当引起用人单位的注意，如果用人单位违反相关规定，制定的工资标准低于当地的最低工资标准，也将承担相应的法律后果。

关联法规

《中华人民共和国劳动法》

第四十八条 国家实行最低工资保障制度。最低工资的具体标准由省、自治区、直辖市人民政府规定，报国务院备案。

用人单位支付劳动者的工资不得低于当地最低工资标准。

第九十一条 用人单位有下列侵害劳动者合法权益情形之一的，由劳动行政部门责令支付劳动者的工资报酬、经济补偿，并可以责令支付赔偿金：

（一）克扣或者无故拖欠劳动者工资的；

（二）拒不支付劳动者延长工作时间工资报酬的；

（三）低于当地最低工资标准支付劳动者工资的；

（四）解除劳动合同后，未依照本法规定给予劳动者经济补偿的。

（二）非全日制工资标准

所谓的非全日制用工，是指以小时计酬为主，劳动者在同一用人单位一般每日不超过 4 小时，每周累计工作不超过 24 小时的用工形式。该用工形式不论对于用人单位来说，还是对于劳动者来说，都是极为有利的一种用工形式，不仅可以减少用人单位的用工成本，还有助于帮助劳动者就业，缓和我国的就业压力。对于非全日制下的工资标准，与传统的全日制用工一样，国家也没有做较多干预，而是给予劳动合同双方充分的自主协商权，但出于对非全日制用工形式下劳动者的报酬保护，国家也要求用人单位所在地的政府要对最低小时工资标准做出一定规定，任何用人单位不得同小时工约定低于该最低工资标准的小时工资。

案例：小时工资也有标准吗?

刘某是一名退休职工，在家闲来无事，便想要找一份小时工的工作，一来可以减轻家里的负担，二来小时工工作时间比较宽松，不会占用自己太多时间。后来，刘某进入某用人单位，每周的周一、周三、周五负责打扫两个小时的卫生，约定每小时的报酬为10元，每周结算一次。刘某的儿子得知这一情况后，便找到用人单位，称当地政府规定的最低小时工资标准为每小时20元，该用人单位只给自己母亲每小时10工资的做法不合法。但用人单位觉得这是经刘某同意后的工资，自己的做法是合法的。小时工资也有标准吗?

专家分析

除传统的全日制用工外，为了适应用人单位灵活的用工需求，非全日制用工形式也逐渐兴起。在一些不太重要的岗位上采用小时工，不仅可以满足用人单位的用工需求，相比于传统的合同工而言，还可以节约大量的成本，所以，这也是用人单位更愿意采用小时工这一用工形式的重要原因。一般来说，小时工属于劳动者中的弱势群体，他们往往没有较高的学历、较好的技术，从事的也基本上都是体力劳动，也正是因为这样，我国在立法时才需要对他们有一定的倾向。

根据《劳动合同法》第七十二条的规定，非全日制用工小时计酬标准不得低于用人单位所在地人民政府规定的最低小时工资标准。非全日制用工劳动报酬结算支付周期最长不得超过十五日。可见，即便是小时工，工资也不是由用人单位随意确定的，应当不低于当地政府规定的最低小时工资标准。本案中，用人单位跟刘某约定小时工资为10元的做法违反了当地最低小时工资的标准，是违法的。小时工也属于劳动法中的一种用工形式，相较于传统的合同用工形式，这一形式较为灵活，劳动者可以在互不影响的情况下同时为多家用人单位服务，不仅适用用人单位用工较为灵活的岗位，还可以满足部分人员的就业需求，增加劳动者收入。但是小时工的灵活不代表国家对小时工的标准是绝对放任的，对于小时工的最低工资由用人单位所在地的人民政府做出相应的规定，用人单位向小时工支付的工资不得低于政府规定的最低标准，用来保障小时工的工资收入。

实务指南

对于小时工的最低工资，用人单位所在地的政府都会做出一定的规定。用人单位在与小时工约定工资的时候，虽然我们应该充分尊重当事人的意思自治，由双方就工资做出一定的约定，但是政府制定的最低小时工资属于强制性规定，用人单位必须遵守，不能仅以小时工同意就认为该工资的约定是合法有效的。在必要时，小时工也可以拿起法律的武器保障自己的合法权益，用人单位也会因此受到相应的处罚。

关联法规

《中华人民共和国劳动合同法》

第七十二条 非全日制用工小时计酬标准不得低于用人单位所在地人民政府规定的最低小时工资标准。

非全日制用工劳动报酬结算支付周期最长不得超过十五日。

二、薪酬核算与支付

企业的发展离不开职工的劳动，为职工支付合理的薪酬，是企业资产管理的一项重要内容。这不仅关系到企业的发展，也关系到社会的稳定。职工的生活更是与企业所支付的薪酬息息相关，因为对于很多人而言，劳动报酬是其最重要的收入来源，职工以此维持着自己乃至家庭的基本生活。我国是社会主义法治国家，注重以人为本，为企业职工支付合理的薪酬，是维护职工合法权益、保障职工人权的题中之义。另外，在我国社会主义市场经济和以按劳分配为主体的分配制度这一国情下，为职工支付合理的薪酬是职工劳动价值的重要体现。只有这样，才能激发职工的工作热情，为企业提高经济效益。从经济全球化的大背景来看，企业必须维护好职工的合法权益，提升职工的满意度，才能提高竞争力，在日益激烈的国内国际竞争中立于不败之地。近年来，拖欠职工工资现象时有发生，因而这一问题也引起了政府相关部门的高度重视。因此，企业应当制定和完善职工薪酬核算与核准制度，保障职工权益，同时促进企业发展。

（一）薪酬核算

企业员工薪酬核算是企业对职工付出的各种劳动和服务支付的合理的报酬，由企业设立专门的财会部门进行核算。一般来讲，职工的薪酬包括职工工资、奖金、津贴和补贴；职工福利费；医疗保险费、养老保险费、失业保险费、工伤保险费和生育保险费等社会保险费；住房公积金；工会经费和职工教育经费；非货币性福利；解除与职工的劳动关系给予的补偿；以及其他与获得职工提供的服务相关的支出。但是在具体实践中，不同企业对员工薪酬的核算和支付应该有更加具体的规定。

案例：员工年终奖如何核算?

王某毕业后在一家软件设计公司工作，由于王某在校期间的基本功非常扎实，再加上勤学上进，刚到公司不久就做出了不小的成绩，也为公司招来了许多大客户。王某骄人的工作业绩同事们也都看在眼里。半年以后企业举办年会，同时为员工颁发年终奖，该公司的员工奖与其他同类企业员工相比少很多，王某还发现自己的年终奖竟不及同一部门在年底刚入职的小李。该公司对于年终奖较少给出的解释是“奖金都是税后金额”，对于王某的奖金少于小李并没有给出答复。后王某从同事口中得知，小李是企业中上级领导人员的家属，曾有人嘱咐要对小李“多多关照”。该企业在对于员工年终奖的核算问题上，是否存在违法问题呢?

专家分析

企业给员工发放年终奖是对员工工作进行肯定的一种物质上的奖励。对于员工年终奖的核算，一度出现“年终奖多，但是税后所得实际年终奖很少”的怪现象。这是由于一些企业视国家法律为无物，对国家制度置若罔闻，甚至盗用国家机关的名义制造一些虚假新闻，声称国家出台了相关法律对员工年终奖纳税标准进行规制，以此误导员工，克扣员工奖金。本案中，该公司虽对职工年终奖金少进行了解释，但其称“奖金都是税后金额”的说法也不妥当。我国国家税务总局对员工年终奖扣税计算方式有明确规定，即“先将雇员当月内取得的全年一次性奖金除以 12 个月，按其商数确定适用税率和速算扣除数，再按确定的适用税率和速算扣除数计算征税”。除此之外，企业为员工设计和发放年终奖，应该本着公平公正的原则进行。具体来讲，应该根据员工的工作业绩，做好市场外部调查和公司内部调查，将调查结果结合，对员工的工作进行评价。本案中，王某的业绩大家有目共睹，但是仅仅因为小李是上级领导的家属，就给其更多的年终奖，这是不公平的。

不同企业对于年终奖的具体制度也应该有所不同：有的企业绩效制度相对完善，这样就可以根据该企业年初的工作计划和计划完成情况进行设置；对于一些绩效制度不够完善的企业，则更多地依赖员工的工作总结，员工论述对于本年度工作的完成情况，企业据此为员工发放奖励；对于一些小企业来讲，必须制定相关的年终奖考核制度，根据该制度对员工进行严格考核，做到不偏不倚、公平公正。

实务指南

实践中，有的企业确实是出于自愿为员工发放年终奖，这既是对员工一年来的工作进行总结和肯定，同时在这个过程中又能调动员工的积极性，鼓励其积极投入工作。但也不乏有些企业出于被动而设置年终奖，迫于各种内部和外部的压力不得已而为之。作为一个现代化的企业，要想立足于如此激烈的市场竞争，就必须让员工满意，为员工提供合理的待遇和适当的奖励，因此企业为员工设置年终奖是必要的。

（二）薪酬设计

为了保障企业的员工劳动能够获得合理的报酬，提高员工工作的积极性，提升企业的整体实力和竞争力，促进自身发展，必须对员工的薪酬进行恰当的安排和设计。一个完善的员工薪酬制度，应该结合党和国家的有关政策、法律法规、企业自身的发展状况，以及员工的现实情况进行设计。员工薪酬的制度设计应与公司的发展战略相一致，与市场需求相一致，并应严格按照公平公正的原则进行。其内容应包括薪酬构成、薪酬发放、薪酬调整、奖惩制度等各个方面。企业的发展不仅应当重视经济效益的提升，还应当重视员工薪酬的设计和完善。

案例：如何设计销售人员的薪酬?

小李是一个刚刚毕业于经济管理系的大学生，毕业后便选择了与所学专业较对口的销售行业。小李开始走上工作岗位是从销售人员做起的，由于她专业基础扎实，加之聪明伶俐，小李的销售工作做得有声有色，但谁知月底进行工资结算的时候，她发现自己实际所得的工资实在少得可怜。领导称这是因为做销售这一行每个月都有销售额度，小李虽然工作很努力，但是没有达到公司规定的销售额度，而且按照合同约定，“员工没有按照规定完成销售任务，公司可以以低于最低工资标准支付劳动者工资”。因此，扣了她的工资也在情理之中。小李对此十分不满。公司因为小李没有完成工作任务而克扣其工资的行为合法吗?

专家分析

公司因小李没有完成任务而克扣其工资的做法是违法的。订立和变更劳动合同，应当遵循平等自愿、协商一致的原则，不得违反法律、行政法规的规定，违反法律、行政法规的劳动合同无效。对此，原劳动和社会保障部《关于贯彻执行〈中华人民共和国劳动法〉若干问题的意见》第五十六条明确规定，在劳动合同中，当事人双方约定的劳动者在未完成劳动定额或承包任务的情况下，用人单位可低于最低工资标准支付劳动者工资的条款不具有法律效力。由此可见，在本案中，用人单位与小李所签订劳动合同中“公司可以以低于最低工资标准支付劳动者工资”的内容违反相关法律的规定，此条款本身就是无效的，该公司就更不能以此为理由克扣小李的工资了。在现实生活中，的确会有一些用人单位在签订劳动合同时意图用“克扣工资”为手段提高员工的工作积极性。这种做法是不明智的、违法的，甚至有时候会适得其反。为员工提供良好的工作环境，维护其合法权益才是企业真正的明智之举。

随着我国经济的快速发展，销售行业的发展势头也蒸蒸日上，许多企业的经济实力不断增强，同时也伴随着销售人员和用人单位之间日益深化的矛盾。一方面，用人单位以追求销售金额总量的增长为最终目标；另一方面，由于销售人员的工资是和销售业绩挂钩的，如果销售量上不去，销售人员的工资就会直接打折，或者只能拿基本工资，因此销售人员面临巨大的工作和生活压力。这样一来，企业对销售人员的薪酬进行必要的调整和设计就显得十分必要。

实务指南

在工资构成上，销售人员的工资仍应该主要由底薪和提成两个部分组成，但是在提成方面，众所周知，现阶段销售人员的提成一般是随着销售额的提升而递减的，这样会使销售人员的工作热情严重受挫。相反，如果让销售提成随着销售额的提升而递增，则可以更好地激发销售人员的工作积极性，使员工更主动地投入销售工作。另外，有些用人单位为销售人员提供的福利不够全面，因此建议企业为销售人员报销适当的差旅费用，为其工作提供更多的支持。

关联法规

《关于贯彻执行〈中华人民共和国劳动法〉若干问题的意见》

第五十六条 在劳动合同中，双方当事人约定的劳动者在未完成劳动定额或承包任务的情况下，用人单位可低于最低工资标准支付劳动者工资的条款不具有法律效力。

（三）薪酬支付

职工为用人单位工作的目的就是获得薪酬，因此企业应该严格按照法律的规定向职工支付薪酬。当然，法律对此仅仅是抽象意义的原则性规定，而无法对每个企业做出具体规定。对于在每个企业内部如何实施，仍然需要企业在法律规定的前提下，根据自身的实际情况进行具体规定，其中应该包括职工薪酬支付的时间、支付方式、相关救济措施等。现实生活中经常存在个别企业为了片面追求经济利益而损害职工权益的现象，事实上，这二者并非对立的，企业应该在追求经济效益的同时兼顾职工利益的保护，实现经济效益和社会效益的双赢。

案例：可以以发放购物卡的形式给员工开支吗？

刘某是某超市的老员工，由于身体原因经批准停薪留职，两个月以后，刘某觉得身体恢复健康，可以回到工作岗位继续工作，便向单位提出返回单位工作的申请。但单位拒绝让刘某回到超市工作，称刘某停薪留职期间耽误了很多工作，已经有其他人员接手了刘某原来的工作。另外，刘某耽误工作给超市造成经济损失，要扣刘某一个月的工资作为补偿。刘某不能接受超市的做法，他认为当初停薪留职是与单位进行协商的结果，单位不能单方拒绝其回归工作岗位。经过多次与超市负责人进行协商，最终，刘某仍没能返回单位工作，但超市负责人表示将给予刘某工资等额的超市购物卡，与其工资相互抵销。在本案中，超市能以发放购物卡的形式给员工开支吗?

专家分析

《劳动法》第五十条规定，工资应当以货币形式按月支付给劳动者本人。不得克扣或者无故拖欠劳动者的工资。从本案例中可以看出，刘某是该超市的固定工作人员，该超市批准刘某停薪留职，就应该按照法律的规定，在刘某要求返回单位工作的时候，继续与刘某签订劳动合同，否则就是违法的。而该超市不仅拒绝了刘某返回单位工作的申请，还试图克扣其工资，用发放超市购物卡的形式给刘某开支。这是不符合法律规定的。超市购物卡仅能在超市使用，并不能代替货币在市场上进行流通，用超市购物卡结算工资的形式不符合法律对职工薪酬支付的规定，因此该超市应以货币的形式按月支付刘某的工资。

随着我国法律的日益完善，用人单位与职工之间的矛盾也有所缓和，但是实践中仍然不乏个别企业抓住有些员工法律意识淡薄、不想惹是生非的弱点，为了蝇头小利而置国家法律于不顾，从而损害职工的权益。购物卡虽然在金额上可能与货币等值，但是它却没有货币本身的流通功能。因此，如果用发放购物卡的形式给职工支付工资，那么职工的消费场所、消费范围、消费方式都会受到严重限制。这不仅会给职工的消费造成很大不便，也会对经济发展造成一定损害。

实务指南

我国法律规定了“工资应当以货币形式按月支付给劳动者本人”，这就意味着货币是用人单位给职工支付工资的唯一形式，其他任何支付方式都不被法律允许，这一规定也没有任何变通空间，因此不能对法律规定存在任何侥幸心理。不仅如此，为了贯彻勤俭节约的作风，中华全国总工会通过多次与中央有关部门进行协商，对购物卡作为员工节日福利的做法也进行了必要的限制。因此，企业在针对员工使用购物卡时，一定要慎重。

关联法规

《中华人民共和国劳动法》

第五十条 工资应当以货币形式按月支付给劳动者本人。不得克扣或者无故拖欠劳动者的工资。

（四）工资支付时间

近年来，我国企业拖欠工资的问题一直没有淡出公众的视线，这也是国家一直关心和要解决的问题。按照相关法律的规定，职工的工资应该以货币的形式按月进行支付，但是实践中往往会出现企业无故不足额支付职工工资的情况，这种做法是不合法的。一旦有拖欠职工工资的现象发生，劳动者可以寻求法律途径维权，或者与企业解除劳动合同，如此，企业也将面临支付一定金额的赔偿金的处罚，严重的情况下，企业相关负责人还要受到刑事处罚。

案例：可以拖欠职工工资吗？

赵某是一家软件开发公司的正式员工，由于怀孕，赵某便按照规定休了一段时间的产假。产假期间，赵某收到该公司的通知，称近期业务繁忙，要求赵某立即返回公司工作。当时赵某的婴儿尚在哺乳期，赵某便向该公司说明了情况，等产假一过，就马上回去上班，并希望得到公司的理解。该公司的人力资源部门负责人并不买账，不但开除了赵某，就连她最后一个月的工资也拒绝支付。赵某对此感到无奈，多次与该公司交涉无果。该公司开除赵某并拒绝支付其工资的行为会产生什么法律后果？公司可以随意拖欠职工工资吗？

专家分析

该公司开除赵某并拒绝支付其工资的行为是违法的。根据《劳动法》第二十九条的规定："劳动者有下列情形之一的，用人单位不得依据本法第二十六条、第二十七条的规定解除劳动合同：（一）患职业病或者因工负伤并被确认丧失或者部分丧失劳动能力的；（二）患病或者负伤，在规定的医疗期内的；（三）女职工在孕期、产期、哺乳期内的；（四）法律、行政法规规定的其他情形。"在上述案例中，赵某的情形符合该条第三项的规定，因此该公司不能单方面解除与赵某的劳动合同。另外，关于该公司故意拖延支付赵某工资的问题，《劳动法》第五十条中还规定，工资应当以货币形式按月支付给劳动者本人。不得克扣或者无故拖欠劳动者的工资。本案中，软件公司故意拖欠员工工资的行为是不合法的。综上，该公司没有权利开除赵某，并且还应当以货币的形式支付赵某工作期间的劳动报酬。

实务指南

在用人单位和职工的关系中，用人单位处于相对优势的地位，而职工势单力薄，在劳动关系中相对处于弱势地位。正因如此，拖欠职工工资的现象屡见不鲜，尤其是拖欠农民工工资的问题，更是屡屡引起政府的高度关注。从用人单位的角度来讲，与职工签订了劳动合同以后，就应该严格按照劳动合同办事，即使劳动合同的约定出现漏洞或瑕疵，无法妥善解决劳动争议，单位也应该寻找相关法律途径解决问题，而不是仗势欺人，拖欠职工工资。

关联法规

《中华人民共和国劳动法》

第二十九条 劳动者有下列情形之一的，用人单位不得依据本法第二十六条、第二十七条的规定解除劳动合同：

（一）患职业病或者因工负伤并被确认丧失或者部分丧失劳动能力的；

（二）患病或者负伤，在规定的医疗期内的；

（三）女职工在孕期、产期、哺乳期内的；

（四）法律、行政法规规定的其他情形。

第五十条 工资应当以货币形式按月支付给劳动者本人。不得克扣或者无故拖欠劳动者的工资。

三、薪酬体系

薪酬体系可以分为职位薪酬体系、能力薪酬体系和绩效薪酬体系。职位薪酬体系是在对职位本身的价值做出客观评价的基础上，根据评价结果赋予承担这一职位的人与该职位价值相当的薪酬的一种基本薪酬决定制度。该体系是由职位与薪酬相对应，也就是说，怎样的职位就对应怎样的薪酬。这种体系实际上是一种按劳分配体制，能够实现同工同酬，但是这种体系也有一定的缺点。比如，薪资与职位直接挂钩，当员工不能顺利晋升职位时，也就无法加薪，这样会打消员工的积极性，导致其消极工作甚至离职。能力薪酬体系是指企业依据员工所拥有的工作相关技能和能力支付报酬，员工的薪酬能否上涨也取决于员工个人所掌握的技能和能力水平。这种薪酬体系可以激励员工不断学习新的知识，提升自身能力，也可以鼓励员工“术业有专攻”，使优秀专业人员安心本职工作。但是这种体系比职位薪酬管理制度复杂，管理起来也较麻烦。绩效薪酬体系是指员工的薪酬随着个人、团队或者组织绩效的某种衡量标准的变化而变化的一种薪酬设计方式。该体系能够有效将员工薪酬的不同组成部分与员工的实际贡献相联系，并以此留住和激励员工。

（一）薪酬与绩效

绩效薪酬是对企业员工工作绩效突出部分或者超出工作范围完成的任务所支付的奖励性报酬，绩效薪酬可以鼓励员工提高工作效率和工作质量。它是对员工过去工作行为和已取得成就的认可，一般会随着员工业绩的变化而进行相应的调整，有“绩效加薪”“一次性奖金”“个人特别绩效奖”三种比较常用的形式。

案例：什么是绩效薪酬体系呢？

汉臣有限公司是一家从事餐饮的公司。2016年，该公司取得了一定的效益。从2016年开始，该公司老板每年都会在企业效益最好的一个月向优秀员工发放800元奖金。老板认为通过这种方式可以充分调动员工的积极性，从而使企业的效益更好。但是从2018年开始，这种激励方式渐渐失去作用，员工在领取这800元奖金时就像是在领取自己的正常工资，没有一点儿兴奋的表情。慢慢地，员工们的工作热情消退，没有人愿意为这800元奖金而努力工作。不仅如此，员工们还整天抱怨，认为老板忽视了员工的需求。对此，老板也觉得很委屈，自己好心为员工发放奖金，没想到却得到了这样的结果。有人给老板提建议，称公司没有建立良好的绩效薪酬体系，所以导致员工们没有动力工作。到底什么是绩效薪酬体系呢？

专家分析

本案中，老板的做法没有赢得员工的喜爱，反而渐渐地成了员工抱怨的对象。对此，有人提出可以建立绩效薪酬体系。什么是绩效薪酬体系呢？绩效薪酬体系是指员工的薪酬根据绩效的变化而变化的一种薪酬设计方法。绩效薪酬最初是由计件工资、标准工时工资演变而来的。计件工资也就是员工的薪酬根据员工的工作产量而定，多劳多得，不劳不得。标准工时工资是指根据员工完成某项工作在理论上应当耗费的时间支付薪酬，不考虑员工实际耗费的工作时间。绩效薪酬体系有以下三个特点。第一，该体系具有明显的激励作用。在绩效薪酬体系下，可以将员工的薪酬与个人和部门的绩效对应起来，可以真正调动员工的积极性，也能加强团队的合作。第二，这种体系可以营造良好的工作氛围。在绩效薪酬体系下，必然是付出更多的人工资更高，这样可以在员工之间形成一种互相竞争的氛围，这种氛围可以促使员工开发潜力，促进企业的良性发展。第三，绩效薪酬体系有助于留住优秀的人才。这种方式可以吸引专业人员的加入，并且激励其努力工作，形成一种良性循环。

绩效薪酬有多个种类，按照时间可以分为长期绩效薪酬和短期绩效薪酬，按照激励对象可以分为个人绩效薪酬和群体绩效薪酬。短期绩效薪酬是指绩效加薪、一次性分发奖金等，长期绩效薪酬是指绩效衡量周期在一年以上，对完成既定绩效目标的员工提供一定的奖励。个人薪酬是指以个人为单位进行加薪奖励等，群体绩效薪酬则是指以部门或者团队为单位进行奖励或者薪酬的评估。

实务指南

目前，在员工薪酬方面，大多数企业都采取绩效薪酬体系。企业聘请员工工作，按照一定的周期付给员工薪酬，其目的是获得绩效，最后形成企业的利润，因此薪酬与员工绩效之间存在密切的关联。企业实行绩效薪酬，应注意站在员工的角度，制定合理的绩效薪酬体系。

（二）薪酬水平

薪酬水平是指企业支付给不同职位的平均薪酬，一个企业所支付的薪酬水平的高低直接影响企业在劳动力市场上获取劳动力能力的强弱，进而影响企业的竞争力。测定企业薪酬水平主要有两种方法：一是企业支付给不同职位的平均薪酬，这是一种绝对量指标；二是企业薪酬水平在相关劳动力市场中的位置，这是一种相对量指标。薪酬水平还可以分为多种类型，如领先型策略、滞后型策略、混合型策略等。

案例：哪些因素可以影响薪酬水平决策？

2016年10月，依云有限公司召开了全体员工大会。在会上，该公司领导对公司近期的销售经营情况做了分析和总结，并对公司的薪酬管理工作进行了分配。另外，领导提到了薪酬水平问题，指出最近有许多员工对公司的薪酬水平提出了自己的意见和建议，但是薪酬水平要考虑很多因素，改变这一水平也要从长计议。员工小王和小李听到领导的这一番话，对影响薪酬水平的因素讨论了起来。小王认为这是由公司自己决定的，公司想定多少就是多少。小李则认为，公司的意愿只是一部分，还要看市场行情以及公司效益等因素。对于小李和小王所说的，哪个是正确的呢？到底有哪些因素可以影响薪酬水平决策呢？

专家分析

本案中，小王所言是不正确的，而小李所说的较为正确。薪酬水平决策的主要影响因素有以下几个。第一，劳动力市场。企业必须根据劳动力市场的供求变化支付薪酬，劳动力市场的变化以及差异对薪酬有一定限制。那么，这里的劳动力市场具体包括什么呢？具体应该包括劳动力市场的地理区域、劳动力供求影响、内部劳动力市场、失业率等因素。雇用数量和雇用价格（薪酬水平）直接影响企业劳动力的供给，因此劳动力市场是影响薪酬水平决策的第一个主要因素。第二，产品市场。因为产品市场在很大程度上决定了企业支付薪酬的能力，这就意味着薪酬水平也会受此影响。第三，企业的特征。首先，企业的规模对薪酬水平有重要影响，一般情况下，在其他因素不变的情况下，大型企业的薪酬水平要高于中小型企业。其次，行业因素。不同的行业有不同的技术经济特点，不同的技术经济特点决定了不同生产形态所需要的员工的技能和素质是不一样的。对员工的技能和素质要求高的，薪酬水平必然高，要求低的，薪酬水平也会降低。第四，企业经营战略与价值观。企业选择实施低成本战略，薪酬水平也会低，所以这一点对于薪酬水平也是有很大影响的。除此以外，企业的支付意愿也是影响薪酬水平的因素。企业的经济效益好，企业愿意为员工支付高薪报酬，那么薪酬水平必然会高，但如果企业想将利润用于别处，那么效益好也未必会提高薪酬水平。

实务指南

薪酬水平是指企业内部各类职位和人员平均薪酬的高低状况，它反映了企业薪酬的外部竞争性。薪酬水平反映了企业薪酬相对于当地市场薪酬行情和竞争对手薪酬绝对值的高低。薪酬水平是一个企业能否吸引劳动者的重要标准，许多人在选择工作单位时首先会考虑薪酬水平。同等条件下，薪酬水平高的，求职者必然会优先考虑。所谓企业的竞争就是人才的竞争，为了吸引人才，企业应该制定合理的薪酬水平，并且要制定尽可能高水平的薪酬标准。

（三）薪酬结构设计

薪酬结构设计包括确定职等数量、薪酬中值、薪酬浮动幅度。这三个因素确定以后，职等薪酬增长率、薪酬变动比率、薪级数目以及薪级级差就都可以确定下来。企业进行薪酬结构设计，其目的是让人才脱颖而出，给优秀者以奖励，吸引关键人才，给员工基本的安全保障，使员工与公司结成利益共同体。

案例：设计薪酬结构是怎样的流程呢？

一天，某私营企业的张总突然收到一份辞职报告，这份辞职报告是张总一手提拔起来的小赵写的。小赵是该企业策划部的副总监，在辞职报告中，小赵向张总阐明了自己辞职的几个原因。小赵认为，公司提供的环境不能满足自己成长锻炼的需求，同时，公司给予自己的待遇与自己的劳动不成正比，而且即使自己以后发展顺利，收入增长的速度也跟不上自己能力和素质提高的速度。小赵认为公司的薪酬结构设计有很大的问题，建议张总修改一下。面对小赵的离职，张总对公司的薪酬结构进行了思考，认为薪酬结构并不像小赵说的那样可以随意改变，不仅要考虑许多因素，还要遵循固定的流程。设计薪酬结构应该是一个怎样的流程呢？

专家分析

薪酬结构是指组织中各种工作或岗位之间薪酬水平的比例关系，包括不同层次工作之间报酬差异的相对比值和不同层次工作之间报酬差异的绝对水平。薪酬结构包含以下三个方面的内容：一是企业内部以职位或等级区分的薪酬等级的数量；二是同一薪酬等级内部的薪酬变动范围；三是相邻两个薪酬等级之间的交叉与重叠关系。

设计薪酬结构，首先要确定薪酬的最大值和最小值。在确定这两个值的过程中，要考虑区域以及行业人力资源市场供求的状况，并判断薪酬水平的发展趋势，再结合企业的实际情况，确定整个薪酬体系的最高薪酬和最低薪酬，并且要使今后若干年企业所有人员的工资水平不会超出这个范围。其次要设计工资职等数目，就是将企业所有岗位划分为若干职等，从而确定薪酬等级的数目。职等的划分要考虑企业的规模以及企业的结构。企业规模越大，管理层级越多，那么薪酬职等数目也应该多一些；企业规模小，那么薪酬职等数目就要少一些。另外，还要考虑各个岗位的工作性质以及工作复杂程度。如果各个岗位工作性质差异大，复杂程度高，那么就应该多设薪酬等级，反之少设。再次是设计工资职等中位值及确定职等薪酬增长率。薪酬等级确定后，可以确定各职等的薪酬中位值，确定各个职等中位值以后，就可以计算职等薪酬增长率，职等薪酬增长率就是两个相邻职等中位值差额除以较低等级薪酬中位值。最后要设计薪酬幅度、薪级数目以及薪级差。

实务指南

薪酬结构并不是一成不变的。劳动力市场价格、组织结构、竞争对手薪酬结构等方面的调整，以及新员工的加盟，致使原薪酬结构失去合理性，从而起不到应有的激励作用。此时，必须对薪酬结构进行适当的调整，使之与变化了的情况相适应。这就意味着薪酬结构的设计也要适时进行调整，所以企业应该多关注各种动态，时刻保持合理的薪酬结构。

第五章

试用期员工管理

试用期是用人单位与劳动者为了相互了解、选择而约定的不超过 6 个月的考察期。因为企业在招聘员工时，仅仅是通过面试或者劳动者提供的一些书面材料判断其工作能力。此时，在与劳动者约定的试用期中进一步考察员工是否符合本单位的要求就极为重要。而对于一个企业来说，其在试用期内对员工的管理如何，决定了该企业能否充分发挥试用期的作用，为自己留住人才。因此，这就需要企业掌握试用期的相关法律知识，以便在试用期内依法对员工进行管理，充分利用试用期对员工的工作能力进行考察，留住企业需要的人才。

一、试用期工资

对于劳动者在试用期内的工资，用人单位可以与劳动者进行约定。但是，用人单位在与劳动者约定试用期的工资时应当遵守以下 4 个原则：

（1）用人单位与劳动者在劳动合同中约定的试用期工资，不得低于相同岗位的最低档工资或者劳动合同约定工资的百分之八十。

（2）如果用人单位与员工约定的试用期工资标准高于最低工资标准，则要按照约定的工资标准执行。

（3）用人单位与员工约定试用期的工资必须遵守同工同酬原则。所谓同工同酬原则，不仅体现为用人单位应支付给试用期内的劳动者相应的工资，还应该依照规定为劳动者缴纳社会保险。这是用人单位的法定义务。

（4）国家实行最低工资保障制度，用人单位支付给劳动者的试用期工资不得低于用人单位所在地的最低工资标准。

用人单位违法与劳动者约定试用期工资的，要承担相应的法律责任。

根据《劳动合同法》的规定，用人单位未按照劳动合同的约定或者国家规定及时足额支付劳动者劳动报酬的或者支付员工工资低于当地最低工资标准的，由劳动行政部门责令限期支付劳动报酬、加班费或者经济补偿；劳动报酬低于当地最低工资标准的，应当支付其差额部分；逾期不支付的，责令用人单位按应付金额百分之五十以上百分之一百以下的标准向劳动者加付赔偿金。

此外，关于特殊人员的工资支付问题，虽然《对〈工资支付暂行规定〉有关问题的补充规定》明文规定，学徒工、熟练工、大中专毕业生在学徒期、熟练期、见习期、试用期及转正定级后的工资待遇由用人单位自主确定，但是用人单位确定的工资标准必须符合法律规定的最低工资标准。

（一）工资最低限度

我国法律规定，国家实行最低工资保障制度。为了防止用人单位滥用试用期制度，法律规定了试用期内劳动者的两个最低工资标准：（1）劳动者在试用期内的工资必须高于或者相当于本单位相同岗位的最低档工资；（2）劳动者在试用期内的工资不得低于劳动合同约定的工资的百分之八十。同时，按照上述两个标准确定的劳动者试用期内的工资不得低于用人单位所在地的最低工资标准。如果用人单位给予试用期内的员工工资低于法律规定的最低标准，那么此种约定也是无效的。

案例：试用期内可以不给员工发工资吗？

2014 年 7 月，董某与自己的几个朋友在某市投资创建了一家电子配件厂。2019 年 10 月，该厂准备扩大生产规模，需要招募一批新员工。由于该厂的工作强度比较大，而且要求比较高，所以该厂在招募工人时一般都要约定试用期。后来，通过招聘，该厂录用了吴某等 20 名员工。在吴某等人应聘成功后，该厂便与他们签订了为期一年的劳动合同，同时，在合同中约定了半个月的试用期，以及转正后的月工资为 4000 元。但是，该厂考虑到因为他们的试用期比较短，而且在试用期内，吴某等新员工的熟练程度比较差，工作效率也会比较低，而且很多事还需要工厂专门派人教他们做。因此，该厂的相关人员决定在试用期内不支付吴某等人工资。企业可以在试用期内不给员工发工资吗?

专家分析

在试用期内的员工，企业也必须依照法律规定支付给员工相应的工资。《劳动合同法》第二十条规定："劳动者在试用期的工资不得低于本单位相同岗位最低档工资或者劳动合同约定工资的百分之八十，并不得低于用人单位所在地的最低工资标准。"同时，该法第八十五条第二项规定，低于当地最低工资标准支付劳动者工资的，由劳动行政部门责令限期支付劳动报酬、加班费或者经济补偿；劳动报酬低于当地最低工资标准的，应当支付其差额部分；逾期不支付的，责令用人单位按应付金额百分之五十以上百分之一百以下的标准向劳动者加付赔偿金。由此可知，在试用期内，企业也要发给员工工资。并且，员工在试用期内的工资不得低于本单位相同岗位的最低档工资或者是劳动合同中约定的工资的百分之八十。同时，根据这两个标准确定的试用期内的工资还不得低于企业所在地的最低工资标准。因此，本案中，电子配件厂准备在试用期内不给员工发工资的行为是错误的。因为该厂在签订劳动合同时已经与员工约定月工资，所以电子配件厂就要按照法律规定的标准支付吴某等人在试用期内的工资。如果不支付，该厂就要承担法律责任。

实务指南

实践中，部分企业认为劳动者不懂法，在试用期内不给员工发工资，这种行为是违法的。企业需要注意，试用期内的员工所创造的劳动价值不一定比正式员工低，而且法律明文规定员工在试用期内的最低工资标准。企业不能在试用期内违反法律的规定，不支付员工工资。即便在劳动合同中企业与员工约定了试用期内不发工资，该约定也是无效的。另外，员工可以以企业未足额支付劳动报酬为由解除劳动合同，并要求企业支付相应的经济补偿金。这对于企业来说，得不偿失。因此，在现实生活中，企业作为用人单位，对待试用期内的员工应该与试用期满的正式员工一样，按照规定足额向其支付工资。

关联法规

《中华人民共和国劳动法》

第四十六条第一款 工资分配应当遵循按劳分配原则，实行同工同酬。

《中华人民共和国劳动合同法》

第二十条 劳动者在试用期的工资不得低于本单位相同岗位最低档工资或者劳动合同约定工资的百分之八十，并不得低于用人单位所在地的最低工资标准。

第八十五条 用人单位有下列情形之一的，由劳动行政部门责令限期支付劳动报酬、加班费或者经济补偿；劳动报酬低于当地最低工资标准的，应当支付其差额部分；逾期不支付的，责令用人单位按应付金额百分之五十以上百分之一百以下的标准向劳动者加付赔偿金：

……

（二）低于当地最低工资标准支付劳动者工资的；

……

（二）工资发放时间

在试用期内，用人单位可以与劳动者约定支付工资的时间。用人单位也必须在规定的时间内将工资以货币的形式按月支付给劳动者本人。不得克扣或者无故拖欠劳动者的工资。如遇节假日或休息日，则应提前在最近的工作日支付。工资至少每月支付一次，实行周、日、小时工资制的可按周、日、小时支付工资。

案例：试用期的工资可以等转正后再发吗？

白云百货公司是某市新开业的一家百货商场。2018 年 1 月，白云百货公司准备招聘一批售货员。石某等人在该百货公司应聘成功之后，该百货公司便与他们签订了劳动合同，并约定了一个月的试用期。试用期间的工资为每月 3000 元（当地的最低工资标准为 1850 元），转正后每月工资为 3500 元，每个月的月底支付工资。在石某等人工作了半个月之后，由于石某平时工作认真负责，白云百货公司为了留住石某，便与石某约定，她在试用期内的工资在其转正之后再发放。石某觉得反正公司已经答应转正之后发工资，就同意了公司的要求。员工在试用期内的工资，企业可以在其转正之后再发吗？

专家分析

企业应该按时支付员工工资，包括试用期内的员工。对于员工工资的发放时间，《劳动法》第五十条规定："工资应当以货币形式按月支付给劳动者本人。不得克扣或者无故拖欠劳动者的工资。"同时，《工资支付暂行规定》第七条规定："工资必须在用人单位与劳动者约定的日期支付。如遇节假日或休息日，则应提前在最近的工作日支付。工资至少每月支付一次，实行周、日、小时工资制的可按周、日、小时支付工资。”由此可知，企业应该按时支付员工工资，即便是在试用期内的员工。虽然用人单位可以与劳动者约定支付日期，但用人单位也至少应该每月支付一次。在本案中，该百货公司与石某约定，在其转正之后再支付试用期内的工资的做法是违法的。因为该百货公司与石某约定了一个月的试用期，所以其在石某转正之后才支付其工资的行为违反了“每月至少支付一次工资”的规定。所以，白云百货公司的行为是违法的，其应该在试用期结束当月的月底就给石某发放工资。

实务指南

在日常的经营管理过程中，企业应该及时支付员工工资，包括试用期内的员工。如果企业未按照法律规定的时间支付员工工资，很可能会承担相应的法律责任，加倍支付劳动者赔偿金，甚至可能因此导致人才流失，对于企业来说得不偿失。像本案中的白云百货公司的行为就是违法的。企业想留住人才，可以通过提高薪资待遇等方式，而不能触犯法律。

关联法规

《中华人民共和国劳动法》

第五十条　工资应当以货币形式按月支付给劳动者本人。不得克扣或者无故拖欠劳动者的工资。

《工资支付暂行规定》

第七条　工资必须在用人单位与劳动者约定的日期支付。如遇节假日或休息日，则应提前在最近的工作日支付。工资至少每月支付一次，实行周、日、小时工资制的可按周、日、小时支付工资。

《中华人民共和国劳动合同法》

第八十五条　用人单位有下列情形之一的，由劳动行政部门责令限期支付劳动报酬、加班费或者经济补偿；劳动报酬低于当地最低工资标准的，应当支付其差额部分；逾期不支付的，责令用人单位按应付金额百分之五十以上百分之一百以下的标准向劳动者加付赔偿金：

（一）未按照劳动合同的约定或者国家规定及时足额支付劳动者劳动报酬的；

……

二、试用期限

试用期的期限及确定规则如下：

根据相关法律的规定，劳动合同期限三个月以上不满一年的，试用期不得超过一个月；劳动合同期限一年以上不满三年的，试用期不得超过二个月；三年以上固定期限和无固定期限的劳动合同，试用期不得超过六个月。即用人单位要根据劳动合同期限的长短确定试用期限，而不能随意约定试用期。

根据相关法律的规定，试用期的限制如下：

（1）不能约定试用期的情形。法律虽然规定了用人单位有约定试用期的权利，但并不是所有的工作岗位都可以约定试用期。以完成一定工作任务为期限的劳动合同、劳动合同期限不满三个月的、非全日制用工是不能约定试用期的。

（2）试用期约定的次数。同一用人单位与同一劳动者可以约定一次试用期。即一般情况下，用人单位只能对初次或者再次就业的劳动者约定试用期。也就是说，只要用人单位与劳动者的劳动关系没有中断，无论劳动者在用人单位的工作岗位怎样变换，对于同一个劳动者，用人单位只能与其约定一次试用期。

违反法律规定约定试用期的法律后果如下：

用人单位违反相关法律的规定与劳动者约定试用期的，由劳动行政部门责令改正；违法约定的试用期已经履行的，由用人单位以劳动者试用期满月工资为标准，按已经履行的超过法定试用期的期间向劳动者支付赔偿金。

（一）时间上限

试用期是用人单位和劳动者为互相了解、选择而约定的考察期。在这个时期内，用人单位与劳动者双方都有根据自己对对方的满意程度而选择是否继续履行劳动合同的权利。也就是说，企业主要利用这个期限对员工的工作能力等方面进行考察。在劳动合同中约定试用期是企业的一种权利，法律为了避免企业滥用此项权利，因此规定了试用期的上限，即不得超过六个月。

案例：可以将试用期约定为一年吗？

乐天酒店是某市的一个四星级酒店。2018 年 6 月，刚从某大学酒店管理专业毕业的小梦来到乐天酒店应聘。在经过激烈的竞争后，小梦应聘成功。但是，在小梦与该酒店签订劳动合同时，劳动合同中约定了三年的劳动合同期限，试用期为一年。小梦在看到劳动合同后，觉得试用期有点儿长。而乐天酒店称，他们签订的劳动合同时间比较长，而且对员工的要求比较高，在员工转正之后要花很高的费用对他们进行培训，所以必须规定比较长的试用期来对员工进行考察。小梦认为酒店的说法也有道理，而且鉴于该酒店的福利待遇非常好，就与乐天酒店签订了劳动合同。企业可以与员工在劳动合同中约定一年的试用期吗?

专家分析

《劳动法》第二十一条明确规定："劳动合同可以约定试用期。试用期最长不得超过六个月。"由此可见，试用期的最长期限为六个月，企业不得在劳动合同中与员工约定超过六个月的试用期，否则，企业很可能会承担相应的法律责任。此外，《劳动合同法》第十九条第一款也明确规定了劳动合同试用期期限的确定规则："劳动合同期限三个月以上不满一年的，试用期不得超过一个月；劳动合同期限一年以上不满三年的，试用期不得超过二个月；三年以上固定期限和无固定期限的劳动合同，试用期不得超过六个月。"因此，本案中，乐天酒店与小梦签订的劳动合同期限是三年，依照法律规定，试用期应该在六个月以内。

实务指南

实践中，部分企业与劳动者所约定的试用期限是不符合法律规定的。像本案中的乐天酒店，与劳动者约定过长的试用期限这一现象是很常见的。从表面上看，与劳动者约定试用期是企业的权利，但是一旦试用期过长，就违反了法律的规定，很多企业可能并不清楚法律中有关于试用期限的规定。一旦约定的试用期限违反了法律规定，如果还未履行，劳动部门会责令其改正；如果已经履行，企业就要支付劳动者相应的赔偿金。因此，企业在与劳动者签订劳动合同时，要注意试用期限的确定规则，不得违背法律的规定。

关联法规

《中华人民共和国劳动法》

第二十一条 劳动合同可以约定试用期。试用期最长不得超过六个月。

《中华人民共和国劳动合同法》

第十九条第一款 劳动合同期限三个月以上不满一年的，试用期不得超过一个月；劳动合同期限一年以上不满三年的，试用期不得超过二个月；三年以上固定期限和无固定期限的劳动合同，试用期不得超过六个月。

第八十三条 用人单位违反本法规定与劳动者约定试用期的，由劳动行政部门责令改正；违法约定的试用期已经履行的，由用人单位以劳动者试用期满月工资为标准，按已经履行的超过法定试用期的期间向劳动者支付赔偿金。

（二）期限延长

我国劳动法和劳动合同法都规定了试用期的期限及其确定规则，用人单位与劳动者约定的试用期应该在法律规定的范围内，试用期随着劳动期限的长短而不同，最长不能超过六个月。同时，同一个用人单位与同一劳动者只能约定一次试用期。

案例：试用期已结束，但感觉员工水平有待提高，还能延长试用期吗？

新美公司是某市一家服装生产公司。2019年7月，由于该公司原来的服装设计师相继辞职，因此该公司不得不再重新招聘新的设计师。在新美公司发出招聘通知后，因为该公司是当地比较有名的企业，很多人前来应聘。最后，刚大学毕业的小芳应聘成功。新美公司便与小芳签订了两年的劳动合同，并在合同中约定了一个月的试用期。可是，在一个月的试用期结束后，新美公司发现，小芳还不具备能够胜任这份工作的能力，还需要进一步的学习与培训。该公司认为小芳在设计方面是很有天赋的，只是缺乏锻炼，如果与她解除合同有点儿可惜。因此，为了能够进一步考察小芳是否能够胜任设计师这份工作，准备再延长一个月的试用期。该企业的做法是否正确？在员工的试用期结束以后，企业还能延长试用期吗？

专家分析

《劳动合同法》第十九条第二款明确规定："同一用人单位与同一劳动者只能约定一次试用期。"同时，该法第八十三条规定："用人单位违反本法规定与劳动者约定试用期的，由劳动行政部门责令改正；违法约定的试用期已经履行的，由用人单位以劳动者试用期满月工资为标准，按已经履行的超过法定试用期的期间向劳动者支付赔偿金。"也就是说，用人单位只能对初次就业或者再次就业的劳动者约定试用期。如果在这期间，劳动关系没有中断，无论劳动者的工作岗位怎样变化，都不能再次约定试用期。用人单位延长试用期的行为是变相地再次约定试用期，此种行为是违法的。本案中，新美公司在小芳的试用期结束后，延长试用期的行为就是第二次约定试用期，这是法律禁止的。因此，在员工的试用期结束后，即便其水平有待提高，企业也不能延长试用期。

实务指南

实践中，部分用人单位认为有的员工在试用期内不符合录用条件，但又认为该员工是有潜力的，希望再给他们一次机会，因此，就在试用期结束之后，延长试用期。企业这样做是有法律风险的。我国法律明确规定了企业只能与员工约定一次试用期，不得在试用期结束后延长试用期。如果企业延长试用期，不仅会导致延长的行为无效，员工自动转正，如果延长之后的试用期超过法律规定的上限，还会因此承担违法约定试用期的赔偿责任。因此，企业在实际中需要注意，不能延长员工的试用期。如果企业认为员工不符合录用条件，可以解除劳动合同。如果企业认为员工有潜力，可以在其转正之后再进行培训，而不能违反法律的规定。

关联法规

《中华人民共和国劳动合同法》

第十九条第二款 同一用人单位与同一劳动者只能约定一次试用期。

第八十三条 用人单位违反本法规定与劳动者约定试用期的，由劳动行政部门责令改正；违法约定的试用期已经履行的，由用人单位以劳动者试用期满月工资为标准，按已经履行的超过法定试用期的期间向劳动者支付赔偿金。

（三）岗位限制

根据相关法律的规定，在以下三种情形下，用人单位是不能与劳动者约定试用期的。（1）以完成一定工作任务为期限的劳动合同。这是指用人单位与劳动者约定以某项工作的完成为合同期限的劳动合同。用人单位与劳动者协商一致，可以订立以完成一定工作任务为期限的劳动合同。此种劳动合同用工期限本来就比较短，如果允许约定试用期，很可能出现在工作任务快要完成时，用人单位提出解除劳动合同的情况，从而会侵害劳动者的合法权益。（2）劳动合同期限不满三个月的。劳动合同不满三个月也属于劳动期限比较短的合同，同样，如果约定了试用期也会侵害劳动者的合法权益。（3）非全日制用工。因为非全日制用工属于灵活形式的用工，其不确定性本来就比全日制用工大，而且工资也比全日制用工低，所以法律规定非全日制用工不能约定试用期。

案例：来料加工的工作，可以规定试用期吗？

蓝天公司是某市一家来料加工的贸易公司。该公司由于规模比较小，经常将订单发放给个人进行加工，与劳动者签订以完成工作任务为期限的劳动合同。有一次，蓝天公司接到法国某香水公司的一个订单，要求该公司加工一批装饰香水盒子的装饰品，并且为了保证质量，这些装饰品必须由人工进行缝制。蓝天公司仍然准备将这个订单发放给个人进行加工。但因为这次客户的要求非常高，所以蓝天公司准备对这次接活儿的劳动者约定半个月的试用期。如果其在半个月内所制作的加工品符合要求，再将订单中的半成品发放给符合要求的劳动者。对于这种来料加工的工作，企业可以约定试用期吗？

专家分析

《劳动合同法》第十九条第三款规定："以完成一定工作任务为期限的劳动合同或者劳动合同期限不满三个月的，不得约定试用期。"由此可知，虽然企业有权利约定试用期，但并不是对所有的工作岗位都可以约定试用期。对于以完成一定工作任务为期限的劳动合同或者劳动合同不满三个月的，企业就不能约定试用期。本案中，蓝天公司发放给劳动者的加工活儿属于以完成一定工作任务为期限的劳动合同，即便此次工作的要求比较高，也不能约定试用期。因此，蓝天公司在此次劳动合同中约定试用期的行为是违反法律的规定的。

实务指南

实践中，企业大多认为，与劳动者约定试用期是自己拥有的合法权利，却不清楚该权利的边界。因此，无论是否有需要，为了保证企业的利益，都随意与劳动者约定试用期。这种做法是违背法律的规定的。企业需要注意的是，有一些工作岗位是不能约定试用期的，如本案中的来料加工工作就是不能约定试用期的。因此，企业在日常的经营中，应该了解约定试用期的工作岗位限制，了解哪些工作岗位是不能约定试用期的。否则，一旦违反法律规定，就很可能会承担法律责任。

关联法规

《中华人民共和国劳动合同法》

第十九条第三款 以完成一定工作任务为期限的劳动合同或者劳动

合同期限不满三个月的，不得约定试用期。

第七十条　非全日制用工双方当事人不得约定试用期。

三、试用期终止

根据相关法律的规定，试用期终止的情形主要包括：

（1）用人单位与劳动者约定的试用期限届满，劳动者的试用期结束；

（2）在试用期内双方解除劳动合同而试用期终止：①双方在试用期内协商一致解除劳动合同；②劳动者在试用期内出现法律规定的情形，用人单位在说明理由后单方与劳动者解除劳动合同；③劳动者在试用期内提出解除劳动合同。

在试用期终止后，发生的法律效果为：

（1）用人单位与劳动者的劳动关系解除。在试用期内，无论是用人单位与劳动者协商一致解除劳动合同，还是任何一方单方解除劳动合同，都会导致试用期终止，从而导致双方的劳动关系解除。

（2）劳动者转正。一旦试用期终止，劳动者转为用人单位的正式员工，此时，用人单位就需要根据劳动合同的规定为劳动者提供约定的福利待遇。另外，在试用期结束以后，用人单位如果要解除劳动合同，则会受到一定的限制。但是，这并不意味着试用期终止，劳动者转正后，双方的劳动关系就是绝对确定的状态。即便是试用期终止，只要发生法定情形，用人单位也可以享有单方解除劳动合同的权利。

（一）试用期结束

根据相关法律的规定，劳动者的试用期结束后，即使用人单位没有按时为劳动者办理转正手续，劳动者也自动转正。劳动者转正后，用人单位应为劳动者提供正式员工所享受的工资待遇，双方继续按照原来签订的劳动合同履行各自的义务。此外，一旦试用期结束，即便用人单位认为劳动者还需要再继续进行考察，其也不得再以任何理由延长试用期。如果在试用期结束后，用人单位违反法律规定延长试用期，则会由劳动行政部门责令改正。如果违法延长的试用期已经履行的，则用人单位要以劳动者试用期满月工资为标准，按已经履行的超过法定试用期的期间向劳动者支付赔偿金。因此，在劳动者试用期结束以后，用人单位应该及时为劳动者办理转正手续。

案例：试用期结束，还需要另行签订劳动合同吗？

天香食品有限公司是某市一家新成立的专门生产熟食的企业。2018年9月，天香食品有限公司准备招聘一批员工。在该公司发出招聘信息后，很多人前来面试。最终，该公司从中选拔了20名符合要求的员工。在这批员工入职以后，天香食品有限公司便与他们签订了劳动合同，在劳动合同中约定了两年的劳动期限，并约定了一个月的试用期。试用期结束后，新入职的这批员工马上要转正。可是，该公司的负责人对员工转正之后是否要重新签订劳动合同并不是很清楚。于是，该公司为了避免触犯法律的规定，准备向专业人员进行咨询。在试用期结束以后，企业还需要与员工另行签订劳动合同吗？

专家分析

在劳动者的试用期结束以后，企业无须再与劳动者另行签订劳动合同。因为《劳动合同法》第十条第一款规定："建立劳动关系，应当订立书面劳动合同。"同时，第十九条第四款规定："试用期包含在劳动合同期限内。劳动合同仅约定试用期的，试用期不成立，该期限为劳动合同期限。"由此可见，企业在招聘员工后，自用工之日起即与劳动者建立劳动关系，应当与劳动者订立书面劳动合同。在劳动合同中，如果需要约定试用期，企业应该在订立的劳动合同中与劳动者约定劳动期限与试用期限。在试用期结束后，就无须重新签订劳动合同。在本案中，天香食品有限公司在员工入职以后已经与他们签订劳动合同，因此约定的试用期结束后，就无须另行签订劳动合同。

实务指南

在实际生活中，企业与员工签订劳动合同后，如果试用期结束，员工符合录用条件，就无须与其重新签订劳动合同。因为试用期包含在劳动合同期限内。同时，企业需要注意的是，企业不能与员工在劳动合同中只约定试用期，在试用期结束之后重新签订劳动合同。这种行为是不符合法律规定的。

关联法规

《中华人民共和国劳动合同法》

第七条　用人单位自用工之日起即与劳动者建立劳动关系。用人单位应当建立职工名册备查。

第十条第一款　建立劳动关系，应当订立书面劳动合同。

第十九条第四款　试用期包含在劳动合同期限内。劳动合同仅约定试用期的，试用期不成立，该期限为劳动合同期限。

（二）工作转正

工作转正是指用人单位与劳动者约定的试用期限届满后，经过一段时间的考察，用人单位认为员工符合录用条件，同时，劳动者认为用人单位的工作内容、劳动条件、劳动报酬等符合自己的期望，双方达成合意，从而成为用人单位的正式员工。也就是说，劳动者的工作转正并不是用人单位一方所能决定的。在转正后，用人单位与劳动者之间的劳动关系处于一个相对稳定的状态。但是，即便在转正后，如果劳动者不能胜任工作或者不遵守用人单位的规章制度等，用人单位依然可以提出解除劳动合同。

案例：转正以后，试用期限应该计算在工作年限里吗？

珍珠公司是一家生产皮具的有限公司。小何从2012年11月一直在该公司工作。由于公司经常不按时发工资，小何于2018年1月提出辞职，并要求公司按照规定支付给她相当于五个半月工资的经济补偿金。双方对此发生争执。小何认为，她是从2012年11月开始工作的，公司应该支付她相当于五个半月工资的经济补偿金。该公司认为当时的劳动合同中约定了两个月的试用期，小何是在2013年1月才转正的，而试用期是不能计算在工作年限中的，所以小何的工作年限应该从2013年的1月开始计算。在员工转正之后，试用期限应该计算在工作年限里吗？

专家分析

员工在转正之后，试用期限应该计算在工作年限里。《劳动合同法》第七条规定：“用人单位自用工之日起即与劳动者建立劳动关系。用人单位应当建立职工名册备查。”同时，该法第十九条第四款也明确规定：“试用期包含在劳动合同期限内。劳动合同仅约定试用期的，试用期不成立，该期限为劳动合同期限。”由此可知，用人单位与劳动者的劳动关系从用工之日起就已经确立。而试用期是在劳动合同期限内的一个组成部分，因此在计算工作年限时，应该将试用期计算在工作年限内。本案中，小何从2012年11月开始在珍珠企业工作，因此即便她在2013年1月才转正，这两个月的试用期限也应该计算在工作年限之内。她的工作年限应该是五年两个月，在计算经济补偿金时，应该支付相当于五个半月工资的经济补偿金。因此，在员工转正之后，试用期限应该计算在工作年限内。

实务指南

试用期虽然只是企业与员工约定的一个考察期，但是企业在计算员工工作年限时应该将其计算在内。实践中，部分企业对试用期有错误的认识，认为在试用期内，企业与员工的劳动关系还处于一个“非正式”的状态，只有在转正之后，劳动关系才确立。这种认识是错误的，从员工工作之日起，企业与员工之间就建立了劳动关系。而且，法律也明文规定了试用期包含在劳动期限内，因此企业在计算员工的工作年限时注意要将试用期限也计算在内，否则，就侵犯了劳动者的合法权益，需要承担法律责任。

关联法规

《中华人民共和国劳动合同法》

第七条 用人单位自用工之日起即与劳动者建立劳动关系。用人单位应当建立职工名册备查。

第十九条第四款 试用期包含在劳动合同期限内。劳动合同仅约定试用期的，试用期不成立，该期限为劳动合同期限。

四、试用期内解除劳动关系

在试用期内可以解除劳动合同的情形如下：

（1）劳动者可以解除劳动合同的情形（见下面相关案例，这里不再赘述）。

（2）用人单位可以解除劳动合同的情形。在试用期内，除用人单位可以与劳动者协商解除劳动合同外，用人单位还可以单方解除劳动合同。用人单位单方解除劳动合同的情形主要包括以下 8 个方面：①劳动者在试用期间被证明不符合录用条件的；②劳动者严重违反用人单位的规章制度的；③劳动者严重失职，营私舞弊，给用人单位造成重大损害的；④劳动者同时与其他用人单位建立劳动关系，对完成本单位的工作任务造成严重影响，或者经用人单位提出，拒不改正的；⑤劳动者以欺诈、胁迫的手段或者乘人之危，使对方在违背真实意思的情况下订立或者变更劳动合同致使劳动合同无效的；⑥劳动者被依法追究刑事责任的；⑦劳动者患病或者非因工负伤，在规定的医疗期满后不能从事原工作，也不能从事由用人单位另行安排的工作的；⑧劳动者不能胜任工作，经过培训或者调整工作岗位，仍不能胜任工作的。

违法解除劳动合同的法律责任为：

（1）劳动者违反规定解除劳动合同的，给用人单位造成损失的，应当承担赔偿责任。

（2）用人单位违反规定解除或者终止劳动合同的，应当依照法律规定的经济补偿标准的二倍向劳动者支付赔偿金。即经济补偿按劳动者在本单位工作的年限，每满一年支付一个月工资的标准向劳动者支付。六个月以上不满一年的，按一年计算；不满六个月的，向劳动者支付半个月工资的经济补偿。劳动者月工资高于用人单位所在直辖市、设区的市级人民政府公布的本地区上年度职工月平均工资三倍的，向其支付经济补偿的标准按职工月平均工资三倍的数额支付，向其支付经济补偿的年限最高不超过十二年。

（一）劳动者解除

在试用期内，劳动者有权解除与用人单位的劳动关系。根据相关法律的规定，在试用期内劳动者可以解除劳动合同的情形主要有：（1）劳动者与用人单位协商一致；（2）劳动者在试用期内提前三日通知用人单位的。因此，在试用期内，劳动者提出解除劳动合同的条件是比较宽松的，不需要其向用人单位说明理由。

案例：劳动者在试用期内未事先通知就不来上班了，单位是否可以不发当月工资？

应届毕业生小云经人介绍到了某广告公司的策划部工作。小云应聘成功后，该广告公司与其签订了两年的劳动合同，并约定了一个月的试用期。可是，小云在工作了一些天后觉得每天早出晚归，工作很累，而且自己每个月的工资也非常低。她觉得自己一个大学生每天做的工作就是干一些杂活儿，根本无法发挥自己的特长。于是，她没有事先通知公司就不去上班了。后来，该公司给她打电话询问原因，小云告诉公司自己准备辞职，同时，其询问自己何时去领工资。该公司的工作人员称小云没有事先通知公司就自动离职，依照规定，单位是不给她发工资的。可是，小云说自己就还差 5 天就满一个月的试用期了，公司这样做是不合理的。劳动者在试用期限内没有事先通知单位就不来上班了，单位可以不发给员工当月的工资吗?

专家分析

《劳动合同法》第三十七条规定："劳动者提前三十日以书面形式通知用人单位，可以解除劳动合同。劳动者在试用期内提前三日通知用人单位，可以解除劳动合同。"可知，试用期内的员工要解除劳动合同，应该提前三天通知用人单位，以便给用人单位一定的时间安排其他人员替代其工作。本案中，小云没有事先通知该公司就不去上班的行为是错误的。但是，该公司也不能因此拒绝支付小云当月的工资。因为《劳动合同法》第三十条规定，用人单位应当按照劳动合同约定和国家规定，向劳动者及时足额支付劳动报酬。用人单位拖欠或者未足额支付劳动报酬的，劳动者可以依法向当地人民法院申请支付令，人民法院应当依法发出支付令。可见，即使小云没有事先通知就离职的行为是错误的，该公司也应该支付给她相应的工资。

实务指南

在现实生活中，部分企业在与员工签订劳动合同之后，有的还在试用期内的员工工作了一段时间，就无故不去上班了。这种现象是比较常见的，而企业也因为员工没有事先通知就离职而不给员工发工资。企业需要注意的是，企业的这种行为是违法的，员工固然有错，也不能因此而不发工资。即便员工没有按照程序解除劳动合同，企业也应该发给员工相应的工资。

关联法规

《中华人民共和国劳动合同法》

第三十条　用人单位应当按照劳动合同约定和国家规定，向劳动者及时足额支付劳动报酬。

用人单位拖欠或者未足额支付劳动报酬的，劳动者可以依法向当地人民法院申请支付令，人民法院应当依法发出支付令。

第三十七条　劳动者提前三十日以书面形式通知用人单位，可以解除劳动合同。劳动者在试用期内提前三日通知用人单位，可以解除劳动合同。

（二）用人单位解除

在试用期内，劳动者在出现法定的情形时，用人单位才可以解除劳动合同，同时，其解除劳动合同要向劳动者说明理由。另外，在劳动者患病或者非因工负伤，在规定的医疗期满后不能从事原工作，也不能从事由用人单位另行安排的工作或者劳动者不能胜任工作，经过培训或者调整工作岗位，仍不能胜任工作时，用人单位还要提前三十日以书面形式通知劳动者本人或者额外支付劳动者一个月工资才可以解除劳动合同。

案例：试用期内发现员工不符合要求的，企业可以随意解聘吗?

某市一家房地产企业家家公司的销售部准备招聘10名员工。经过层层选拔，小红等人最后被该公司录取。在小红等人入职以后，家家公司便马上与他们签订了劳动合同，在合同中约定劳动合同期限为两年，试用期为一个月。在小红工作了二十天之后，该公司销售部的经理发现，小红虽然是大学毕业，但是其对于很多事情不仅学得慢，而且完成得也不认真，工作能力非常差。另外，小红的性格比较腼腆，不善于与人沟通，因此该部门经理认为小红不适合做这份工作，于是便马上与她解除了劳动合同。在家家公司提出解除合同后，小红认为该公司应该事先通知自己，不能随意解聘。企业在试用期内发现员工不符合要求，可以随意解聘吗?

专家分析

根据《劳动合同法》第二十一条和第三十九条第一项的规定，劳动者在试用期间被证明不符合录用条件的，用人单位可以解除劳动合同。用人单位在试用期解除劳动合同的，应当向劳动者说明理由。同时，1995年《劳动部办公厅对〈关于如何确定试用期内不符合录用条件可以解除劳动合同的请示〉的复函》中规定："对试用期内不符合录用条件的劳动者，企业可以解除劳动合同；若超过试用期，则企业不能以试用期内不符合录用条件为由解除劳动合同。”由此可知，企业在试用期内发现员工不符合要求，其解除劳动合同无须提前通知劳动者，但是，在其做出解除劳动合同的决定时劳动者需要仍然还在试用期内。如果超过试用期，用人单位再决定解除劳动合同就要受到限制。在本案中，小红在试用期，家家公司认为其不符合要求，可以马上解除劳动合同，因为在公司提出解除劳动合同时，小红的试用期还没有结束。但是，该公司在解除劳动合同时，需要说明理由，并提供证据证明小红不符合该公司的要求。所以，企业在试用期内发现员工不符合要求的，也不能随意解聘员工。

实务指南

实践中，法律赋予了企业单方解除劳动合同的权利。在试用期中，如果企业发现员工不符合录用条件，可以随时解除劳动合同。因此，企业需要注意在试用期内解除劳动合同的时间点，即只有在试用期内才可以随时解除劳动合同。如果企业在试用期结束之后提出解除劳动合同，就要按照法律规定的程序进行。所以，企业发现试用期内的员工不符合要求后，应在试用期内提出解除合同。但是，实践中，企业如果根据“劳动者在试用期间被证明不符合录用条件”为由解除劳动合同，并非易事，一般需要满足以下三个条件：（1）企业在试用期内有充分的证据证明劳动者不符合要求；（2）用人单位在与劳动者签订劳动合同时约定了“录用条件”，即用人单位对劳动者的要求；（3）企业在依法做出解除劳动合同的决定时，劳动者的试用期还没有结束。

关联法规

《中华人民共和国劳动合同法》

第二十一条 在试用期中，除劳动者有本法第三十九条和第四十条第一项、第二项规定的情形外，用人单位不得解除劳动合同。用人单位在试用期解除劳动合同的，应当向劳动者说明理由。

第三十九条 劳动者有下列情形之一的，用人单位可以解除劳动合同：

（一）在试用期间被证明不符合录用条件的；

……

《劳动部办公厅对〈关于如何确定试用期内不符合录用条件可以解除劳动合同的请示〉的复函》

对试用期内不符合录用条件的劳动者，企业可以解除劳动合同；若超过试用期，则企业不能以试用期内不符合录用条件为由解除劳动合同。

第六章

人事档案管理

随着我国人事制度改革的不断深入，人事档案管理已成为人事管理工作中的重要内容，为经济建设的发展做出了积极的贡献。许多人认为人事档案管理并无任何学问可言，其实这是一个错误的观点。人事档案管理也有许多规定和作业流程，要想真正做好人事档案管理，第一步就是对人事档案管理的基本知识有所了解。

一、管理内容、注意事项与管理方案

企业的人事档案管理，与每一位职工密切相关，我们应当对人事档案管理制度有所了解。在企业人事档案管理中，人事档案管理内容、注意事项及管理方案是非常重要的。其中，对于人事档案管理内容的介绍，我们可以知道究竟哪些材料或经历是会被纳入人事档案的，哪些是被排除在外的。通常情况下，对自己影响较大的经历会被纳入人事档案，成为人生阅历的一部分；对于人事档案管理注意事项的介绍，我们可以了解人事档案的管理不同于其他档案的管理，相比于其他档案的管理更加严格，不仅不得随意查阅，更不得随意转移，须由专门的机关或部门进行保管，保证人事档案的安全；对于对人事档案管理方案设计的介绍，可以让我们从整体上对人事档案管理这一制度有所把握，从而为我们科学地设计本企业的人事档案管理方案起到很大的帮助作用。

（一）人事档案管理内容

对企业的人事档案管理来说，我们首先要了解的就是人事档案管理主要包括哪些内容，即哪些材料需要归入人事档案，什么材料不需要归入人事档案。在每个人的成长经历中，可能会获得多种荣誉及处分，会有很多不同的人生经历，但是对人事档案来说，我们不需要事无巨细地将这些资料全部纳入其中，只有那些对我们较为重要的材料才需要纳入人事档案。

案例：人事档案主要包括哪些内容？

小张大学毕业后便在某国企工作，已经工作5年之久。在这5年中，小张兢兢业业，为企业创造了不少收益。但是最近，小张由于身体不适，在工作中有所疏忽，给企业造成了重大损失，企业也对小张给予了相应的处罚，并记录到人事档案中。对此，小张很是不满，认为自己对企业的功远远大于过，企业不应该对自己给予这么严重的处罚，而且一旦将处罚记录到人事档案中，对自己以后的发展极为不利。所以小张认为，人事档案中不应当包括该企业对自己的处罚。该企业可以这么做吗？人事档案中主要包括哪些内容？

专家分析

人事档案主要包括以下内容：（1）本人历年填写的个人简历、履历、登记表；（2）本人经历、家庭情况、社会关系、成长历史等自传材料；（3）本人自我鉴定，组织鉴定材料；（4）对员工的考察、考核、评价材料；（5）政治历史审查及甄别复查材料；（6）员工入党、入团材料；（7）奖励（包括科技和业务）及各种先进事迹材料；（8）入伍、退伍、辞退职、出国等材料；（9）处分、取消处分的材料；（10）任免、工资、职称等材料；（11）学历和评定的技能等材料；（12）其他有较大价值的可供参考的材料。所以，本案中，小张所受到的处分可以记录到人事档案中，成为人事档案内容的一部分。企业职工的人事档案是对一个人主要经历、政治面貌以及品德作风等基本个人情况的记录，反映了一个人的人生阅历及主要轨迹，因此人事档案不论是对企业，还是对职工来说，都有非常重要的作用，对职工来说甚至还起着重要的参考、依据作用。可以说，我国对于企业的人事档案内容没有做硬性规定，而是较为灵活，企业可以根据情况做出不一样的要求。

对于企业，我国实行的是人事档案管理制度，每一位职工的人事档案在入职后都会进入该企业的人事档案管理，由相应的部门进行保管。一般来说，每一个人都会有受教育经历、工作经历以及在社会上受到的奖励及惩罚等，这些经历都会构成人事档案的一部分，使企业能更好地了解自己的职工，利用该职工的特长，为自己创造更多的价值。每一个企业都有自己的人事档案管理制度，根据企业的不同，对人事档案管理的要求也存在差异，对于人事档案的内容要求也不尽相同。但不变的是，人事档案中所包含的都是对个人影响较大的、有较大参考价值的材料，无论是受到的奖励，还是惩罚，都要记录在案，以成为对职工进行评价的依据或参考。

实务指南

人事档案的内容不是一成不变的，随着每个人人生阅历的增加，其人事档案的内容也在不断增加。这也要求企业对人事档案的内容要及时更新，正确反映个人的信息，保证信息的真实准确性。良好的人事档案管理，可以优化企业的内部人员管理，使企业的人事运营更规范。

（二）人事档案管理的注意事项

对于人事档案管理，要确保内容的真实准确性，同时要保证人事档案的安全性。人事档案属于党和国家的机密，任何人不得泄露和私自保存人事档案材料，不能向社会无条件地提供，即使是处于档案管理机构的个人，也不能查阅自己的人事档案。基于人事档案的严格保密性，人事档案管理有一些特别注意事项，相关人员要了解这些事项，并严格遵守人事档案管理制度，使人事档案管理更规范。

案例：人事档案管理应该注意什么？

吴某是某企业的职工，与本单位员工张某的女儿小张相恋，并打算在年底结婚。由于吴某与张某曾因工作上的琐事产生矛盾，因此张某对于女儿小张与吴某的婚事一直持反对态度，认为吴某在欺骗自己的女儿。为了找到证明吴某“人品有问题”的证据，张某到人事档案管理部门要求查看吴某的人事档案，但是遭到拒绝。张某心有不甘，认为这关系到自己女儿一生的幸福，理应让自己查看，还以为企业的人事档案管理人员不近人情，管理存在问题。张某的要求是否应当得到支持？企业的人事档案管理应该注意什么？

专家分析

张某的要求不应得到支持，非经法定程序，张某没有权利查看吴某的人事档案。人事档案具有真实性的特点，是澄清个人问题的凭证，这也要求我们对人事档案的管理要更严格。人事档案由专门的部门进行保管，非经有关部门批准，包括本人在内的任何人员不得擅自获取。一般情况下，一个人只有一份人事档案，除非原有人事档案丢失或毁损。人事档案的管理也有一些特别注意事项，如档案一般不借出查阅，如必须借出查阅时，应提交报告，由分管领导批准，严格履行登记手续；任何人不得查阅或借用本人及亲属（包括父母、配偶、子女及兄弟、姐妹等）的档案；查阅档案必须严格遵守保密制度和阅档规定，严禁涂改、圈划、抽取、撤换档案。而且，查阅档案时，不得抄录档案内容，如有特殊情况，必须在领导批准后方可抄录，抄录的材料应尽快送回档案室处理。对于人事档案的严格管理，不仅体现了人事档案的重要性，也体现了人事档案的秘密性，包括个人在内的所有人都不得擅自查阅或借用人事档案。即便张某情有可原，对他人的人事档案也不得随意查阅，这也再次证明了对人事档案的管理有别于对其他类型档案的管理，需要我们更严谨地对待。

对于企业的人事档案管理，中层以上管理人员档案由党委办公室负责管理，派专人负责；其余员工的档案均由人力资源部档案管理员负责管理，档案管理人员不能保管本人的档案。党委办公室和人力资源部的档案管理人员的档案实行交叉管理。

实务指南

企业在进行人事档案管理时，要严格遵守相关规定，规范管理，确保职工人事档案的安全性、保密性以及真实性。人事档案的管理中尤其要注意，人事档案一般是不得查阅的，即便是本人，也不得随意查阅，如确有必要，则应当遵循一定的程序。而且，在查阅时，对于人事档案的内容要严格保密且不得随意涂改，更不得随意抄录，以防止人事档案内容的泄露，有损企业及相关职工的利益。企业进行人事档案管理的部门要严格按照相关管理规定对人事档案进行保管，防止人事档案被不怀好意之人利用，给社会带来不必要的麻烦。

（三）人事档案管理方案设计

想了解整个人事档案的管理制度，除人事档案的内容及人事档案管理的注意事项外，还应当对整体人事档案管理的方案进行设计规划。从刚开始的人事档案材料的纳入到后期的整理、分类、查阅，我们需要一套科学的人事档案管理方案，才能够更好地保证企业人事档案管理的合理有序。人事档案管理方案的设计是对人事管理的宏观规划，要达到每一步骤、每一环节的紧密联系，使整体人事档案管理制度能够科学地衔接起来，既不对先有的资源造成浪费，也不引起不必要的纠纷。所以，对于企业来说，一套科学的人事档案管理方案是必需且必要的。

案例：如何设计企业的人事档案管理方案？

李某是某企业人力资源部的一名高管。李某发现近年来，企业内部的人事档案管理呈现较为混乱的现象，不仅对职工的某些荣誉或处罚出现过漏记，对于整个人事档案的归档也杂乱无序。当对某职工的人事档案进行查阅时，会耗费较长时间。面对这一现象，李某决定对人事档案管理进行重新设计，并计划设计一套科学高效的人事档案管理制度，但对于如何设计却是一头雾水。如何设计企业的人事档案管理方案呢？

专家分析

人事档案工作是企业组织人事工作的重要组成部分，也是企业档案工作的重要组成部分，主要为企业能够知人善任，正确吸纳人才发挥作用。李某想设计科学的人事档案管理规定，应当注意以下几点。（1）公司各级党委（总支）、各厂、各处室（科室）要建立主动送交人事档案材料的工作制度，并由各单位党委（总支）的人事干事、组织干事负责收集各单位的归档材料。属于归档范围的人事档案材料，在材料形成后，经有关部门审查签章后送交人事档案室归档，员工在公司工作期间形成的各类材料必须在离开公司前全部移交档案馆。（2）收集的人事档案材料，必须经过认真鉴别，属于归档的材料应真实准确，完整齐全，文字清楚，对象明确，手续完备，具有保存价值。（3）需经组织审查盖章或本人签字的，应在盖章或签字后方能归入人事档案。除此之外，对于人事档案材料所用的纸和书写的笔也有一定要求，对于这些归档材料还应该按照一定的标准进行分类归档等。可见，每个企业都应该有一定的人事档案管理方案，有条理地对诸多归档材料进行整理、归档。从对归档材料的筛选到正确分类都应当遵循一定的标准，严格贯彻党和国家关于档案管理的法规和制度，确保人事档案的安全。

实务指南

人事档案不仅是企业正确选拔人才的依据，也是每一位职工获得一定荣誉或奖励的重要参考，能够客观地反映该职工的功与过，综合展现该职工的能力。所以，对企业的人事档案进行正确管理尤为重要，不仅要保证人事档案管理的合法性、规范性，还要确保人事档案的安全性。首先，企业应当对应纳入人事档案的材料进行筛选，选出那些对评价个人价值有较大影响的材料，对于不需要纳入人事档案的材料要予以剔除；其次，在材料的归档过程中，也要符合相应的管理规定，做到材料完备、内容真实；最后，还要按照一定的标准对人事档案进行分类管理，以方便查询，提高办事效率。企业只有依法对人事档案管理方案进行规范设计，才能提高人事档案管理水平，有效地保护和利用档案，让员工更好地为公司提供服务。

二、人事档案分类

人事档案是记录个人成长、工作经历、政治思想、品德作风、工作业绩的原始材料，它具有原始记录性、信息性、知识性等特点，是组织人力资源部门、用人单位及相关单位考察和了解、任用干部的重要依据。人事档案的分类是根据人事档案所反映的内容和形式特征分门别类，系统组织与揭示人事档案材料的一种方法。人事档案共分为十类，即履历类、自传类、鉴定考核类、学历专业类、政审类、党团类、奖励类、违纪类、任免工资类、其他类。

在对人事档案进行分类审核整理时，为保证所整理的档案材料符合相关规定和要求，一方面要注意对档案材料及其内容进行收集与鉴别；另一方面在整理每一份人事档案时，都要保证档案的完整性和真实性。要依照人事档案材料的这些具体分类要求对材料进行整理，避免材料出现颠倒、混淆和错装等情况，还要注意保证材料编目无误，对于材料类页码等细节性的地方也一定要注意按照规定格式进行编写，避免出现重码和漏码的情况。每一个从事档案管理的工作者，都应该在新时期不断提高业务能力，及时调整材料的收集范围，把能够真实反映干部德才表现、具有长期查考价值的材料补充到档案中，使人事档案焕发新的生机与活力，从而为社会经济的发展提供强有力的人才保证。

（一）干部人事档案管理

人事档案一般分为职工档案和干部档案，大中专毕业生（指统招）后经转正定级后即变为干部档案。据《干部人事档案工作条例》可知，干部人事档案是各级党委（党组）和组织人事部等有关部门在党的组织建设、干部人事管理、人才服务等工作中形成的，反映干部个人政治品质、道德品行、思想认识、学习工作经历、专业素养、工作作风、工作实绩以及家庭状况、社会关系等情况的历史记录材料。干部人事档案是教育培养、选拔任用、管理监督干部和评鉴人才的重要基础，是维护干部人才合法权益的重要依据，是社会信用体系的重要组成部分，是党的重要执政资源，属于党和国家所有。干部人事档案材料大致可以分为十类。

案例：干部人事档案如何分类?

老赵是某个国企的领导，也是一名党员干部。老赵参加工作已经40多年，其履历也十分丰富。对于老赵的人事档案管理，该国企的几个人展开了讨论，有人认为老赵的档案也就只有履历，别的也没什么了；有人认为老赵工作了这么多年，肯定有很多档案材料；也有人认为，老赵虽然工作时间长，但是档案材料和大家的差不多，不会有什么特殊之处。尽管对于老赵的档案材料具体包括哪些大家有不同的看法，但是由此我们可以知道老赵作为一位工作40多年的党员干部，其档案材料的数量肯定较多。为了方便管理，国家规定按照一定标准对人事档案材料进行分类管理。对于干部人事档案应如何分类?

专家分析

根据《干部人事档案工作条例》第十九条的规定，干部人事档案可以分为十类，主要为：

（一）履历类材料。主要有《干部履历表》和干部简历等材料。

（二）自传和思想类材料。主要有自传、参加党的重大教育活动情况和重要党性分析、重要思想汇报等材料。

（三）考核鉴定类材料。主要有平时考核、年度考核、专项考核、任（聘）期考核，工作鉴定，重大政治事件、突发事件和重大任务中的表现，援派、挂职锻炼考核鉴定，党组织书记抓基层党建评价意见等材料。

（四）学历学位、专业技术职务（职称）、学术评鉴和教育培训类材料。主要有中学以来取得的学历学位，职业（任职）资格和评聘专业技术职务（职称），当选院士、入选重大人才工程，发明创造、科研成果获奖、著作译著和有重大影响的论文目录，政策理论、业务知识、文化素养培训和技能训练情况等材料。

（五）政审、审计和审核类材料。主要有政治历史情况审查，领导干部经济责任审计和自然资源资产离任审计的审计结果及整改情况、履行干部选拔任用工作职责离任检查结果及说明，证明，干部基本信息审核认定、干部人事档案任前审核登记表，廉洁从业结论性评价等材料。

（六）党、团类材料。主要有《中国共产党入党志愿书》、入党申请书、转正申请书、培养教育考察，党员登记表，停止党籍、恢复党籍，退党、脱党，保留组织关系、恢复组织生活，《中国共产主义青年团入团志愿书》、入团申请书，加入或者退出民主党派等材料。

（七）表彰奖励类材料。主要有表彰和嘉奖、记功、授予荣誉称号，先进事迹以及撤销奖励等材料。

（八）违规违纪违法处理处分类材料。主要有党纪政务处分，组织处理，法院刑事判决书、裁定书，公安机关有关行政处理决定，有关行业监管部门对干部有失诚信、违反法律和行政法规等行为形成的记录，人民法院认定的被执行人失信信息等材料。

（九）工资、任免、出国和会议代表类材料。主要有工资待遇审批、参加社会保险，录用、聘用、招用、入伍、考察、任免、调配、军队转业（复员）安置、退（离）休、辞职、辞退，公务员（参照公务员法管理人员）登记、遴选、选调、调任、职级晋升，职务、职级套改，事业单位管理岗位职员等级晋升，出国（境）审批，当选党的代表大会、人民代表大会、政协会议、群团组织代表会议、民主党派代表会议等会议代表（委员）及相关职务等材料。

（十）其他可供组织参考的材料。主要有毕业生就业报到证、派遣证，工作调动介绍信，国（境）外永久居留资格、长期居留许可等证件有关内容的复印件和体检表等材料。

这里的干部，并不全部指在企业中工作的干部，也有一部分是国家机关或者组织，以及国有企业、事业单位的领导干部。这些领导干部与一般基层工作者相比，其材料更多更复杂，任何一位从事人力资源的工作者都应该对此有所了解。

实务指南

精准、完整、齐全的人事档案能够系统、全面地记载个人的经历、品德、学历以及技术能力等，是企业选贤任能、知人善任的重要工具。我国现在正处于深化改革用人制度阶段，应该充分发挥人事档案工作的重要作用。对干部和员工的档案认真分类，避免出现差错。

（二）其他人员档案管理

企业职工的人事档案管理在不违背国家法律法规的情形下可以由企业内部制定具体的实施细则，所以每个企业对于职工档案管理的具体措施不尽相同。一般而言，负责职工档案管理的部门都有保管职工档案，收集、鉴别和整理职工档案材料，办理查阅、借阅和转递手续，登记职工工作变动情况，定期向企业档案室移交档案等职责。

案例：如何管理其他人员的档案？

达成公司是某地知名企业。2015 年，达成公司在社会上公开招聘人事专员。王某在 2013 年大学毕业以后考入当地的人才服务交流中心，主要负责人事档案管理。2014 年，王某因生病辞职在家调养身体，2015 年再次开始找工作。看到达成公司的招聘公告以后，王某前去应聘，并顺利被达成公司录用。录用以后，考虑到王某之前的工作经历，该公司让其管理企业员工的档案。对此，王某有些顾虑，因为他听说人才交流中心的档案管理工作和企业的档案管理工作略有不同。对于企业职工的档案应该如何进行管理呢？

专家分析

企业职工档案是企业劳动、组织、人力资源部门在招用、调配、培训、考核、奖惩、选拔和任用等工作中形成的有关职工个人经历、政治思想、业务技术水平、工作表现以及工作变动等情况的文件材料，也是国家档案的组成部分。企业职工档案工作，在国家档案行政管理部门宏观管理、组织协调下，由人力资源主管部门领导与指导，实行分级管理，同时接受同级档案行政管理部门的监督、指导。也就是说，职工档案由所在企业的组织人事职能机构管理，对于实行档案综合管理的企业单位，档案综合管理部门应该设专人管理职工档案。企业职工档案管理部门有以下职责：（1）保管职工档案；（2）收集、鉴别和整理职工档案材料；（3）办理职工档案的查阅、借阅和转递手续；（4）登记职工工作变动情况；（5）为有关部门提供职工情况；（6）做好职工档案的安全、保密、保护工作；（7）定期向企业档案室移交档案；（8）办理其他有关事项。

其实，职工的档案分类与干部的档案分类类似，只是一般情况下职工的档案材料没有干部的档案材料内容多。职工的档案材料也是分为十大类：履历类材料；自传和思想类材料；考核鉴定类材料；学历学位、专业技术职务（职称）、学术评鉴和教育培训类材料；政审、审计和审核类材料；党、团类材料；表彰奖励类材料；违规违纪违法处理处分类材料；工资、任免、出国和会议代表类材料；其他可供组织参考的材料。本案中，王某其实可以将自己之前的工作经验运用到该企业的职工档案管理中，毕竟这些工作都是相通的。王某要意识到档案的重要性，并保持严谨作风。

实务指南

作为人事组织工作的重要部分，人事档案管理不可忽视。在分类、审核、整理人事档案时，一定要做到细致、完整、精确和真实。作为人事档案管理人员，在具体的工作中应该将档案的审核融入档案管理工作的各个环节。可以说，认真完成人事档案的分类审核整理工作对于人事档案的有效利用具有重要意义。

三、作业流程

随着我国经济的发展，人才的流动越来越频繁，这就意味着人事档案的接收和转移工作也越来越重要。人事档案的调动最基本的体现就在于接收和转出两个环节。一般来说，人事档案接收的流程主要分为以下几个步骤：对接收档案的登记，查实档案是否齐全，补齐整理，编号入库。对于人事档案的转出，分为以下几个步骤：接收调档函，核实材料并补齐，填写相关转出材料，修改目录，密封转出。当然，每个单位根据自己内部的规定可能会略有不同，但是大致作业流程是相同的。

除人事档案的接收和转移外，人事档案的调动流程还包括人事档案的查阅和补办。基于某些原因，我们可能会对人事档案进行查阅，但是并非无条件、无限制地进行查阅，因为毕竟人事档案关系到每个人的隐私，同时也是保密性很强的材料，因此查阅人事档案应该遵循一定的流程。比如，查阅单位必须填写查阅审批表，经过批准以后才能查阅，同时，还要遵守每个单位的相关规定。除此以外，对人事档案的补办也是我们经常遇到的问题，补办也需要遵守相关流程，比如需要准备各种材料，开具各种证明等。

（一）人事档案接收流程

人事档案的接收流程主要有三步：首先要对接收的档案进行登记；其次是查实档案是否齐全，对于材料齐全的要按规定进行整理，不齐全的要向原单位索要材料进行补齐，补齐后整理；最后一步是编号入库。

案例：人事档案如何接收？

何某大学毕业之前在学校的招聘会上找到一份文员的工作。工作两个月以后，何某认为这份工作并不适合自己，于是毕业以后又开始找工作。文成公司当时正在招聘员工，何某向文成公司应聘了文员的工作。

文成公司很快就与何某达成协议，约好了签订劳动合同的时间和地点，并同意接收何某的人事档案。但是何某并不知道此时应如何处理自己的人事档案，于是就咨询了自己在某企业负责人力资源管理工作的叔叔，询问了人事档案接收的事宜。人事档案应该如何接收呢？

专家分析

人事档案的接收流程要根据三类不同的人员展开分析。第一类是大中专院校毕业生。这一类人员需要准备报到证以及个人档案材料，持报到证报到，并按规定转入人才中心，或者企业档案管理部门。工作人员在对档案材料进行审核无异议以后，应该编号入库。如果档案是由毕业生自己携带而非学校统一邮寄的，必须确定是否有拆封情况，如果出现拆封情况，接收单位不予接收。何某就属于这类人员，其可以拿着报到证和其他材料办理档案的接收。第二类人员是机关工勤人员。这类人员需要准备行政介绍信、工资介绍信以及个人档案。其持之前所在单位人力资源部门或者所在地人力资源管理部门开具的行政介绍信、工资介绍信把档案交至人才中心或所在单位人事档案管理部门。相关部门在接收时，要按规定对档案进行整理。如果缺少材料，应该向原单位索要，材料齐全后再进行整理。同时，还需要对接收的档案进行登记，并注意是否有拆封的情况，工作人员对档案材料审核无异议以后接收，最后编号入库。第三类是流动人员。这类人员主要是指辞职或者被辞退的机关工作人员、企事业单位的专业技术人员和管理人员；与用人单位解除劳动合同或聘用合同的专业技术人员和管理人员；待业大中专毕业生；自费出国留学人员以及其他流动人员。这类人员的档案一般都会由当地的人才交流中心接收，如果单位或者个人托管人事档案，需要签订人事代理合同，办理托管协议以后，将人事档案移交到人才中心的档案室管理，档案室应该及时进行签收、登记、编号、上网和入库。

实务指南

档案接收看似很简单，其实也是有很多规则和要求的。档案管理人员了解如何接收档案是做好本职工作的第一步。负责档案管理的人员对于不同人员档案的接收程序、需要的材料应该熟记于心，才能有效地开展工作。

（二）人事档案转移流程

在接到调档函以后， 进行档案管理的工作人员要核实材料是否齐全，缺少的材料要及时补齐。然后填写档案转移通知单等材料，修改查询目录电子版和纸质目录，注明转出时间和单位，最后密封，并加盖公章转出。转出时可以邮寄转出，也可以当事人自己携带，但是如果由当事人自己携带转出，需要其签一份责任承诺书。

案例：人事档案转出应如何办理手续?

丰城公司在参加某高校 2015 年春季招聘会时，招聘了张某等人到本公司就职。后来，张某多次违反该公司的规章制度，其领导找到张某谈话。张某性格较高傲，听不进任何人的意见，总是与公司的主管起冲突。不仅如此，张某的工作也做得一塌糊涂。无奈之下，公司决定与张某解除劳动合同。张某也正有此意，于是，张某与公司解除了劳动合同。解除劳动合同以后，丰城公司称张某的人事档案要转出，并通知张某办理转出手续。人事档案的转出应该如何办理手续呢?

专家分析

人事档案的转移，也是要遵循一定的流程的。首先要明确刚刚毕业的张某是否需要改派，如果不用改派，则第一步是与之前的单位解除劳动合同，解除以后要保留一份解除证明。新单位要出具一份调档函或者接收函，写明转移人事档案以及转移的地址。如果单位并没有人事代理权，需要去人力资源和社会保障局盖章。如果单位有人事代理权，只需要带着调档函和解除劳动合同的证明即可去原单位提档，回来以后存档即可。对于需要改派的，这一般是指应届毕业生刚参加工作不久就跳槽的情况，也有相应的流程。首先也是需要原来的单位解除劳动合同，并且保留一份解除证明。新单位出具调档函或者接收函，写明需要转移人事档案，并写清转移地址。但是这里注意要开两份，一份抬头写原单位，另一份抬头写毕业学校，分别交到这两个地方。如果单位没有人事代理权，需要去单位依托的人力资源和社会保障局盖章，并需要携带单位接收函和合同。下一步就是回原来的单位取档案，同时取回报到证。填写改派申请，由申请人填写交由毕业学校的就业办，并写明需要改派的情况。拿着接收函、改派申请、原来单位的劳动合同解除证明以及之前的报到证等材料到学校的相关部门办理改派手续。等新的报到证发下来以后带上档案、报到证等材料交给单位管理档案部门去当地人才中心报到落实档案即可。

实务指南

在办理人事档案转移时，要注意党组织关系、户口挂靠在人才中心的必须在档案转出的同时一并转出。如果之前属于单位代理的存档人员，调档前还需出示代理单位同意调出证明。在办理档案转移时，工作人员应该重点审核正式商调函或接收函、本人所持人事委托协议书和有效证件原件及复印件、人事委托协议书及委托函等材料。

（三）人事档案补办

在日常生活中，我们的人事档案可能会由于某些原因毁损或者丢失。此时，能否补办人事档案以及如何补办就成了我们比较关心的问题。企业职工的档案材料丢失、毁损以后应该尽快进行补办，以避免发生更严重的后果。在补办时，应该遵循一定的程序，并准备好相关材料。

案例：企业职工档案毁损后，可以补办认定手续吗？

海洋公司是一家生产纺织品的国企。2015 年 7 月，由于该公司电线老化导致其厂房起火。火势较大，殃及了该公司的多个部门，其中档案管理部门的部分档案也被大火烧毁。在扑灭大火以后，公司负责人及时统计了被毁损的职工档案情况，发现有 11 名职工的档案全毁，15 名职工的档案部分损毁。其中，张某的人事档案有部分损毁，还有一小部分档案材料的内容可以看清，而韩某的档案则全部损毁。二人向来对档案非常重视，感觉自己半生的履历都毁于一旦了。据此，公司打算为这些员工统一进行补办认定。单位将企业职工的档案损毁，可以进行补办认定吗？这些工作应该由谁负责呢？

专家分析

一般来说，应该由人力资源和社会保障行政主管部门负责企业职工的档案丢失、损毁补办认定工作。职工人事档案丢失以后，人社、民政、公安等部门应当根据职责权限协助做好企业职工档案丢失、损毁补办认定工作。一般情况下，企业职工的接收、分配和安置材料、学历和岗位技能材料、档案工资材料、社会保险关系材料以及企业与职工签订的劳动合同和终止、解除劳动合同的备案等材料的丢失、损毁都可以申请办理补办认定手续。

如果档案是由单位丢失、损毁的，则由对档案丢失、损毁负有责任的单位向所在地人力资源和社会保障部门申请办理认定手续。在申请办理补办认定手续时，应当提供以下证明材料：（1）职工户口及身份证、本人填写的履历表；（2）补办认定招收、分配、安置材料的，提供能够证明相关内容的材料；（3）认定学历材料的，提供毕业证或者毕业学校出具的证明和学校档案机构盖章的毕业成绩单复印件；（4）核发岗位技能（职称）证书的部门、单位出具的证明用来补办认定岗位技能（职称）材料；（5）单位原始工资支付凭证或者职工工资发放名册；（6）补办认定设置中形成的人事、工资介绍信和社会保险关系转移材料的，提供调出、调入单位出具的证明，以及在本单位工资支付情况证明；（7）补办认定企业与职工签订劳动合同和终止、解除劳动合同备案材料的，提供重新补签的劳动合同和补办的终止、解除劳动合同的备案手续，还有其他需要的材料以及证明文件。

实务指南

作为管理档案的工作人员，无论是在企业内就职，还是在人才中心的档案管理处就职，都应该意识到自己的使命和责任。每个人的档案都只有一份，其中的许多材料都是无法弥补的，所以对于每个员工都非常重要。对于单位而言，保护职工的档案也是其义务，一旦因单位的原因使档案出现问题，单位要承担相应的责任。我国虽然可以进行人事档案补办，但是补办每一项材料都是非常耗时耗力的，有时也会因为各种原因不能补办相同的材料，因此，每个档案管理工作人员都应该提高警惕，切勿在工作中疏忽大意。

第七章

工作时间管理

时间就是金钱，时间就是生命，只有合理利用时间，一个企业才能在市场竞争中创造财富，从而取得成功。对于企业生产来说，无论从事何种行业，做何种投资，都将花费一定的时间成本。在此基础上，对有限的工作时间进行高效管理，就成了决定企业成败的一个关键因素。事实上，如何根据企业的价值观和目标管理时间，从而将时间转化为高效的生产力，为企业赢得发展空间，这是一个非常重要的技巧，它使企业不断地朝自己预设的方向前进，而不致在忙乱中迷失方向。

一、法定节假日及各种假期

法定节假日是根据各国及各地区的风俗习惯或纪念要求，由国家相关部门以法律的形式来确定进行庆祝、纪念的时间。各用人单位严格执行该法定节假日的安排，按时给员工放假或者不放假正常工作时应发放不低于平常日工资三倍的工资。根据《全国年节及纪念日放假办法》的规定，我国执行全体公民放假的节日为元旦、春节、清明节、端午节、中秋节、国庆节。

除法定节假日外，我国劳动法还对很多其他假期做出了规定，这也是企业的人力资源工作者经常需要办理的事务，尤其是大企业的事务管理，对这些假期进行甄别、区分、考量更为繁杂。这就需要详细掌握国家和企业关于职工休假的各种法规和政策，为企业正确运用假期做好规划和准备。目前，除法定节假日外，国家从保障民生的角度出发，还设置了包括丧假、婚假、产假、探亲假、社会活动假在内的假期。

无论是法定节假日，还是其他假期，都需要每个企业认真贯彻执行，提高带薪休假制度的执行力，而不是将这些年休假长期养在深闺，只在关键时刻拿出来撑撑场面。毕竟，带薪年休假是一项社会福利，体现了党和国家对广大劳动者的特别关爱。因此，企业应当担起这份社会责任，关心劳动者的身心健康，认真执行好法定节假日及其他假期，维护劳动者的基本权益，促进劳资关系融洽及社会和谐稳定。

（一）法定节假日

在我国的休假体系中，国家法定节假日是最重要的构成部分，这不仅是因为它是由国家和政府以法律政策的方式将其正当化的，还有非常重要的一点就是它适用于所有主体，无论是劳动者，还是企业，都应当遵照相关规定严格执行，否则将承担法律规定的不利后果。事实上，随着现代生活水平的不断提升，人们在思想上对于法定节假日的观念也发生了很大变化，企业也从最初野蛮的剥削者角色，逐渐摒弃了让员工埋头苦干的观念，将目光更多地投向让员工在生产和生活中找到一个平衡点，而法定节假日正是这一转变的有力促成者。对于公司的员工来说，带薪年休假不仅仅是对其工作的肯定，更可以提高其生活品质。这种带薪休假，也会增强员工对公司的依赖感和归属感，最终为公司的进一步发展带来强大的动力。同时，它也会帮助企业成功树立“中国好企业”和“人性化管理”的好形象。

案例：员工在国庆节期间上班，公司要向其支付多少工资？

小丽今年27岁，在一家外贸公司上班。2016年8月，一直单身的小丽通过朋友的介绍，在一次聚会上认识了现任男友徐某，二人经过一段时间的接触后，发现各方面的条件都比较合适，于是确立了恋爱关系。马上就快到“十一”国庆节假期了，两人正处于热恋期，徐某为了能利用假期多一些时间和小丽相处，于是计划到韩国旅游，小丽想着“十一”公司应该会照常放假，便一口答应了。然而，就在二人订好机票后，小丽的领导突然告诉小丽由于“十一”期间公司有一批货物订单急需处理，需要小丽在10月1日到3日加班。小丽非常不情愿，在向领导争取不加班时，遭到领导的严厉批评和回绝。为了不失去工作，小丽只好向男友说清楚原因，两人的旅行也就此泡汤，小丽根据领导的安排在“十一”假期完成了工作。很快就到了下个月发工资的时间，当小丽拿到工资条的时候，她惊奇地发现“十一”假期加班的工资跟平常一样，公司并未执行法定节假日三倍工资的规定。公司对小丽国庆节期间上班的工资到底应该如何发放呢?

专家分析

对于上班族来说，一年到头最期盼的莫过于假期的到来，尤其是在我国法定节假日中时间相对比较长的春节和国庆节期间，一般在外工作的人通常会选择回老家与家人团聚或者与家人集体出游。可以说，法定节假日对于劳动者来说，具有比往常周末休息更重要的意义。在法定节假日加班会影响劳动者的精神文化生活和其他社会活动，这是用补休的办法无法弥补的。因此，考虑到这一点，《劳动法》第四十四条规定，如果劳动者在法定节假日被安排加班，用人单位应当支付加班费，支付加班费的具体标准是不低于百分之三百的工资报酬。具体到本案例中，公司在“十一”假期来临之前，临时通知小丽加班，小丽在假期完成加班任务后，公司却在发工资时并未按照上述法律规定执行三倍工资的标准，这显然是违反劳动法的行为。

实务指南

公司在经营过程中，应当明确的是，在标准工作时间以外延长劳动者工作时间和休息日、法定休假日安排劳动者工作，都占用了劳动者的休息时间，法律对此都进行了严格限制。比如，本案例中涉及的在法定节假日上班按照高于正常工作时间支付工资报酬就是国家采取的限制措施之一，需要每个用人单位严格执行。

关联法规

《中华人民共和国劳动法》

第四十四条 有下列情形之一的，用人单位应当按照下列标准支付高于劳动者正常工作时间工资的工资报酬：

（一）安排劳动者延长工作时间的，支付不低于工资的百分之一百五十的工资报酬；

（二）休息日安排劳动者工作又不能安排补休的，支付不低于工资的百分之二百的工资报酬；

（三）法定休假日安排劳动者工作的，支付不低于工资的百分之三百的工资报酬。

（二）丧假

丧假是指劳动者在直系亲属死亡时按照法律规定享受的假期，是企业人力资源管理制度中关于请休假内容的必备内容。《劳动法》第五十一条规定：“劳动者在法定休假日和婚丧假期间以及依法参加社会活动期间，用人单位应当依法支付工资。”法律明确赋予了劳动者带薪休丧假的权利，体现了党和政府对公民的人文关怀。我国自古以来就是一个讲究孝道的国家，尤其是近年来我国的人口老龄化现象严重，新一代年轻人在巨大的工作压力下，如何妥善处理关爱老人、为父母亲人养老送终的问题已成为一个被社会广泛关注的话题。在这样的背景下，企业顺应大时代下国民情感的发展势头依法执行丧假制度，不仅能体现关爱员工的发展理念，也能给劳动者带来巨大的精神抚慰。

案例：参加战友的葬礼，能使用丧假吗？

蒋某是国内某知名金融公司的一名员工，已参加工作5年了。蒋某在上班之前曾经是一名军人，在上大一的时候，通过学校的招兵宣传到了某部队服役。刚迈入军营时，蒋某对一切都非常好奇，表现了浓厚的兴趣，但过了一段时间后，由于部队每天的训练都特别劳累和枯燥，蒋某感到了厌倦，他很怀念在学校自由自在的日子，并多次表现了想放弃部队生活的想法。就在他情绪低迷的时候，幸好有班长刘某的陪伴和鼓励，蒋某才顺利度过了在部队服役的这段时间，所以蒋某一直对刘某心存感激，即使退役这么多年，也定期和老班长刘某联系。然而，蒋某通过战友得知老班长刘某在晚上加班后开车回家的途中发生了严重的车祸，经过一段时间的抢救去世了。蒋某听到这个消息后非常震惊，想到老班长一直对自己照顾有加，便以参加战友的葬礼为由向公司申请休丧假。公司应当如何对待蒋某的申请呢？

专家分析

《劳动法》第五十一条规定："劳动者在法定休假日和婚丧假期间以及依法参加社会活动期间，用人单位应当依法支付工资。"从本条中我们可以看出，法律明确赋予了劳动者带薪休丧假的权利。但应当注意的是，目前国家还没有对非国有企业职工休婚丧假做出具体规定，员工休丧假的具体操作一般可以参考《国家劳动总局、财政部关于国营企业职工请婚丧假和路程假问题的通知》的法律规定。根据该通知，我们可知：（1）职工本人结婚或职工的直系亲属（父母、配偶和子女）死亡时，可以根据具体情况，由本单位行政领导批准，酌情给予一至三天的婚丧假。（2）职工结婚时双方不在一地工作的；职工在外地的直系亲属死亡时需要职工本人去外地料理丧事的，都可以根据路程远近，另给予路程假。（3）在批准的婚丧假和路程假期间，职工的工资照发，途中的车船费等，全部由职工自理。具体到本案中，蒋某以参加战友葬礼为由休丧假，用人单位是有权拒绝的，因为职工休丧假的原因必须是直系亲属死亡，直系亲属包括父母、配偶、子女，显然战友并不属于上述范围，所以用人单位有权拒绝其请求。

实务指南

我国劳动法明确规定了职工享有丧假的权利，但法律对非国有企业员工休丧假的具体事由、范围等并未做出具体规定。实务中，一般关于享受丧假的具体适用范围及天数，首先应尊重劳动合同、集体合同和企业规章制度的规定。当然，该规定的假期天数不应少于关于国有企业职工的规定标准。若无规定，则可直接参照关于国有企业的规定执行。

关联法规

《国家劳动总局、财政部关于国营企业职工请婚丧假和路程假问题的通知》

一、职工本人结婚或职工的直系亲属（父母、配偶和子女）死亡时，可以根据具体情况，由本单位行政领导批准，酌情给予一至三天的婚丧假。

二、职工结婚时双方不在一地工作的；职工在外地的直系亲属死亡时需要职工本人去外地料理丧事的，都可以根据路程远近，另给予路程假。

三、在批准的婚丧假和路程假期间，职工的工资照发，途中的车船费等，全部由职工自理。

四、以上规定从本通知下达之日起执行。

《中华人民共和国劳动法》

第五十一条　劳动者在法定休假日和婚丧假期间以及依法参加社会活动期间，用人单位应当依法支付工资。

（三）婚假

婚假是指企业的员工因为本人结婚而按照法律规定享受的假期。在休婚假时，企业应当给予一定天数的假期，并由用人单位如数支付工资，以此体现单位对员工的福利政策。婚姻可谓人生中的一件大事，根据相关法律的规定，职工结婚可享受三天的婚假，若结婚时男女双方不在一地工作，还可视路程远近，另给予路程假。在婚假和路程假期间，企业要照常发放工资。婚假制度对于促进依法科学生育，提高国家、政府的服务管理水平，具有重要意义。随着时代的发展，在现代年轻人的思想观念里，不仅需要在家乡或者多个地方举办一场体面且盛大的婚礼，之后，也不单单需要按照习俗走访一些亲人朋友，事实上，目前去国内外的一些知名景区度蜜月，享受平日难得的休闲旅游生活，也成了婚假的标配。这样一来，婚假超期也就成了自然而然的事情。在这样的趋势下，企业就需要在依法执行婚假和维护自身正常制度之间做好平衡，进行合法、合理的制度设置，提前做好婚假安排的规划。

案例：二婚也可以休婚假吗？

宋女士在一家玩具公司做出纳工作，已经工作近5年。几年前，宋女士刚应聘到该公司半年后，就和当时已经相识多年的男友结了婚，为此宋女士向公司申请休了婚假，和老公去云南结婚并度蜜月。刚结婚时的宋女士无论在生活方面，还是在工作上，都非常顺利，婚姻美满，事业上凭借自己的努力不到两年的时间就被提拔为财务主管。然而随着孩子的出生，宋女士一下子从一个职场女强人变成一个每天为孩子和家务事操心的家庭主妇，而丈夫由于工作繁忙经常出差，不能为自己分担半分。在事业和家庭的双重压力之下，宋女士患了产后抑郁症，为此夫妻俩经常因各种琐事吵架，最终以离婚收场。经历了一次失败的婚姻后，宋女士在朋友和家人的关怀下，慢慢走出了产后抑郁症的困扰，重新开始迎接生活。2019年3月，宋女士在亲戚的介绍下，和在本地工作的吴某相识，吴某为人老实忠诚，经过一段时间的相处后，二人很快就领证结婚了。于是宋女士向单位申请休婚假，但该公司却认为宋女士在本单位已经休了一次婚假，二婚不能再享受该待遇。该公司的说法符合法律规定吗？

专家分析

本案中，该公司的说法不符合法律规定。《劳动法》第五十一条规定："劳动者在法定休假日和婚丧假期间以及依法参加社会活动期间，用人单位应当依法支付工资。"也就是说，职工有带薪休婚假的权利。如果公司的员工第一次结婚时已经享受过婚假，再婚时在本公司还能享受婚假待遇吗？我国原劳动和社会保障部发布的《关于对再婚职工婚假问题的复函》中对此问题曾有过明确答复："根据《中华人民共和国婚姻法》和国家有关职工婚丧假的规定精神，再婚者与初婚者的法律地位相同，用人单位对再婚职工应当参照国家有关规定给予同初婚职工一样的婚假待遇。"之所以做出如上答复，是因为我国法律及相关政策中一直崇尚"婚姻自由"，它既包括结婚自由，也包括离婚自由，可以说无论是结婚，还是离婚，追求幸福的婚姻都是每个公民应当享受的权利。而落实到婚假问题上，法律对结婚及再婚也就不能做出厚此薄彼的规定。所以在本案中，虽然宋女士在刚进单位时已经按照法律规定休了婚假，但并不影响其再婚时所应当享受的婚假，该公司应当为其进行相应的婚假安排。

实务指南

我国劳动法对职工婚假进行了明确规定，且无论职工是初婚，还是再婚，均平等地享有婚假福利。公司作为用人单位应当正确地认识法律对职工的婚假安排，制定合法的规章制度，平等地给予职工婚假保护。

关联法规

《关于对再婚职工婚假问题的复函》

根据《中华人民共和国婚姻法》和国家有关职工婚丧假的规定精神，再婚者与初婚者的法律地位相同，用人单位对再婚职工应当参照国家有关规定，给予同初婚职工一样的婚假待遇。

《中华人民共和国劳动法》

第五十一条　劳动者在法定休假日和婚丧假期间以及依法参加社会

活动期间，用人单位应当依法支付工资。

（四）产假

产假是指怀孕的在职妇女在其生产前后有权向单位要求休假，以安心待产、哺乳婴儿的一种待遇。产假有利于我国和谐社会的发展。从企业的角度来说，休产假在保护员工身体健康的基础上，也为企业的人文发展做出一定的贡献。目前，由于我国相关法律对法定婚假和产假没有相关具体规定，只是停留在行政法规和规范性层面，所以我国各省市以及直辖区对婚假和产假都有各自的规定。一般来说，怀孕的在职妇女从分娩前半个月一直到产后的两个半月时间里（晚育者可前后延长至 4 个月），应当享受不少于 98 天，晚育者可以休 30 的产假。在其休产假的期间，作为用人单位不得随意降低休产假职工的工资、将其辞退或者以其他形式与其解除劳动合同关系。同时，职业女性休产假还享受生育保险待遇，由社保统筹基金报销相关医疗费和发放生育津贴；若职业女性没有参加生育保险，则由企业承担此部分费用。

案例：妇女生育，最短应该休息多长时间？

小王是某大型卖场的市场运营主管，今年刚满 29 岁。在工作中，小王深受领导器重，不仅是因为小王的学历高，是国内某知名院校毕业的高才生，还因为小王非常敬业，交代给她的工作总是能出色地完成，为此领导一直在思考把小王升到合适的职位。在家庭方面，小王也处理得非常好。2015 年由于公公去世，刚好小王怀了孕，丈夫便将婆婆接来同住，小王也能和婆婆相处得很好。随着时间的流逝，小王的肚子一天天大了起来，虽然小王有意想和领导商量减轻工作量，但由于正值公司开拓新业务时期，部门的好几个核心员工经常需要被外派到各城市出差，剩下的工作只能由小王一人承担。虽然很辛苦，但要强的小王在怀孕期间也很少请假耽误工作。直到小王临盆生下一个男孩，由于产后身体虚弱，需要调养，便向公司申请休产假。很快公司便批准了小王的休假申请，但给出的假期只有60天。小王的丈夫非常气愤，认为公司给的产假尚未达到法律的明确规定，侵害了小王的合法权益，属于违法行为，要求重新做出批准。本案中，小王的产假最短应当休多长时间呢？

专家分析

产假是每个企业以及职场准妈妈都非常关心的一个问题，它不仅关系到企业在运营过程中的人事考量，也关系到劳动者权益的合法保护。根据《劳动法》第六十二条的规定，女职工生育享受不少于九十天的产假。在此基础上，我国《女职工劳动保护特别规定》作了进一步规定：女职工生育享受98天产假，其中产前可以休假15天；难产的，增加产假15天；生育多胞胎的，每多生育1个婴儿，增加产假15天。除此之外，怀孕流产的，也有权享受产假，若属于未满4个月流产的，享受15天产假；怀孕满4个月流产的，享受42天产假。由公司根据医务部门的证明，给予上述时间内的产假。应当注意的是，凡是符合上述关于产假的法律法规规定的女职工，企业应当照常发放工资待遇。如果单位给上了生育保险的，那么产假期间的工资，由生育保险机构按规定支付；如果单位没有给女职工上生育保险的，由企业支付工资。同时，也不得以产假为由，辞退女职工或单方面解除劳动合同。具体到本案例中，根据上述法律规定，小王的用人单位只给予小王60天的产假安排，明显达不到《女职工劳动保护特别规定》对女职工生育享受98天产假的规定，属于违法行为。

实务指南

产假是保护女职工利益的一项重要措施。企业在执行产假制度时必须特别注意产假时间应合法，不仅要符合《劳动法》对产假的规定，还要符合《女职工劳动保护特别规定》对产假所做出的进一步的细化规定，不能任意缩短产假时间，损害女职工的合法权益。

关联法规

《中华人民共和国劳动法》

第六十二条 女职工生育享受不少于九十天的产假。

《女职工劳动保护特别规定》

第七条 女职工生育享受98天产假，其中产前可以休假15天；难产的，增加产假15天；生育多胞胎的，每多生育1个婴儿，增加产假15天。

女职工怀孕未满4个月流产的，享受15天产假；怀孕满4个月流产的，享受42天产假。

（五）探亲假

探亲假是指单位职工在符合一定条件的情况下有权按照法律规定带薪探望自己的配偶或者父母的假期。根据我国的相关政策规定，探亲假并不是在所有的用人单位均需强制推行的，一般职工要想享受探亲假必须具备以下条件：首先，在休假主体上，只有在国家机关、人民团体和全民所有制企业、事业单位工作的职工才可以享受探亲假待遇。对非国有企事业单位的职工是否有探亲假，国家并无明确规定。因此，这类用人单位可根据本单位的实际情况来决定是否参考国务院有关规定制定本单位有关探亲假的规章制度。其次，在休假事由上，必须满足与配偶或者自己的父母不住在一起，又不能在公休假日团聚的，才能够享受探望配偶或者父母的待遇。最后，享受探亲假还必须满足员工在企业工作已满一年的时间要求。

案例：没结婚，去看外地的女友，能享受探亲假吗？

张某是某外贸公司的一名销售，他于2016年大学毕业后通过校招进入某公司。经过三年时间的职场磨炼，张某很快就熟悉了公司的业务情况，成了该公司的业务精英。在事业成功的同时，张某在感情方面也很顺利。经过同事介绍，他和同公司的李某谈起了恋爱。就在二人感情正浓时，2019年，李某被该公司派往国外支援分公司的建设，虽然情侣二人非常不愿意分隔两地，但为了事业和生活，李某最终也接受了公司的安排。有一次，张某和李某在打电话时因为一些琐事意见不合吵了架，事后张某感到非常愧疚，一直给李某打电话却遭到了拒绝。张某非常着急，便想休假到国外找李某亲自道歉。可眼下公司业务繁忙，张某想请假去探望李某的想法遭到了领导的回绝。经过几天的思考，张某突然想到自己可以以休探亲假的名义要求休假，虽然自己和李某还没有结婚，但是很快就要步入婚姻殿堂，因此也应当算作亲人。张某的要求符合法律规定吗？

专家分析

本案中，张某的要求是不符合法律规定的。我国《国务院关于职工探亲待遇的规定》规定，凡在国家机关、人民团体和全民所有制企业、事业单位工作满一年的固定职工，与配偶不住在一起，又不能在公休日团聚的，可以享受本规定探望配偶的待遇；与父亲、母亲都不住在一起，又不能在公休假日团聚的，可以享受本规定探望父母的待遇。但是，职工与父亲或与母亲一方能够在公休假日团聚的，不能享受本规定探望父母的待遇。从此法条中我们可以看出，要想享受探亲假就必须满足以下条件：第一，享受探亲假的主体只有在国家机关、人民团体和全民所有制企业、事业单位工作的职工，对私营企业的职工是否享受探亲假并未作强制性规定；第二，职工必须满足在单位工作满一年的时间条件；第三，享受探亲假的事由必须是与父亲、母亲或者配偶不住在一起，又不能在公休假日团聚。具体到本案中，一是张某所在的外贸公司不属于国有企业，在该单位的休假制度中并未规定员工享受探亲假，张某无权向单位主张休探亲假；二是张某和李某由于只是男女朋友关系，即使有结婚的打算，也并未成为法律上的夫妻，李某不属于张某的配偶，显然不符合上述享受探亲假的第三个条件。因此，本案中的外贸公司有权拒绝张某主张探亲假的申请。

实务指南

我国法律并未对私营职工享受探亲假做出强制性规定，一般按照用人单位关于休假安排的规章制度执行。若企业并未对探亲假做出明确规定而职工要求休探亲假，企业有权予以拒绝，或者根据对国家机关、事业单位、国有企业等探亲假的安排参照执行。

关联法规

《国务院关于职工探亲待遇的规定》

第二条　凡在国家机关、人民团体和全民所有制企业、事业单位工作满一年的固定职工，与配偶不住在一起，又不能在公休假日团聚的，可以享受本规定探望配偶的待遇；与父亲、母亲都不住在一起，又不能在公休假日团聚的，可以享受本规定探望父母的待遇。但是，职工与父亲或与母亲一方能够在公休假日团聚的，不能享受本规定探望父母的待遇。

（六）社会活动假

社会活动假是指企业的员工在正常的工作时间里因参加特定的社会活动而得以不参加工作的假期。根据我国《劳动法》第五十一条的规定，劳动者在法定休假日和婚丧假期间以及依法参加社会活动期间，用人单位应当依法支付工资。目前，随着我国社会活动的不断发展壮大，企业对职工参与社会活动的积极性也越来越重视，社会活动假就是最好的体现。企业如果严格执行职工在正常工作时间有秩序、有目的地参加社会活动，则有利于提高职工的工作主动性以及促进良好的企业文化的建设。同时，企业还可以通过此制度鼓励职工相互关心、团结合作，从而培养员工对社会、对企业高度的社会责任感。

案例：员工出席公益活动，单位还应该发放其当天的工资吗？

刘某是某医疗器械销售公司的副经理，有一次刘某所在的公司受到本市某慈善组织的邀请参加“关爱自闭症儿童”的宣讲会。在会上，刘某认为该项公益活动非常具有社会意义，如果公司能够组织员工亲自参加此类活动，可以提升公司的社会形象，让员工更深刻地理解企业文化，并提高员工对企业文化的认同感。刘某在参加完活动后，写了一个组织公司员工参加该类公益活动的提案，并在公司例会上和其他领导进行了讨论。经过讨论，大家普遍对此类活动会给公司带来的正面影响称赞不绝，但在涉及具体活动执行中遇到的各种问题时，仍然有各种不同的意见，尤其是让员工在工作日参加此类公益活动是否应当照常发放工资的问题。有的领导主张参加此类公益活动，员工并不能正常打卡上班，所以不应正常发放工资；而有的领导主张参加此类活动是公司组织的，工资应当正常发放。本案中，员工参加社会公益活动，单位是否应当正常发放工资？

专家分析

本案中，医疗器械销售公司组织员工参加公益类活动是否应当照常发放工资应当视公司制度而定。目前，法律并未对员工在工作日参加此类公益活动，单位是否应当照常发放工资做出硬性规定。关于“职工参加社会活动”的法律规定，主要来自《劳动法》第五十一条：“劳动者在法定休假日和婚丧假期间以及依法参加社会活动期间，用人单位应当依法支付工资。”那么，哪些应当归属此法条中的“参加社会活动期间，用人单位应当依法支付工资”的情形呢？《工资支付暂行规定》

第十条对此作了进一步的明确规定："社会活动包括：依法行使选举权和被选举权；当选代表出席乡（镇）、区以上政府、党派、工会、青年团、妇女联合会等组织召开的会议；出任人民法庭证明人；出席劳动模范、先进工作者大会；《工会法》规定的不脱产工会基层委员会委员因工会活动占用的生产或工作时间；其它依法参加的社会活动。"具体到本案中，公司组织员工参加公益类活动并不在上述法定的社会活动内，所以公司有权按照自身制度安排权衡是否照常发放工资。本书认为，为了提高员工参加社会活动的积极性，真正实现参加此类公益活动的社会目的，最好照常发放工资。

实务指南

为了提高企业职工参加社会活动的积极性，我国《劳动法》明确规定了劳动者在依法参加社会活动期间用人单位应支付工资。《工资支付暂行规定》对哪些属于参加"社会活动"也做出了明确的规定，若属于上述参加社会活动的范畴，企业应当严格执行假期并依法支付工资；除此之外，企业有权根据本公司的具体情况做出是否正常发放工资的决定。

关联法规

《中华人民共和国劳动法》

第五十一条　劳动者在法定休假日和婚丧假期间以及依法参加社会活动期间，用人单位应当依法支付工资。

《工资支付暂行规定》

第十条 劳动者在法定工作时间内依法参加社会活动期间，用人单位应视同其提供了正常劳动而支付工资。社会活动包括：依法行使选举权或被选举权；当选代表出席乡（镇）、区以上政府、党派、工会、青年团、妇女联合会等组织召开的会议；出任人民法庭证明人；出席劳动模范、先进工作者大会；《工会法》规定的不脱产工会基层委员会委员因工会活动占用的生产或工作时间；其它依法参加的社会活动。

（七）事假及病假

对于一个企业的人力资源部来说，事假、病假可谓其工作中接触到的休假中最频繁的两类。事假为无薪假，它是指员工因个人或家庭等原因需要在正常工作时间内请假进行处理的请假制度，一般是以天或小时为计算单位。病假是指患病或非因工负伤职工的病假假期，根据本人实际参加工作年限和在本单位工作年限，给予三个月到二十四个月的医疗期。《企业职工患病或非因工负伤医疗期规定》（劳部发〔1994〕479号）对病假进行了详细规定。在现代企业管理中，以人为本，对员工进行人性化管理是大多数企业遵循的理念，每一个员工都可能会临时遇上一点儿私事，不得不请假处理，这是无法回避的事实；每个人都会生病，都需要请假去治疗和休养，这也是事物发展的一个规律；无论是公司的老板、高管、管理人员，还是普通员工，都一样。因此，当员工遇到事假、病假时，企业应当根据实际情况予以理解和配合。

案例：对于开假病假条的员工，公司应该如何对待？

范某大学毕业后经过校园招聘到了一家金融公司上班。一开始，范某由于刚脱离自由的校园生活，一下子就迈入了紧张、追求高效率的职场生涯，加上公司业务非常繁忙，时常需要加班，她感到非常不适应。但是因为身边的同事都非常友好互助，在他们的帮助下，范某开始成长起来。后来范某的直属领导离职，公司招聘了一个领导直管范某所在的部门。由于该领导性子比较急，而范某在工作期间常有拖沓现象，经常会受到批评，这让范某非常不习惯，一度不想去上班。于是范某通过自己在医院工作的朋友曹某，开具了一张“患有严重乙型肝炎，建议休假治疗”的证明，公司凭借该证明让范某享受了一个月的医疗期病假，并按照她工资的60%发了工资。为了让“假期”再多延长一些，范某还持续开了相关诊断证明。后来，公司经过调查，发现范某的病假证明系熟人关系开具，本人并没有患病。公司根据规章制度，以范某无故旷工为由将其辞退。公司的做法合法吗?

专家分析

目前，有些员工钻法律的空子，利用法律关于患病或非因工负伤职工的病假假期应当根据本人实际参加工作年限和在本单位工作年限，给予三个月到二十四个月的医疗期，以及劳动者享受一定期限的医疗期而用人单位在医疗期内不得因其患病解除或终止劳动合同的相关规定，利用各种方式实施虚假休病假的行为，严重侵害了正常的劳动关系和公司利益。在这种背景下，用人单位有权通过在公司内部建立完善的病假复核制度规避上述风险。由于法律法规对于如何认定医疗机构开具的病假条等方面的规定不十分细致，用人单位有权尽可能通过具体、细化的内部规定进一步约束和管理员工。具体到本案中，范某由于和新上任的领导不和，因此产生了通过请在医院工作的朋友开具假病假条的方式逃避上班，单位采信了范某的说法，并按照《企业职工患病或非因工负伤医疗期规定》，结合范某在本单位的工作年限，通过了她的病假申请，并按照法律规定在其休病假期间发放了其正常工资的60%。然而，公司经过进一步核实，发现了范某的所作所为，并根据公司的制度规定，将范某的行为定义为旷工并以此为由辞退范某，并无违法之处。

实务指南

在现实生活中，类似于上述拿假病假条休病假的案例还很多。本书建议，用人单位应注重核实员工提供的病假条的真实性，一旦存疑，可凭单位介绍信到医院进行核实。经查不属实的，单位有权依照严重违反单位规章制度为由将员工辞退。此外，若医生的确存在乱开病假条的情况，公司可向医院的主管部门举报或者投诉。

关联法规

《企业职工患病或非因工负伤医疗期规定》

第三条 企业职工因患病或非因工负伤，需要停止工作医疗时，根据本人实际参加工作年限和在本单位工作年限，给予三个月到二十四个月的医疗期：

（一）实际工作年限十年以下的，在本单位工作年限五年以下的为三个月；五年以上的为六个月。

（二）实际工作年限十年以上的，在本单位工作年限五年以下的为六个月；五年以上十年以下的为九个月；十年以上十五年以下的为十二个月；十五年以上二十年以下的为十八个月；二十年以上的为二十四个月。

（八）带薪年休假

所谓的年休假（简称年假）是指劳动者在一个单位已经连续工作一年以上的情况下，有权向单位要求享受一段时间的带薪休假的制度。在我国，早在1991年国务院下发的《中共中央、国务院关于职工休假问题的通知》中就对“带薪年休假”问题作出了明确规定，其中要求：各级党政机关、人民团体和企事业单位，在确保完成工作、生产任务，不另增人员编制和定员的前提下，可以安排职工的年休假，职工年休假的天数要根据各类人员的资历、岗位等不同情况有所区别，最多不得超过两周。经过了十几年的发展，2007年12月14日，国务院又公布了《职工带薪年休假条例》，对职工年休假问题用专门制定规章制度的形式予以落实确定。带薪年休假这一制度是我国宪法所规定的保护公民“休息权”的一个重要体现，也是世界范围内各国的劳动法相关制度对各企事业单位的一个普遍要求，因此它要求各单位、各部门必须根据自身实际情况予以落实。

案例：员工可以将两年的年假合在一起休吗？

武某出生在山西省某县的一个农民家庭。一次，武某的表哥从城里打工回来，给武某讲了很多大城市里的故事，武某听后非常向往。好不容易征得了父母的同意，19岁的武某背起行囊，到城里投靠一个在饭馆里当厨师的亲戚，并与某酒店签订了三年的劳动合同。在工作满一年后，武某的同事们纷纷都向酒店要求休年假，武某倒不着急，他想着反正自己工作时间不长，带薪年假太短，不如攒着两年一起休。日子一晃就到了劳动合同快终止的时间，武某才惊觉自己在该酒店工作了这么长时间，一直未休过年假，于是向酒店申请。然而该酒店认为，在武某工作的这几年里，武某一直未向其要求休年假，而年假是不可以跨年度休的，所以应当视为自动放弃自己的权利。该酒店的说法合法吗？员工是否可以向酒店要求跨年度休年假呢？

专家分析

第一，该酒店关于武某未向其要求休年假视为自动放弃的说法是不符合法律规定的。为了平等保护各类职工的休息休假权利，充分调动广大职工的工作积极性，我国《劳动法》规定职工连续工作一年以上的均可享受带薪年休假。若劳动者未申请休假，并不等于放弃，根据《企业职工带薪年休假实施办法》第十条第二款的规定，职工因本人原因且书面提出不休年休假的，用人单位可以只支付其正常工作期间的工资收入。所以，除非职工本人因个人原因书面提出不休年休假，否则不能视为职工自动放弃休年假。第二，我国《职工带薪年休假条例》第五条规定："单位根据生产、工作的具体情况，并考虑职工本人意愿，统筹安排职工年休假。年休假在 1 个年度内可以集中安排，也可以分段安排，一般不跨年度安排。单位因生产、工作特点确有必要跨年度安排职工年休假的，可以跨 1 个年度安排。"因此，本案中该酒店的做法是不合法的，特定情况下，带薪年休假是可以跨年度休的，企业应当根据职工的需求做出相应的安排。

实务指南

按照法律的规定，带薪年休假可以跨年度安排，企业作为用人单位要根据生产经营情况和劳动者的意愿做出统筹安排，而不是直接否定劳动者跨年度休年假的要求。同时，如果因用人单位工作需要，劳动者应休而未休，企业应按照劳动者日工资的百分之三百支付其未休假报酬；如果用人单位已经支付劳动者正常工作期间的工资收入，只需再按照未休假天数向其额外支付两倍工资作为补偿。

关联法规

《企业职工带薪年休假实施办法》

第十条第二款　用人单位安排职工休年休假，但是职工因本人原因且书面提出不休年休假的，用人单位可以只支付其正常工作期间的工资收入。

《职工带薪年休假条例》

第五条　单位根据生产、工作的具体情况，并考虑职工本人意愿，统筹安排职工年休假。

年休假在1个年度内可以集中安排，也可以分段安排，一般不跨年度安排。单位因生产、工作特点确有必要跨年度安排职工年休假的，可以跨1个年度安排。

因用人单位工作需要不能安排职工休年休假的，经职工本人同意，可以不安排职工休年休假。对职工应休未休的年休假天数，单位应当按照该职工日工资收入的300%支付年休假工资报酬。

二、员工加班

员工在规定的时间外从事工作或用人单位延长工作时间、休息日工作又不能给员工安排补休的或法定休假日工作的行为被称为“加班”。从此概念中可知，加班分为延长工作时间加班、休息日工作又不能安排补休的加班和法定休假日加班三种。依据我国《劳动法》的规定，用人单位安排员工加班应支付劳动者相应的劳动报酬，而且加班的时长需要严格遵守国家法律的规定。如果用人单位违反关于加班的法律规定，可能会被劳动行政部门处罚。

（一）加班管理

用人单位安排员工加班是很常见的现象，比如用人单位业务比较忙，订单多，订单急，需要不断生产；或者用人单位工作效率低，管理混乱，需要付出大量时间满足客户对产品的需求等。相关法律允许用人单位安排员工加班，但是需要对用人单位安排加班的行为进行规范，否则，很容易对劳动者的合法权益造成侵害。对此，相关法律主要是从加班的时间长短和加班应否支付劳动者报酬两个方面进行约束的。

案例：用人单位可以强迫员工加班吗？

梅梅与丈夫卓某在某大学对面的小吃街开了一家“梅梅烤鱼店”，来他们这里吃饭的人大多是这所大学的学生。每逢节假日，梅梅家的生意就特别火爆，光靠梅梅与其丈夫两个人根本忙不过来。因此，梅梅便打算招几个人从事店里的服务员工作，遂与小爽等人签订了劳动合同。

2018年12月中旬，圣诞节前，同学们趁着过节聚餐，店里的人很多，几乎每天都要忙到很晚，小爽等雇员自然就得加班。小爽曾跟梅梅提出不加班，要早点回家照看孩子，但是梅梅却说，这几天店里比较忙，大家都要克服一下，如果不加班，就要扣他们的工资。小爽只好硬着头皮在店里加班。梅梅强迫小爽加班的做法符合法律规定吗?

专家分析

梅梅的做法是不符合法律规定的。依据我国《劳动法》第四十一条和第四十三条的规定，用人单位因生产经营需要，需要劳动者加班时，应与工会和劳动者协商，加班时间每天不能超过一个小时，特殊情况下，延长时间不能超过三个小时，累计每月不能超过三十六个小时。用人单位不能违反《劳动法》的规定延长劳动者的工作时间。也就是说，用人单位如果需要员工加班，必须征得劳动者同意，而且不能超出法定的加班时间。本案中，梅梅在要求小爽等几位劳动者加班时，必须与他们协商，因为加班需要占用劳动者的休息时间，只有在劳动者自愿的情况下才可以安排加班。如果劳动者不同意，则不可强令其加班。劳动者的休息权是法定的权利，任何人非依法定程序不可剥夺。法律为保护劳动者的权益做出了用人单位不能随意延长劳动者工作时间的规定，用人单位应遵守这项规定。梅梅在小爽不同意加班时，仍强迫她加班，这一做法是违反法律规定的。

实务指南

用人单位应当严格执行劳动定额标准，不得强迫或者变相强迫劳动者加班。但是在实践中，用人单位强迫或变相强迫劳动者加班的现象时有发生，如用人单位通过制定不合理、不科学的劳动定额标准，使劳动者在八小时制的标准工作时间内不可能完成生产任务。为了拿到劳动报酬，劳动者不得不在标准工作时间之外延长工作时间，从而导致劳动者不得不加班。用人单位的这些做法侵犯了劳动者的合法权益，会受到相关部门的处罚。为了避免这类情形的发生，用人单位在安排劳动者加班时应严格遵守《劳动法》的相关规定。

关联法规

《中华人民共和国劳动法》

第四十一条 用人单位由于生产经营需要，经与工会和劳动者协商后可以延长工作时间，一般每日不得超过一小时；因特殊原因需要延长工作时间的，在保障劳动者身体健康的条件下延长工作时间每日不得超过三小时，但是每月不得超过三十六小时。

第四十三条 用人单位不得违反本法规定延长劳动者的工作时间。

（二）加班时间

我国实行劳动者每日工作时间不超过八小时、平均每周工作时间不超过四十四小时的工时制度。同时，我国《劳动法》规定，用人单位不得违反本法规定延长劳动者的工作时间，超过规定时间安排员工工作的行为属于员工加班。依据我国《劳动法》的规定，用人单位要求员工加班每日不得超过一至三个小时（一般情况下不超过一个小时，特殊情况下不超过三个小时），累计每月不超过三十六个小时；休息日工作，用人单位可以安排补休；法定节假日加班时，用人单位不得以安排补休的方式折抵加班时间；延长工作时间加班可以安排补休，不能安排的需要支付相应报酬。

案例：公司可以随意规定加班时间吗？

某星级大酒店在正式开业之前招聘了宋某等人从事酒店的客户服务工作，并为宋某等人分配客房服务员的值班表。该酒店正式营业一个月后，酒店经理阮某得到客人的反馈，指出酒店的客户服务人员的服务不及时等问题。阮某对相关问题进行分析，认为出现这些问题的主要原因是客户服务人员的人手不够，而且每天工作八小时根本完不成酒店的服务工作。于是，阮某决定按酒店的入住率给员工安排加班。接下来的一个月，酒店的入住人员增多，宋某等人每个人每天要平均工作十个小时。该酒店可以随意规定加班时间吗？

专家分析

上述案例涉及的是用人单位能否随意规定员工加班时间的问题。根据《劳动法》第四十一条的规定，用人单位因生产经营需要，与工会和劳动者协商后，可以安排劳动者加班。延长的工作时间，一般每天不超过一小时；特殊情况下需要延长的，每天不得超过三小时，而且应保障劳动者身体健康的条件，延长的工作时间每月不得超过三十六小时。该条文的规定很明确，用人单位不能让劳动者加班超过必要的限度。本案中，某酒店接到客人的反馈，认为出现问题的原因是客服人员的人手不够。该酒店应采取招聘更多服务人员的方法解决问题，而不能增加现有客户服务人员的工作时间。该酒店应当严格遵守《劳动法》关于安排员工加班的规定，加班时间一定不能超出法律规定的时长，否则就违反了《劳动法》的规定，应承担相应的法律责任。

实务指南

我国法律允许用人单位安排加班，但是用人单位不得随意规定员工加班的时间。用人单位安排加班的时间应当符合《劳动法》的规定，不能超出规定的时间限制。需要注意的是，在某些特殊情况下，延长工作时间不受《劳动法》规定的限制，因为这些特殊情况关乎国家、社会公共利益以及劳动者的生命健康和财产安全，如用人单位的某设施发生意外事故，需要员工救助，如果不能及时采取措施，就会使员工自己的利益受到损害等。

关联法规

《中华人民共和国劳动法》

第四十条 用人单位在下列节日期间应当依法安排劳动者休假：

（一）元旦；

（二）春节；

（三）国际劳动节；

（四）国庆节；

（五）法律、法规规定的其他休假节日。

第四十一条 用人单位由于生产经营需要，经与工会和劳动者协商后可以延长工作时间，一般每日不得超过一小时；因特殊原因需要延长工作时间的，在保障劳动者身体健康的条件下延长工作时间每日不得超过三小时，但是每月不得超过三十六小时。

第四十二条　有下列情形之一的，延长工作时间不受本法第四十一条规定的限制：

（一）发生自然灾害、事故或者因其他原因，威胁劳动者生命健康和财产安全，需要紧急处理的；

（二）生产设备、交通运输线路、公共设施发生故障，影响生产和公众利益，必须及时抢修的；

（三）法律、行政法规规定的其他情形。

（三）加班费用

用人单位在生产和工作需要的规定工作时间之外，要求劳动者继续生产劳动或者工作，并支付劳动者相应的劳动报酬，我们将这部分劳动报酬称为加班费。劳动者加班，延长了工作时间，增加了额外的劳动量，应当得到合理的报酬。用人单位安排劳动者延长工作时间的，应支付员工不低于工资的百分之一百五十的工资报酬；休息日安排劳动者工作又不能安排补休的，支付不低于工资的百分之二百的工资报酬；法定休假日安排劳动者工作的，支付不低于工资的百分之三百的工资报酬。

案例：可以以调休代替支付法定节假日的加班费吗？

2018 年 12 月初，小月已经买好 12 月 30 日的火车票，准备回家与家人一起过元旦。但是在 28 日这天，小月所在的外企公司接到了一个客户的订单，而且客户要求元旦过后的一个星期内必须完成这份订单。为了满足客户的要求，该外企公司要求小月在内的部分员工，在元旦期间加班。小月收到这个通知后，不得不放弃回家过元旦的打算，留在公司加班。元旦过后，外企公司按时完成了客户的订单。包括小月在内于元旦期间加班的员工，要求公司支付元旦假期应当支付的加班费。公司的负责人却说，公司会以调休的方式代替支付加班费。该公司以调休方式代替支付加班费的做法符合法律规定吗？

专家分析

《劳动法》第四十四条规定："有下列情形之一的，用人单位应当按照下列标准支付高于劳动者正常工作时间工资的工资报酬：（一）安排劳动者延长工作时间的，支付不低于工资的百分之一百五十的工资报酬；（二）休息日安排劳动者工作又不能安排补休的，支付不低于工资的百分之二百的工资报酬；（三）法定休假日安排劳动者工作的，支付不低于工资的百分之三百的工资报酬。"对于周末加班，用人单位优先安排调休是合情合法的，但根据该法条的规定，对于工作日延长工作时间加班或法定节假日加班的应支付加班工资，不能用调休代替。《关于贯彻执行〈中华人民共和国劳动法〉若干问题的意见》第七十条中也规定，法定节假日（元旦、春节、劳动节、国庆节）安排劳动者工作的，应按《劳动法》第四十四条第三项支付劳动者延长工作时间的工资报酬。由此可见，本案中，小月等人是在元旦期间加班的，根据法律规定，其所在公司不能以安排调休的方式代替支付加班费。

实务指南

在法定节假日内安排员工加班，单位必须向员工支付加班费，既不能安排调休代替，也不能通过发放过节费之类的福利代替加班费的支付。实践中，经常出现用人单位在法定节假日安排加班，并以调休的形式代替给劳动者支付加班费的情况。这种做法是不正确的，用人单位应按照法律规定，在法定节假日安排员工加班的，向员工支付加班费。

关联法规

《中华人民共和国劳动法》

第四十四条　有下列情形之一的，用人单位应当按照下列标准支付高于劳动者正常工作时间工资的工资报酬：

（一）安排劳动者延长工作时间的，支付不低于工资的百分之一百五十的工资报酬；

（二）休息日安排劳动者工作又不能安排补休的，支付不低于工资的百分之二百的工资报酬；

（三）法定休假日安排劳动者工作的，支付不低于工资的百分之三百的工资报酬。

《关于贯彻执行〈中华人民共和国劳动法〉若干问题的意见》

70. 休息日安排劳动者工作的，应先按同等时间安排其补休，不能安排补休的应按劳动法第四十四条第（二）项的规定支付劳动者延长工作时间的工资报酬。法定节假日（元旦、春节、劳动节、国庆节）安排劳动者工作的，应按劳动法第四十四条第（三）项支付劳动者延长工作时间的工资报酬。

三、非全日制用工

非全日制用工以小时计酬，是指劳动者在同一用人单位每日工作的时间一般不超过四个小时，每周工作时间累计不超过二十四个小时的，一种比全日制用工更加灵活的用工方式。非全日制用工的灵活性可以体现在以下 4 点上：（1）它可以通过口头协议订立劳动合同，而且从事非全日制用工的劳动者可以与一个或者多个用人单位订立劳动合同，但后订立的劳动合同不得影响先订立的劳动合同的履行；（2）没有试用期的规定；（3）在非全日制用工中，双方当事人可以随时解除劳动合同；（4）非全日制用工的工资标准是双方约定的工资标准，但不得低于当地政府颁布的小时最低工资标准（含用人单位为其缴纳的基本养老保险费和基本医疗保险费），支付工资周期最长不得超过十五日。

（一）劳动关系的建立与解除

劳动关系是指劳动者与用人单位在实现劳动过程中建立的社会经济关系。从狭义上讲，现实经济生活中的劳动关系是指依照国家劳动法律法规规范的劳动法律关系，即劳动者与用人单位确立劳动关系、明确双方权利和义务的协议。其中，权利和义务的实现由国家强制力保障。关于劳动关系的建立，我国《劳动合同法》第七条规定："用人单位自用工之日起即与劳动者建立劳动关系。"用人单位与劳动者建立劳动关系，应当订立书面劳动合同；已建立劳动关系，未同时订立书面劳动合同的，自用工之日起一个月内与劳动者订立书面劳动合同。解除劳动关系是指双方劳动关系终止，我国《劳动合同法》分别规定了劳动者解除劳动关系和用人单位解除劳动关系的法定情形，均衡保护劳动者与用人单位的合法权益。

案例：非全日制用工需要签订劳动合同吗？

孙某是某服装加工公司后勤处的负责人，在一次对公司食堂进行的临时检查中，他发现在食堂就餐的人员打饭的时候非常混乱，不排队，而且吃剩下的饭菜被随处乱扔，浪费现象很严重。为更好地维持食堂的就餐秩序，孙某决定雇用一个兼职员工担任食堂管理员，每天工作三四个小时，主要负责维持食堂秩序，保持食堂卫生。在该公司发出招聘启事后，毕某经过筛选，成为该公司的食堂管理员。该公司雇用毕某作为食堂管理员，这种情况属于非全日制用工。该公司是否应与其签订劳动合同？

专家分析

对于非全日制用工，因为用工形式比较灵活，周期一般比较短，所以我国《劳动合同法》第六十九条规定，非全日制用工双方当事人可以订立口头协议，即可以口头约定，而不一定要有书面协议。因为非全日制劳动合同可以采取非书面形式订立，用人单位要注意保存劳动者劳动过程的证明：如工资单、开始工作的日期、工作的时间等，以维护其合法权益。本案中，孙某作为该公司后勤处的负责人，招聘了毕某担任食堂管理员，因该份工作属于非全日制用工，所以该公司可以不与毕某签订劳动合同。

实务指南

由于非全日制用工的特殊属性，不需要用人单位与劳动者签订书面劳动合同，因此比较灵活，但它也存在一定的弊端。比如，当出现劳动合同纠纷时，因为没有劳动合同等现实存在的证据材料，解决争议的机构很难对劳动纠纷做出合情合理的处理。为了避免出现上述问题，用人单位要注意保存劳动合同履行过程的相关证明，如工资单、开始工作的日期、工作的时间等，以备出现纠纷时能很好地维护自身的合法权益。

关联法规

《中华人民共和国劳动合同法》

第六十九条 非全日制用工双方当事人可以订立口头协议。

从事非全日制用工的劳动者可以与一个或者一个以上用人单位订立劳动合同；但是，后订立的劳动合同不得影响先订立的劳动合同的履行。

（二）试用期

试用期是指在劳动合同期限内，用人单位对劳动者是否合格进行考核，同时劳动者也对用人单位是否符合自己的要求进行考核的期限。在这个期限内，如果双方均通过考核，则劳动合同继续进行。这是一种双方双向选择的表现。原劳动保障部于 2003 年 5 月 30 日颁发的《关于非全日制用工若干问题的意见》明确规定，非全日制劳动合同不得约定试用期。《劳动合同法》第七十条也作出了同样的规定，非全日制用工双方当事人不得约定试用期。

案例：可以对非全日制用工约定试用期吗？

周平开了一家名为“宜家”的洗衣店，并与方女士签订了为期三年的劳动合同。在合同中，双方约定方女士的用工方式为非全日制用工，该洗衣店按照每小时50元的标准给方女士支付劳动报酬。但是在签订劳动合同时，该洗衣店对方女士说，刚从事工作的员工需要经过三个月的试用期，考核期通过以后才能正式成为洗衣店的员工。在试用期期间，该洗衣店将方女士的工资调整为每小时45元。三个月后，方女士通过考核，成为该洗衣店的正式员工。但是在试用期过后的第二个月，方女士在洗衣的过程中经常损坏顾客衣物，洗衣店因此与方女士解除了劳动合同。方女士很不甘心，她要求洗衣店按正常工资标准补足自己在试用期期间的工资差额。方女士的请求合理吗？非全日制用工的用人单位可以与劳动者约定试用期吗？

专家分析

用人单位与全日制员工之间可以根据劳动合同期限的长短约定试用期，但是，在非全日制用工模式下，双方当事人不得约定试用期。这在我国《劳动法》第七十条有明确规定：“非全日制用工双方当事人不得约定试用期。”也就是说，无论非全日制员工与用人单位之间约定的用工期限有多长，都不得设立试用期，由于非全日制员工工作往往都不是很稳定，经常会变换用人单位，因此禁止双方约定试用期既符合灵活用工的要求，也体现了法律对非全日制职工的特殊保护。所以，本案中，该洗衣店不得与方女士约定试用期，双方关于试用期期限及工资的约定为无效条款，洗衣店应当按照正常工资水平补足方女士在“试用期期间”的工资差额。

实务指南

非全日制用工是与全日制用工完全不同的一种用工形式，非全日制用工的用工结构比较松散，对劳动者的要求也没有全日制用工那么严格。但是基于双方劳动关系的存在，非全日制的劳动者仍然应当遵守用人单位的规章制度，服从用人单位的管理。用人单位应当把非全日制员工当成全日制员工看待，不能予以歧视。

关联法规

《中华人民共和国劳动合同法》

第七十条 非全日制用工双方当事人不得约定试用期。

第八章

员工培训管理

随着社会的不断进步和发展，人们跟随科技的脚步显得越来越急促。越来越多的企业开始重视对员工的培训工作，这是时代发展的要求，也是企业在激烈的竞争中取胜的关键。科学有效的员工培训，可以实现企业和员工的双赢，通过形式多样的培训，可以使员工符合本岗位日新月异的新要求，获得需要的专业技能及知识。总之，加强对员工的培训，是市场经济发展下的国际大趋势，企业对于相关知识的学习和了解成为自身发展的题中之义。

一、培训是什么

员工培训是指通过一定的科学方法，使员工在知识、技能、能力和态度四个方面得到提高，以保证员工能够按照预期的标准完成所承担的或将要承担的工作及任务。企业要想持续、稳定地发展就必须有较高的整体素质，而员工培训则是不可缺少的一环。员工培训对于企业而言，有许多意义。第一，可以使员工尽快适应其工作岗位。比如，新员工的入职培训，通过培训可以让员工全面客观地了解企业的工作环境和氛围，以及自己的新工作需要的知识和技能。第二，可以提高和改善员工绩效。一个好的员工培训项目可以帮助员工学习工作所需的知识，还可以学习企业和部门的架构、经营目标、企业制度、程序和与人交往等方面的知识，从而提高工作效率。第三，可以增强企业的稳定性。员工培训为员工提供了一个完善和提升自我的机会，使员工可以在工作中实现职业生涯规划，可以激励员工，还可以降低离职率，减少流动性。第四，可以增强企业的核心竞争力。核心竞争力就是指企业在经营过程中所形成的不容易被竞争对手模仿的能带来利润的能力。随着时代的发展，人力资本已经成为企业获得竞争优势的主要来源，在企业中发挥着关键作用，所以人力资源开发对于强化竞争力至关重要。员工培训则是人力资源开发的重要一环，因此有效的员工培训有利于增强企业的核心竞争力。第五，员工培训有利于建立优秀的企业文化和形象。在员工培训过程中，可以不断灌输和传递企业文化，增强员工的认同感，使员工认识到自己是企业的一员，自己的行为代表的是企业的行为，这对于推动企业文化的完善与形成，树立良好的企业形象有积极作用。

（一）培训分类

员工培训可以分为许多类型。按照培训与工作的关系划分，可以分为在职培训、岗前培训、轮岗培训等；按照培训的内容划分，可以分为知识培训、技能培训和态度培训；按照培训对象划分，可以分为基层人员培训、中层管理人员培训和高层管理人员培训；按照培训目的划分，可以分为过渡性教育培训、知识更新培训、提高业务能力培训以及专业人才培训，等等。

案例：员工培训的内容有哪些？

海城公司是一家准备上市的企业。为了提高企业的整体素质，海城公司对全体员工进行了员工培训。根据部门划分，海城公司将员工分成了5个培训组，每个培训组培训的重点内容都有所不同。有的部门侧重培训知识，有的部门侧重培训工作态度。高层人员与普通员工的培训内容也不完全一致。经过培训，整个企业的面貌焕然一新，公司领导对这次培训十分满意。在培训以后，公司召开会议对这次培训活动进行了总结分析，并制定了下次培训的目标。但有人认为这是一次员工开发活动，是这样吗？海城公司的员工培训应该包括哪些内容？

专家分析

员工培训强调的是帮助员工更好地完成现在承担的工作，而员工开发强调的是鉴于以后的工作对员工将提出更高的要求而对员工进行的一种面向未来的人力资本投资活动。员工培训比员工开发的范围广，面向的是全体员工，而员工开发面向的则是企业的科技、工程专业技术人才以及主要的管理人员。所以，员工培训与员工开发并不是一回事。员工培训的内容，我们可以从三个方面进行分析。第一，知识培训。其任务主要是对员工掌握的知识进行培训。随着社会的不断发展，员工的知识储备也需要不断丰富。企业要想在激烈的市场竞争中生存，就必须不断更新员工的知识。员工的业务知识和能力必须与时俱进，才能应对各种挑战。作为企业，为员工定期进行知识培训，有助于企业的正常经营。第二，技能培训。技能培训是指对员工的技术水平进行开发和更新，让员工能够适应和掌握新的技术。各行各业都有自己的技能要求和标准，随着科技的发展，这种技能要求越来越高，谁能掌握最核心的技术和最前沿的技能，谁就能在市场中占据主导地位。对于员工个人而言，只有不断提高自己的工作能力，掌握新的技能，才能适应企业的发展，不至于跟不上发展的脚步。第三，态度培训。这主要是对员工的工作态度、生活观念等进行培训。现在各行各业的竞争都非常激烈，有时竞争内容不是产品质量，而是一种服务态度。作为消费者的我们，都愿意和态度好的企业交流，这也就决定了员工的态度对于企业的重要性。所以，态度培训也是员工培训的重要一环。

实务指南

员工培训可以分为很多类型。按照内容进行分类，员工培训包括知识培训、技能培训和态度培训，这些培训内容可以从多个方面提高员工的综合素质。企业在组织员工进行培训时，要尽可能全面，让员工各个方面的素质都能有所提高。当然，也可以开展只针对某项内容的培训，重点提高员工某个方面的能力，这要根据企业的实际情况进行综合衡量。

（二）培训方法

培训方法直接影响培训效果，所以企业必须重视培训方法。一套好的培训方法，可以起到事半功倍的作用。企业对员工进行培训的方法有很多种，大致可以分为两类：第一类是直接传授培训，比如课堂教学方法，这是比较常见的方式，优点是简单灵活，缺点是枯燥单一，不利于员工对于培训内容的掌握；第二类是参与式培训，比如研究案例、开展游戏、户外训练等方法，能让员工进行互动，在参与培训的过程中收获知识并提升技能。

案例：什么是参与式培训？

大辉有限公司决定对员工进行培训，人力资源部聘请了一位有名的培训师为员工进行培训。该培训师在第一次培训时给员工们讲了一个故事，并且描述了问题发生所需要的条件以及可能的状况，然后让员工们自行想象，想象一遍以后，让员工阅读相关资料。之后培训师让员工自己寻找答案，结果发现每个员工给出的答案都不尽相同。后来，培训师开始让员工分组讨论自己的答案。在整个过程中，员工们的想象力以及解决问题的能力都体现了出来。除此以外，在与他人交流的过程中，员工互相学习，提高了沟通和合作能力。培训师称这种方式是案例研究法，属于参与式培训，对于员工培训能起到很好的效果。什么是参与式培训呢？

专家分析

上述案例采取的是参与式培训。参与式培训是指通过积极调动员工的积极性，让员工主动参与培训活动，通过亲身参与而获得知识、提升技能等的一种培训方式。参与式培训有许多培训方法，例如，模拟角色法、研究案例法、游戏法、户外训练法等。模拟角色法是指培训者给员工制造一个模拟情景，让员工设身处地地融入这个情境，并给其安排一个固定的角色，让员工扮演这个角色，模拟性地处理一些工作事务。这个方法对于提升销售、业务会谈等基本业务能力会有很好的效果。研究案例法是指培训者给员工提供一些背景资料，再进行相应的解释，然后由员工根据背景材料进行分析，并提出解决问题的方案，据此达到提高员工解决实际问题的能力的目的。研究案例法是一种信息双向性交流的培训方式，也是一种非常有特色的培训方法，不仅可以激发员工的学习积极性，还可以促进员工之间的交流与合作。游戏法是指多个员工在遵守一定规则的前提下，相互竞争并实现预期的目标。因为游戏本身就充满趣味性，所以这个方法有助于提高员工对培训内容的兴趣，也能让员工积极主动参与其中。但是这个方法的使用范围较窄，适用于态度培训，可能并不适合知识培训和技能培训。户外训练法是指在户外让员工挑战某个项目，使员工认识到自身的潜能，提高自信心，磨炼战胜困难的毅力。户外训练法也能改善员工的人际关系，令员工更友好地与他人相处，让员工体会一些在平时工作中体会不到的东西，增强员工的团队协作意识，可以帮员工树立团队合作理念。

实务指南

许多企业在培训时，都会选择参与式培训。在参与式培训中，老师和学员是平等的，学员和学员是平等的，大家的参与机会也是平等的，因此大家在学习过程中可以自然大胆地阐述自己的见解、经验和困惑，这可以极大地提高参训人员的自信心和参与意识。但是，这并非培训唯一有效的方式，企业在选择培训方式时还要根据自己的培训目的，以及企业的性质进行合理选择。直接传授式培训对于一些企业来说或许比参与式培训更为适宜，所以，企业应视实际情况选择相应的培训方式。

二、培训任务

每一场培训，都有培训任务，也就是培训要达到的目的。培训任务可以是一个小任务，也可以是一个比较长远的大任务。这就意味着企业在培训之前，首先要明确培训任务是什么以及培训想达到什么目标。为确立培训目标，可以先将培训的一般需求转变为企业培训的总体目标，也可以通过对上年度培训计划的总结分析培训的特殊需要，确立需要通过培训而改善现状的特别目标，从而确定本年度培训的重点项目。其次要研究企业的发展动态，这样可以确定如何通过培训完成企业的某项目标，比如一项生产经营目标的达成往往取决于一个或几个员工是否正确地完成任务，而要正确地完成任务，又取决于员工是否具备完成任务所需的知识、技能和态度，这些知识、技能和态度就需要通过培训来提升。最后要制订员工培训方案，培训方案的制订是针对培训目标，具体设计各项培训活动的安排过程，也可以将其称为培训计划。一份科学完整的培训计划应包括培训目的、培训过程、培训效果评估以及培训反馈等内容。

（一）HR 在培训中的角色

HR 是 Human Resource 的缩写，是指人力资源，这里是指企业的人力资源管理部门。一般的企业进行员工培训都是由 HR 负责，HR 在培训中扮演着重要角色。当然，根据企业的规模和培训的内容不同，HR 在培训中的角色和所做的具体工作也会有所不同。但是一般来说，HR 在培训中要扮演员工职业生涯的合作伙伴、“主治医生”以及顾问等角色。

案例：HR 在培训中扮演哪些角色？

东塑有限公司决定对员工进行一次培训，主要是培训员工的基本技能和对公司制度的认知。该公司 HR 负责这次培训，由于是对基本技能的培训，所以在公司内部进行即可，无须外训。这次培训的组织和实施都由 HR 全盘操作。有些培训，HR 则不需要亲自上阵，所以可能有些参训员工对于 HR 在培训中所担任的角色和其具体的工作不是很清楚。在培训这个大体系中，HR 到底扮演了哪些角色呢？

专家分析

首先，HR 在培训中应该是员工职业生涯的合作伙伴。HR 需要通过系统的职业发展规划和设计引导员工与企业共同进步。因为培训是一个系统工程，并不是随意找个培训机构或者培训师就能搞定，HR 也并不是培训课程的买办，面对一个培训项目，HR 有许多的事情要做。HR 要确定培训需求是从哪里来的，领导制定的培训目标是否合理，还要确定公司有哪些人参与培训，培训的成本预算是多少，等等。这些都是 HR 在培训之前要考虑的问题，这直接决定了培训的效果。除此以外，HR 还要对培训渠道和方式进行选择，如果是邀请外部培训机构给本企业员工进行培训，那就要了解培训机构的实力和经验，其培训方式是否适合本企业的员工，经过培训是否能真正解决企业的问题，这些都要 HR 做出非常专业的判断和设计。所以，培训并不是一件简单的事情，HR 应作为员工的伙伴，站在员工的角度思考，并且 HR 还应考虑企业的发展战略，找到能让员工和企业共赢的培训模式。其次，HR 在培训中还要担任“医生”的角色。与外部培训机构相比，HR 更了解企业的需要。从这个层面上讲，HR 更像是企业的“主治医生”，要知道企业的问题所在，还要知道通过什么培训可以解决这些问题，以及哪些问题是通过培训无法解决的。这种分析判断能力是 HR 必备的，也是 HR 需要不断进行完善的。最后，HR 在培训中还要担任顾问的角色。从培训和开发的角度来看，HR 更应该成为企业和员工的成长顾问，时刻关注员工和企业的成长，并且据此组织培训。HR 在培训中应与培训师相互依托，及时沟通，相互学习，成为培训师和员工之间的桥梁，也让自己成为企业、员工和培训机构三者的共同顾问。做好顾问，HR 不仅要选准参训人，找准培训机构，还要辅助培训者对本企业员工进行培训。除此以外，HR 在培训中还要扮演许多角色。总之，HR 在培训中的位置和作用都十分关键。

实务指南

对于HR在培训中应做哪些工作，不能一概而论。如果是公司层面的基础培训，如新员工培训，主要培训企业文化、制度、基本管理技能等，HR应该是全盘操作者，不仅要组织，还要实施培训。涉及比较专业的部门培训，如岗位培训、部门专业知识培训，HR就无法亲自上阵培训，这个时候HR主要是培训工作的组织者，做好培训场地、时间、设备、相关资料的准备与布置，尽可能地配合培训者的工作。对于外训，HR起的是联络官的作用，做好内外的交流与沟通，统筹协调两者的关系，安排好一切与培训相关的工作。

（二）培训目的

企业培训是指企业或针对企业开展的一种为提高人员素质、能力、工作绩效和对组织的贡献，而实施的有计划、有系统的培养和训练活动。目的就在于使员工的知识、技能、工作方法、工作态度以及价值观得到改善和提高，从而发挥最大的潜力，提高个人和组织的业绩，推动个人和组织不断进步，实现个人和组织的双重发展。

案例：培训之前是否需要明确培训目的?

腾飞贸易公司是一个位于三线城市的小企业。该公司在刚刚起步阶段，领导阶层没有足够的管理经验，对员工的培训都是参照其他企业的培训形式照猫画虎。相关负责人提出，很多企业的培训内容是参与培训的人员外出考察，学习其他企业先进的技术和成功经验，所以腾飞贸易公司的培训工作也照此进行。于是，该公司组织了一批参与培训的员工到北京某大型企业参观学习，但这次学习只是冠以学习之名的旅游活动，员工的工作技巧和经验没有得到任何提升。培训之前是否需要明确培训目的呢?

专家分析

为员工提供培训是企业发展的一个必修课，因为合理的员工培训不仅能提升员工的工作经验、技术能力，还能体现一个企业的文化，并增强员工的工作积极性，培养员工的团体意识和团队精神。企业为什么要对员工进行培训，经过培训想获得什么效果，这些培训目的在培训之前必须明确，因为培训目的为以后的培训评估提供了衡量标准。培训目的并非企业高层随意决定的，培训目的的确定也是有条件限制的。第一，培训目的必须明确对员工的具体期望是什么，比如要求员工在工作时要“穿着整洁得体”，如何判断穿着是否“整洁得体”呢？这可能很难估量，但如果培训目的是“统一着工作服”，那么只要观察在工作过程中有多少接受培训的员工穿了工作服，就可以对这一培训目的的实现情况进行评估。第二，培训目的必须合理适当，不能盲目追求高目标。企业要结合员工的实际情况制定培训目的，并且这个目的要在可以实现的范围内，不能盲目制定一个大目的。好高骛远会打击员工的培训积极性，不仅不能达到既定目的，反而会有损员工的士气。但也不能将培训目的设置得过低，这也会导致培训活动形同虚设。本案中，腾飞贸易公司没有在培训之前明确培训目的，员工对于培训活动没有合理的定位，因此培训不仅没有取得理想的结果，还浪费了大量的人力、物力和财力。

实务指南

在一些企业中的确存在一种奇怪的现象：培训活动有名无实，员工打着培训的幌子外出旅游，公费吃喝，而没有实质性的培训学习。这是万万不可取的。作为企业的负责人，不仅要重视企业经济效益的增长，还要关注员工的培训活动。培训目的一方面要提升员工的综合素质，员工在培训中可以增加专业技术知识储备。同时，在培训活动中，员工会对企业文化有更深层次的认识和解读，这能增强员工对企业的责任感。另一方面，员工在培训活动中可以提升技能，这是在为企业积累强大的后备力量，能够使企业在日益激烈的市场竞争中增强优势，永葆活力。

三、入职培训

入职培训，主要是公司对每一个初入公司的新员工介绍公司历史、基本工作流程、行为规范、组织结构、人员结构和处理同事关系等活动的总称，目的是使新入职的员工熟悉公司环境和自己的工作。入职培训是员工在企业发展自己职业生涯的一个起点，新员工会放弃自己之前固有的某些理念和价值观念，在一个新的环境中，适应新的要求，制定新的目标，学习新的行为准则和有效的工作行为。通过入职培训，员工可以与新同事建立良好的关系，并顺利融入工作团队。入职培训的作用非常重要。首先，入职培训可以使新员工更充分地了解企业，了解企业的战略目标和发展方向，了解自己的本职工作。其次，入职培训可以让新员工了解本职工作需要的方法和程序，这样工作起来会更有成效，减少犯错的概率。最后，入职培训可以让新员工对工作和企业留下良好印象，从而以良好的精神状态投入工作。对于企业而言，也更能接受新员工，并及时发现员工的潜力。

（一）入职培训内容

由于地域差异和行业差异，每家企业都有自己的特点，即便工作内容没有多大差别，在工作的流程中以及一些具体细节上也会存在一些差异，所以这就要求每一位新员工在进入一家新企业的时候要接受必要的入职培训。入职培训的内容一般根据企业的具体情况由企业自行决定，对企业基本情况、基本制度以及基本工作流程的介绍是入职培训的主要内容，也是最基本的内容。

案例：对新员工必须进行哪些培训?

赵某在一家企业工作了两年后，觉得这家企业发展前景不好，自己继续留在这儿可能没有更大的发展空间，于是开始了解其他企业的招聘信息。后来他找到一家规模较大、实力较强的大企业，于是在之前的企业办理了离职手续后，正式到这家大企业办理了入职手续。在正式工作之前，新入职的员工要参加为期三天的新员工培训，目的是使新员工对企业有更全面的了解，以便更好地开展工作。但是赵某却觉得这份工作跟自己之前从事的工作差不多，没必要进行培训，把企业的基本情况介绍一下就行了。对新员工必须进行哪些培训?

专家分析

当新员工进入一家企业工作时，企业一般都会组织入职培训。通过培训，不仅可以拉近新员工之间的距离，也可以使这些新员工更全面的了解企业。在对新员工进行培训时，企业的概况介绍、企业的基本制度、基本工作流程等都是必须培训的事项。尽管赵某并非第一次参加工作，已经有两年的工作经验，之前从事的工作与在新企业从事的工作也没有实质区别，但由于每个企业都有自己的工作特点，不可能完全相同，因此即便新员工在其他企业从事过类似的工作，也不能成为不参加培训的理由。所以，赵某的观点是错误的。对他的培训内容，除对企业的基本情况进行介绍外，还应该包括对其从事的工作的基本流程的介绍以及对企业基本制度的介绍等。在对新员工进行培训时，通过对企业基本情况的介绍，可以让员工更好地了解其所在企业的前世今生，对企业过去取得的成绩及将来的发展前景有一个整体了解；通过对企业基本制度的介绍，可以指导员工更好地开展工作，严格遵守企业的规定；通过对基本工作流程的介绍，可以使每一位新员工在自己的新工作岗位上更好地开展工作，提高工作效率。除必须培训的事项外，还可以通过培训的方式对企业的其他情况进行介绍，如业务状况、绩效考核情况等。培训内容可以涵盖很多方面，但一切都是为了使新员工能尽快适应新的工作岗位，为新企业贡献自己的一分力量。

实务指南

企业安排新员工进行岗前培训的目的，除使新员工尽快地适应新的工作环境，投入工作外，还可以通过对企业的介绍，增加企业的员工凝聚力，增强企业的向心力。企业在进行新员工入职培训时，企业的基本状况、基本制度以及工作流程问题是必须培训事项。这些事项贯穿于企业的全部工作内容中，会让新员工对自己的工作内容有一个宏观的了解。尽管这样的宏观了解不可能面面俱到，覆盖所有工作内容，尽管每一位员工可能仅是负责所有工作链条中的某一个环节，但是作为企业的一分子，员工对于整个工作流程的了解也是非常有必要的。所以，对于企业来说，要积极安排新员工参与入职培训，利用入职培训介绍企业的基本情况，传播企业文化，拉近自己与每一位员工的距离。

（二）培训流程

越来越多的企业认识到员工培训的重要性，尤其是对新员工进行入职培训。对新员工进行入职培训，可以达到许多目的，比如可以减少新员工的压力和焦虑，减少企业工作启动成本，可以降低员工流失率，可以缩短新员工达到熟练精通程度的时间，还可以帮助新员工学习企业的价值观、文化以及愿景等，并帮助新员工适应工作群体和规范等。

案例：新员工入职培训的流程是怎样的？

高某本科阶段学习的是电气工程及其自动化专业，毕业以后一直没有找到合适的工作。后来，高某得知他的一个同学在凯达有限公司工作，在同学的介绍下，他参加了凯达有限公司的面试。凯达有限公司是一家规模非常大的企业，所有参加面试的求职者都要经过两次面试才能进入企业。进入企业以后，要进行入职培训，如果员工在入职培训时认为自己不能胜任本企业的工作，可以随时离开。高某大学期间成绩优异，本身又善于表达，所以高某很顺利地通过了两次面试，成功进入该企业。但是，高某要面临半个多月的入职培训，高某对于入职培训并不了解，于是，向自己的同学询问了该企业入职培训的相关事宜。新员工入职培训的流程是怎样的呢？

专家分析

我们并不提倡对员工盲目进行培训，任何培训都是有一定的流程的。一般而言，在职员工培训需要经过以下几个步骤：确定培训需求，明确培训目标，制订培训计划，组织实施培训，以及评估培训效果和转化培训成果。但是新员工培训则和在职员工培训有所不同。新员工的培训流程一般分为三个阶段：入职培训、岗前培训、在职培训。入职培训，是为了使新员工了解企业、认同企业，同时帮助新员工尽快地适应公司环境，进入工作角色。这是入职培训计划的第一个部分，内容应该包括企业简介，比如业务简介、企业的发展历程以及企业荣誉等；还应包括企业的文化，比如愿景、使命、价值观、行为准则等；除此以外，还应包括规章制度与人力资源管理制度、工作管理、职业心态等。岗前培训应关注新员工工作流程、岗位职责、专业知识、业务知识的辅导。在职培训是指新员工试用期结束转正后，公司对其进行系统多元化的培训。据此可知，入职培训和入职以后的培训并不能一概而论，但是入职培训是员工进入企业工作的第一站，企业应该给予足够的重视。

实务指南

很多人都不能真正理解入职培训的作用。也许，在一些企业，入职培训确实属于培训体系，也是由人力资源管理部门负责的。但实际上，员工入职培训和培训体系不应融为一体。一个企业内的员工培训体系，确实应该是人力资源管理的范畴，但入职培训却不是，因为入职培训更多的是一种企业文化的传承，也可以理解为是企业文化建设的内容。因为员工刚刚入职，对其培训除基本的工作技能外，还要有一些制度性的告知和企业战略文化的熏陶。所以，企业在开展入职培训时，也应该有所侧重，有时员工对企业文化和理念的认可要比工作技能重要得多。

四、培训体系

一个完整的培训体系包括培训课程体系、培训讲师管理制度、培训效果评估和培训管理体系四个部分。其中前三项是培训体系的三大核心工作内容。培训管理体系是把原本相对独立的培训课程体系、培训讲师管理制度、培训效果评估融入企业管理体系，尤其要和晋升体系、薪酬体系相配合。建立一个完整的培训体系，有多方面的作用。第一，可以提高企业的人才竞争力，建立科学有效的员工培训体系，有利于员工顺利进行培训，从而避免人力、物力等资源的浪费。第二，建立一个有效的培训体系，可以实现部门联动，提高培训效率，优化培训管理，提高培训质量。企业只有建立科学、合理、有效的培训体系，才能降低培训的随意性，加强培训管理，优化培训质量，完成培训任务，增强培训效果，实现培训目标。除此以外，也能使培训的分工合理，责任明确，有利于加强部门配合，提升运行效率。总之，企业只有建立科学、合理、有效的培训体系，才能更好地做好培训工作，提升单位和员工形象，规范行为，提高工作质量。在培训过程中，要普及业务培训，使其规范化、流程化，达到共享工作经验，提升单位的社会认知度，提高员工的工作积极性和主动性及获得工作的幸福感，激发员工的工作激情，进而切实增强企业的凝聚力。

（一）培训体系的建构

建构培训体系，有多方面的要求，首先要结合企业文化，其次要紧扣企业目标，最后要强化其他人力资源管理活动的支持。企业在建构培训体系的时候，要综合上述三个方面的因素。除此以外，培训体系是动态平衡的体系，对于培训课程体系和培训讲师调整，及如何激励学员培训意愿等许多因素，在制定培训体系时均需要考虑，并通过制定相关制度加以落实。

案例：培训体系的建构有哪些要求？

黄晟有限公司是德大集团新成立的分公司。该公司成立以后，招聘了许多新员工，短短一年，公司便步入正轨。后来黄晟有限公司打算学习德大集团的做法，对本公司的员工进行培训。于是，公司领导决定先建构一个完整的培训体系。对于如何建构这一培训体系，高层领导都提出了自己的建议。培训体系是可以随意建构的吗？有哪些要求呢？

专家分析

对于培训体系的建构，应该有如下要求。第一，要结合企业文化。一般而言，员工的能力和态度都可以靠培训来提升和改善，但是到底要改善到一个怎样的层次，要根据企业文化来确定。通过培训来传承企业文化和增强企业凝聚力则是培训更高层次的作用，这对于实现企业的总体战略目标有很重要的意义。因此，企业在建构培训体系和制定培训策略时，要将企业的核心价值观、经营目标、文化内涵纳入培训体系，同时，也要将员工职业生涯规划纳入培训管理系统。只有这样，才能避免出现在员工培训结束后，肆意跳槽，企业为竞争对手培养人才的情形。第二，要紧扣企业目标。任何一项工作都是为了实现某一个目标，培训也是一样。员工培训，最终目标就是要实现企业的经营目标，所以在培训之前要对企业战略和经营目标有清晰的认识，并且根据该目标制定培训体系。企业的战略目标往往是制订长期培训计划的基础，而企业的经营目标则是制订短期培训计划的基础。总之，制定培训体系要紧扣企业目标，如果一份员工培训计划可以顾及公司的发展目标，那么这份计划就是一个比较成功的培训计划。第三，要强化其他人力资源管理活动的支持。在员工培训过程中，员工的意愿直接影响培训效果。所以，在建构员工培训体系时，要制定一系列人力资源政策配合培训活动，比如可以将员工的加薪和升职与培训相结合，让员工能够在心底真正重视培训，给予员工发展的机会是员工积极参加培训的动力。对于企业来说，良好的培训效果既有助于企业绩效的提高以及人力资源素质和能力的提高，也有助于企业竞争能力的增强。总之，强化其他人力资源管理活动的支持，可以满足员工的个人需求，有助于实现企业的经营目标，因为在其他人力资源管理活动的配合下，培训发挥的作用是非常大的。

实务指南

建构一个有效的培训体系，首先要以企业战略为导向。企业要根据战略规划，结合人力资源发展战略，量身定做符合自身持续发展的高效培训体系。其次要着眼于企业核心需求。有效的培训体系应该深入挖掘企业的核心需求，根据企业的战略发展目标预测企业对人力资本的需求，提前为企业需求做好人才的培养和储备。最后要充分考虑员工的自我发展需要。总之，建构一个有效的培训体系需要结合各种因素，不得随意而为。

（二）培训原则

企业在对员工进行培训时，应该遵循一定的培训原则，第一是战略原则，第二是长期性原则，第三是按需施教原则，第四是全员培训和重点培训相结合原则，第五是多种培训方式并存原则。只有遵守上述原则，才能做到有效培训，进而提高培训的效果。每个企业都希望培训能够达到既定的目的，而最基本的就是不能与培训原则相背离。

案例：员工培训应该遵循哪些原则？

程顺服装有限责任公司员工的工作状态一直不佳，公司的业绩也令人很不满意。该公司领导经开会研究，认为应该对员工的整体状态进行调整，于是有人提出可以对员工进行一次培训。有的领导认为，员工现在只是态度存在问题，通过培训完全可以解决这一问题，而且还能增强员工对公司的认同感和公司的凝聚力。于是，经过商议，公司决定开展一场培训。对员工进行培训，应该遵循哪些原则呢？

专家分析

员工培训应遵循以下5个原则。第一，战略原则。员工培训的战略原则是指企业对员工的培训要顺应企业的整体发展战略，以战略性的眼光组织培训，不能仅仅局限在某个项目或某一需求。第二，长期性原则。所有的员工培训都是要耗费人力和财力的，而且除入职培训外，其他培训都意味着员工要停下手中的工作，这对于企业的正常运行也会产生一定影响，所以员工培训要付出一些代价。为了让这种代价付出得有意义，就要正确认识员工培训的长期性理念，要知道有的培训并不是一朝一夕就能有效果的。培训就像是一种投资，需要将眼光放长远，看到长期的意义。第三，按需施教原则。企业组织员工进行培训的目的是通过培训让员工掌握必要的知识和能力，或者培养员工的某种理念、态度。为此，在培训项目实施中，要把培训内容和培训后的运用相结合，这样的培训效果才能体现到实际的工作当中。如果不能按需培训，则会造成企业人力、物力的浪费，培训也会失去意义。第四，全员培训和重点培训相结合原则。为了全面提高员工的素质，企业员工培训对象应该包括企业的每一位员工。但是，这并不是说所有员工平均分享培训资源，在全员培训的基础上，还要注意强调重点培训。也就是在对企业内的高层管理人员以及骨干员工进行培训时，比其他员工力度要大，毕竟这些人员对于企业的发展起着关键作用。第五，多种培训方式并存原则。培训有很多种方式，企业在进行选择时不能仅仅选择一种方式，应根据企业各个层次员工的不同情况和实际工作内容决定培训方式。每个部门的员工的工作性质不同，培训方向也不同，因此可以区分开来，采取不同方式进行培训。

实务指南

员工培训体系的建构对于企业的培训工作具有举足轻重的作用。企业只有建立科学、有效的培训体系，才能凝心聚力，提高员工参加培训的积极性和主动性；才能提高人才竞争力，进而提升企业竞争力；才能培育一支高素质的员工队伍，为企业提供强有力的人才支持和智力保障；才能提高企业的市场竞争力，实现企业科学发展、永续发展的长远目标。所以，员工培训体系非常重要，企业在建构时应该根据上述原则进行。

五、培训效果

在企业培训的某一项目或某一课程结束后，一般要对培训效果进行一次总结性的评估或者检查，以便找出员工培训后有哪些收获与提高。所谓员工培训评估，就是企业在员工培训的过程中，根据培训的要求和目的，运用一定的评估指标和评估方法，检查和评定员工培训效果的环节，即对员工培训活动的价值判断的过程。对员工培训进行评估，有以下5个意义：

第一，通过评估，可以对培训效果进行正确合理的判断，从而了解某一项目是否达到既定的目标和要求。

第二，通过评估，可以看到参训员工知识、技术能力是否提高或者其行为表现的改变是否直接源于培训本身，即培训的效果如何。

第三，通过评估，可以找到培训工作的不足之处，总结经验教训，便于以后工作的改进和完善。

第四，通过评估，可以检查培训的费用效益等问题。

第五，通过评估，可以间接审视人力资源部门的工作状态以及工作上存在的优势和不足，从而可以促使其在以后的工作中进行完善。

总之，对于培训效果进行评估是一个非常重要的环节，不可忽视。

（一）培训效果评估

培训效果评估是指按照一定的标准对培训结果好坏的测评。在进行培训评估时，可以根据参训员工的认知成果、技能成果、情感成果、绩效成果以及投资回报率等指标进行评估。对于培训效果的评估也有多种形式，比如非正式性评估与正式性评估，建设性评估与总结性评估等。在对培训效果进行评估之前，培训目标和预期培训效果必须是清晰的，这不仅是对培训者的要求，也是对受训者的要求。

案例：培训效果评估有哪些形式？

长兴有限公司为了发展本公司的业务，提高员工素质，培养企业文化，聘请了一名培训师为本企业的部分员工进行了培训。公司的人力资源部门负责培训的各项工作。本次培训采用参与式培训，历时三天。培训过后，员工们都非常满意，认为自己不仅学到了新技能，与同事之间的关系也更密切了。看到这样的结果，领导们也表示非常高兴。在培训过程中，人力资源部门的工作人员对于本次培训效果进行了评估。培训效果评估都有哪些形式呢？

专家分析

培训效果评估一般有如下两种形式。第一种分为非正式评估和正式评估。非正式评估是指评估者根据自己主观的判断进行评估，这种评估不需要记录太多的信息，也不需要运用数据和事实证明评估结果，评估者只需要在培训过程中记录下其认为重要的信息，便可进行评估。这种方式是在培训中不知不觉进行的，接受培训的员工处于一个无意识的状态，这样做的好处就是可以看到员工最真实的一面，增强信息的真实性和客观性，而且不需要耗费评估者额外的时间和精力。正式评估是指在一些正式的场合，依据详细的评估方案和评判标准进行评估。这种评估是建立在数据和事实的基础上做出的判断，评估结论的说服力比非正式评估强，而且可以用书面的方式记录下来，便于记录和存档。

第二种分为建设性评估和总结性评估。建设性评估一般也可以被视为一种非正式主观评估，是指在培训过程中，以改进培训项目为目的的评估。选择建设性评估，有利于帮助员工明白自己进步的地方，从而产生某种满足感和成就感，而这种满足感和成就感，对于员工接下来的工作和学习也会有激励作用。总结性评估是指在培训结束时，对参训员工的学习效果和培训项目本身的有效性进行的评估。总结性评估是正式的和客观的，说服力强，但是和建设性评估相比，总结性评估不能作为项目培训和改进的依据，对于员工的学习和改进不能起到很好的作用。

实务指南

培训效果评估并不像培训实施后发个调查反馈表那么简单，要做好评估得从多方面入手，全方位考虑与观察，才能将培训真正的有效性评价出来。不同的评估形式都有其独特的优势，当然，也分别有不足之处，没有一种评估形式可以做到绝对正确、全面、客观。所以，企业在进行培训效果评估时也要综合考虑各种因素，以及侧重的评估结果，进而选择适合企业的培训评估形式。当然，企业可以采取多种评估方式结合的方法，也可以分阶段进行，或者对不同部门员工根据其工作性质而分别采取不同形式的评估方式。

（二）培训效果评估流程

对于培训效果进行评估，也要遵循一定的流程。首先，确定培训效果评估目的，建立培训效果评估数据库；其次，确定评估层次，选择评估方法；再次，收集和分析评估原始资料；最后，制作培训效果评估报告。这是一套完整的培训效果评估流程，并非所有的评估都要据此进行，可以根据培训的范围大小以及内容多少而省略某些步骤，对此企业评估人员可以自由裁定。

案例：培训效果评估的流程是怎样的呢？

学大教育培训有限公司是一家专门从事出国留学语言培训的公司，公司规模较大，有许多名校小语种专业毕业的大学生担任老师及助教。为了提升老师的业务水平，公司决定对这些老师进行一场培训，培训不在该公司进行，而是在一个培训基地进行，由人力资源部门负责沟通和联系外训机构。培训结束以后，该公司准备对培训效果进行评估。对培训效果进行评估要遵循一定的流程，培训效果评估的流程应该是怎样的呢？

专家分析

培训效果评估的流程包括以下6步。第一，确定培训效果评估目的。在培训项目实施之前，人力资源部门负责培训的人员就必须将培训效果评估目的明确下来。第二，建立培训效果评估数据库。培训效果的评估有定性和定量方法，数据的收集也应从这两个方面入手，定性数据包括顾客满意度、工作氛围以及工作积极性等。定量数据包括生产率、利润、员工流动率等。在企业培训效果评估中，定量数据使用得较为广泛，而且说服力较强。第三，确定评估层次。在建立培训评估数据库以后，企业应该确定评估层次。企业应该根据自己的实际条件，对各项培训工作有针对性地进行评估。对于所有课程可以进行第一层次评估，对于员工掌握知识或某项技能的培训，可以进行第二层次评估。对于时间长、投入大的培训项目，可以进行第三层次评估。第四，选择评估方法。培训效果评估根据时间长短可以采取即时评估、中期评估和长期评估的方法。即时评估是在培训结束后进行的评估，中期评估和长期评估是员工在培训结束后工作一段时间以后进行的评估。第五，收集和分析评估原始资料。原始资料的收集是一个十分重要的过程，要保证数据真实、全面，在收集数据以后，要调动数据库中的数据，与收集的资料进行对比，从而得出评估结论。第六，制作培训效果评估报告。评估报告主要由三个部分组成：一是培训项目的情况，比如项目时间、内容、参训人员等；二是参训员工的培训结果，比如合格人数、不合格人数以及原因等；三是培训项目的评估结果以及处置，效果好的项目保留并不断完善，效果不好的可以取消或者改进。

实务指南

为了更好地进行培训工作，相关部门应该组织对每次培训效果进行评估。效果评估工作可在培训结束后进行。相关部门要对这些评估的结果进行分析，并整理成文字资料，上报人力资源部经理，经理提出改进意见，最后将评估结果存档。当然，看似简单的过程其实并不容易，其中还有许多细节性的步骤要进行，不得疏忽大意，如果培训效果评估工作做得不好，那么再有效的培训也不可能起到其应有的作用。

第九章

社会保险管理

社会保险是指为了预防和分担因年老、失业、疾病、死亡等因素造成的社会风险，国家通过立法强制部分人群将一部分收入作为社会保险费形成社会保险基金，当满足一定条件时，被保险人可从该基金中取得固定收入或损失补偿的一种社会再分配制度。

社会保险管理是指对社会保险中的各个计划和项目进行组织管理和实施监督的管理系统的总称，它具有特定的组织机构和制度安排，以实现社会保险政策为目标。从纵向上看，社会保险管理包括立法管理、行政管理、业务管理和基金管理；从横向上看，社会保险管理包括对养老保险、医疗保险、失业保险、工伤保险等保险业务的管理。

一、社会保险基本规定

社会保险制度是以国家为主体，依据法律法规的规定，依托社会保险基金，对国民收入进行再分配，对年老、疾病或因其他原因丧失劳动能力而导致经济困难的公民给予物质帮助，以保障居民的基本生活需要。我国涉及社会保险制度的法律法规有《社会保险法》《工伤保险条例》《劳动法》《劳动合同法》等。其中，规定比较全面的主要是《社会保险法》，它包括各个保险的基本内容、统筹方法和法律责任等；《工伤保险条例》主要涉及工伤保险的内容；《劳动法》和《劳动合同法》更多涉及督促企业在与劳动者签订劳动合同时及时为劳动者办理社会保险，以及不办理将承担的法律后果等内容。

（一）社会保险的基本组成

社会保险主要包括基本养老保险、基本医疗保险、失业保险、工伤保险、生育保险等。基本养老保险是社会保险的重要组成部分，是指劳动者因达到国家规定的劳动年龄或因年老丧失劳动能力，为保障其退出劳动岗位后的基本生活而设立的保险制度。基本医疗保险是指职工因疾病、负伤或生育时，社会或企业为其提供所需的医疗服务或物质帮助，以补偿因治疗带来的费用的社会保险。失业保险是指对因失业而缺少生活来源的劳动者，由社会集中建立基金对其提供物质帮助，以保障劳动者在失业期间的基本生活，是国家立法强制实施的促进劳动者再就业的制度。工伤保险是指对在工作或规定的特殊情况下遭受意外或患职业病的劳动者，因其暂时或永久丧失劳动能力，国家和社会给予其本人或其遗属物质帮助的社会保险制度。

案例：企业为什么要给员工上社保？

某电子科技公司与周某于2018年2月10日签订了劳动合同，合同的期限是2018年2月10日至2019年2月10日。在合同中，双方约定了各自的权利和义务，同时双方约定暂不参保，公司每月另发给周某300元社会保险费，由其个人自行参保。周某每月领取报酬时，工资单明细中均列明社会保险费300元。2018年12月，因出现合同中约定的特定事由，该公司解除了与周某的劳动合同关系。周某要求公司为其补缴2018年2月至12月的社会保险费。该公司则称，公司每月已经以现金的形式支付周某社会保险费，由其个人自行参保，公司不再缴纳社会保险费至社会保险经办机构。经过多次协商，在周某返还了公司每月支付给他的300元后，该电子科技公司为周某补缴了2018年2月至12月的社会保险费。企业为什么要给员工上社保？

专家分析

我国《社会保险法》确立了社会保险制度，社会保险费由特定的政府部门进行组织和管理，劳动者及其所在单位应共同承担缴费义务。根据《社会保险法》第二条的规定，国家建立基本养老保险、基本医疗保险、工伤保险、失业保险、生育保险等社会保险制度，保障公民在年老、疾病、工伤、失业、生育等情况下获得物质帮助和经济补偿，维护基本生活水平。同时，《劳动法》第七十二条也作出“用人单位和劳动者必须依法参加社会保险，缴纳社会保险费”的规定。由此可见，为员工缴纳社会保险费是用人单位的法定责任和义务。本案中，用人单位通过与劳动者达成约定，以工资的形式向劳动者支付一定金额，让劳动者个人自行缴纳社会保险费以规避公司的缴费义务，这种做法不仅是违法的，也容易引起纠纷。因此，企业应该按照规定依法为员工缴纳社会保险费。

实务指南

用人单位在与劳动者签订劳动合同时，应当严格遵守法律的规定，为员工缴纳社会保险费，这是其法定责任和义务。本案中，某电子科技公司就是想通过向员工支付现金的形式规避缴费义务，结果事与愿违，最终以为员工补缴几个月的社会保险费而结束纠纷。

关联法规

《中华人民共和国社会保险法》

第二条　国家建立基本养老保险、基本医疗保险、工伤保险、失业保险、生育保险等社会保险制度，保障公民在年老、疾病、工伤、失业、生育等情况下依法从国家和社会获得物质帮助的权利。

第四条　中华人民共和国境内的用人单位和个人依法缴纳社会保险费，有权查询缴费记录、个人权益记录，要求社会保险经办机构提供社会保险咨询等相关服务。

《中华人民共和国劳动法》

第七十二条　社会保险基金按照保险类型确定资金来源，逐步实行社会统筹。用人单位和劳动者必须依法参加社会保险，缴纳社会保险费。

（二）社会保险的办理

我国统筹地区均设立社会保险经办机构，根据工作需要在获得相关部门批准后可设立分支机构和服务点。办理社会保险的有关单位或个人应当及时、如实地向社会保险办理机构提供所需的资料或数据，交由社会保险办理机构进行统计、调查、建立档案，并对登记、申报的原始凭证和支付结算的会计凭证妥善保管。社会保险机构对相关数据准确地进行记录，定期将个人权益记录单免费寄送本人，并免费向用人单位和个人提供查询、核对其缴费和享受社会保险待遇记录的咨询服务。

案例：未依法缴纳社会保险费的单位将面临什么法律后果?

盼盼是某物流公司的职工。2019 年 8 月，盼盼为准备一场资格考试报了培训班，为了不影响工作，盼盼让其好友小飞代替自己参加工作。2019 年 10 月，盼盼参加了资格考试并顺利通过，这段时间小飞一直代替她处理公司的业务，并享受着盼盼在该公司的薪金待遇等。盼盼得知自己考试通过后，就在该公司办理了离职手续。小飞觉得在该公司的工作很好，就与公司签订了劳动合同。但是由于该公司的疏忽，没有给小飞缴纳社会保险费。2019 年 12 月，小飞不满该公司迟迟不给她缴纳社会保险费，还经常让她加班，提出与该公司解除劳动合同并要求公司支付加班费和相应的补偿。该公司与小飞解除了劳动合同关系，但是没有对她进行补偿。在协商无果的情况下，小飞提起仲裁。劳动仲裁部门审理后，支持了小飞的请求，依法裁决该公司支付小飞相应的经济补偿金。企业未依法缴纳社会保险费将面临什么法律后果?

专家分析

依据《劳动合同法》第三十八条第一款第三项和第四十六条第一项的规定，用人单位未依法给劳动者缴纳社会保险费的，劳动者可以解除合同。解除劳动合同后，用人单位应依法向劳动者支付经济补偿。同时，《劳动合同法》第四十七条规定了支付经济补偿的具体办法。由此可知，用人单位如果没有依法为劳动者缴纳社会保险费，企业会承担对劳动者进行经济补偿的法律责任。在上述案例中，该公司没有给小飞缴纳社会保险费，在小飞提起仲裁后，小飞的请求得到支持，而该公司承担了对小飞进行经济赔偿的后果。因此，用人单位如果想避免承担经济补偿金的风险，应及时为劳动者缴纳社保费用。

实务指南

用人单位应依法为员工缴纳社会保险，这是其法定义务，否则要承担经济补偿的不利后果。如果是因员工个人原因未缴纳的，用人单位可向员工发出《社会保险催缴通知单》。出现特殊原因导致员工不能按时缴纳的，用人单位应当与员工签订《社会保险延缓缴纳协议》，提交社保中心获得准许后，用人单位可延缓缴纳。

关联法规

《中华人民共和国劳动合同法》

第三十八条第一款　用人单位有下列情形之一的，劳动者可以解除劳动合同：

……

（三）未依法为劳动者缴纳社会保险费的；

……

第四十六条 有下列情形之一的，用人单位应当向劳动者支付经济补偿：

（一）劳动者依照本法第三十八条规定解除劳动合同的；

……

第四十七条 经济补偿按劳动者在本单位工作的年限，每满一年支付一个月工资的标准向劳动者支付。六个月以上不满一年的，按一年计算；不满六个月的，向劳动者支付半个月工资的经济补偿。

劳动者月工资高于用人单位所在直辖市、设区的市级人民政府公布的本地区上年度职工月平均工资三倍的，向其支付经济补偿的标准按职工月平均工资三倍的数额支付，向其支付经济补偿的年限最高不超过十二年。

本条所称月工资是指劳动者在劳动合同解除或者终止前十二个月的平均工资。

二、基本养老保险

（一）办理流程

基本养老保险办理分为个人养老保险办理和单位养老保险办理。个人在办理基本养老保险时需要提供户口本原件、身份证原件及复印件、照片等，续缴基本养老保险还需提供《职工养老保险手册》等相关资料，由社会保险办理机构对资料进行检查、审核，然后对合格者上报，生成扣款计划，导入扣款成功信息后，参保成功。单位养老保险办理分为职工未参加养老保险的办理和职工已参加养老保险的办理。职工未参加养老保险的办理流程具体包括单位经办人携带相关资料向社会经办机构提出申请，然后由社保机构工作人员对资料进行审核，符合条件且资料齐全即可办理。职工已参加养老保险的办理流程包括参保人到原参保地社保机构开具《基本养老保险参保缴费凭证》，然后持缴费凭证、户口本、身份证等到新就业地社保机构申请接续关系，由社保机构对申请人是否具备条件进行审核；原参保地社保机构对申请人的参保缴费是否有欠费进行清理并办理养老保险基金划转，终止申请人在当地的参保关系，然后向新参保地发出《基本养老保险关系转移接续信息表》；新参保地社保机构在收到该信息表和转移基金后十五个工作日内办结相关手续。

案例：基本养老保险如何办理?

李丽的丈夫刘某因病过世，剩下她与儿子小刘相依为命。儿子小刘还是一名高二学生，在刘某去世后，李丽不得不找工作，赚钱供儿子上学。李丽与某宾馆签订劳动合同。在合同中，双方约定了合同期限、劳动报酬、福利待遇等内容。因李丽不懂社会保险制度的相关知识，所以该宾馆的负责人杨某仔细向她解释。听完后，李丽明白如果办理了基本养老保险，等她退休后就可以拿到一定数额的退休金供自己养老，不必给儿子增添负担。她又询问杨某应当怎么办理。杨某说单位会帮她办理。用人单位如何为职工办理基本养老保险?

专家分析

本案中，李丽属于未参加养老保险的职工，在参加工作时应当按相关法律要求向单位提交相关资料，然后由单位经办人携带相关资料向社保经办机构提出申请，再由社保经办机构工作人员对资料进行审核，符合条件且资料齐全即可办理。依据《社会保险法》第十条和第十二条的规定，用人单位和职工应当共同缴纳基本养老保险费，用人单位依国家规定的本单位职工工资总额的比例缴纳基本养老保险费，记入基本养老保险统筹基金，职工依国家规定的本人工资的比例缴纳基本养老保险费，记入个人账户。依据上述规定可知，用人单位向劳动者收集相关材料，携带相关材料向社保经办机构申请，经过审核后进行办理即可。注意，社会保险费需要由劳动者和用人单位按比例共同承担。

实务指南

我国养老保险制度改革前，通常将基本养老金称为退休金、退休费。这是最重要的一种养老保险待遇，保证劳动者因年老或丧失劳动能力，在具备享受养老保险资格或退休条件时，按月或一次性获得经济补偿的保险待遇。劳动者为用人单位奉献了自己的辛勤劳动，为企业做出一定贡献，为照顾这些劳动者，保障他们在年老时的基本生活水平，企业应响应国家政策，遵守国家的法律规定，积极为劳动者办理社会保险。

关联法规

《中华人民共和国社会保险法》

第十二条　用人单位应当按照国家规定的本单位职工工资总额的比例缴纳基本养老保险费，记入基本养老保险统筹基金。

职工应当按照国家规定的本人工资的比例缴纳基本养老保险费，记入个人账户。

无雇工的个体工商户、未在用人单位参加基本养老保险的非全日制从业人员以及其他灵活就业人员参加基本养老保险的，应当按照国家规定缴纳基本养老保险费，分别记入基本养老保险统筹基金和个人账户。

（二）保险费征缴范围、缴纳基数与比例

《社会保险费征缴暂行条例》对养老保险费的征缴范围作出了规定，包括国有企业、城镇集体企业、外商投资企业、城镇私营企业和其他城镇企业及其职工，实行企业化管理的事业单位及其职工。省、自治区、直辖市人民政府根据当地实际情况，可以规定将城镇个体工商户纳入基本养老保险的范围。养老保险费的缴纳基数是指缴纳养老保险所依据的工资基数。养老保险的缴纳比例为：（1）企业缴费额为核定的企业职工工资总额 ×20%；职工个人缴费额为核定缴费基数 ×8%（目前为 8%）。（2）个体劳动者（包括个体工商户和自由职业者）个人缴纳基本养老保险费的比例统一为百分之 18%。

案例：养老保险单位给缴纳多少？

吴奇刚大学毕业，面临找工作的压力，一直都没有找到合适的工

作。他是家里唯一的孩子，除父母外还有爷爷奶奶与他们居住在一起。看着父母每天辛苦地工作，还要照看爷爷奶奶，吴奇就想替父母分担一些生活压力。后来吴奇与某科技公司签订了劳动合同。吴奇将这个消息告诉了家人，家人非常高兴，并询问劳动合同的具体内容。吴奇的父母对合同中的社会保险内容非常关心，尤其关注养老保险。公司负责给员工缴纳养老保险费吗？缴纳比例是多少？

专家分析

在我国，职工基本养老保险的缴纳比例是职工所在企业缴纳 20%，职工个人承担 8%。以前的规定是，单位的 20% 里面的一部分和个人的 8% 全部划入个人账户，现在单位缴费不再划入个人账户，仅个人缴纳的 8% 划入个人账户。① 本案中，参加工作的吴奇，缴费年限累计满 15 年，退休后将按月领取基本养老金，基本养老金待遇水平与缴费年限的长短、缴费基数的高低、退休时间的早晚直接挂钩。

实务指南

包含养老保险在内的社会保险是国家强制性要求缴纳的一种保险，目的是使劳动者在年老、患病、工伤、失业、生育等情况下，获得帮助，享受保险待遇。国家发展社会保险事业，建立社会保险制度，建立社会保险基金，将养老保险保险费的缴纳分成单位和个人两个部分，由用人单位和劳动者共同缴纳，个人缴纳的记入个人账户，公司缴纳的记

---

①《国务院关于建立统一的企业职工基本养老保险制度的决定》第三条。

入社会统筹基金。这是依据《劳动法》《社会保险法》等的规定，将用人单位为劳动者缴纳社会保险费作为用人单位的法定义务而设立的，明显具有国家强制性的特点，用人单位不得以任何借口和理由拒绝承担该项法定义务。

关联法规

《国务院关于建立统一的企业职工基本养老保险制度的决定》

第三条　企业缴纳基本养老保险费（以下简称企业缴费）的比例，一般不得超过企业工资总额的20%（包括划入个人账户的部分），具体比例由省、自治区、直辖市人民政府确定。少数省、自治区、直辖市因离退休人数较多、养老保险负担过重，确需超过企业工资总额的20%的，应报劳动部、财政部审批。个人缴纳基本养老保险费（以下简称个人缴费）的比例，1997年不得低于本人缴费工资的4%，1998年起每两年提高1个百分点，最终达到本人缴费工资的8%。有条件的地区和工资增长较快的年份，个人缴费比例提高的速度应适当加快。

（三）基本待遇

养老保险基本待遇是指根据年老或丧失劳动能力的劳动者享受养老保险资格或退休条件，按月或一次性以货币形式支付的保险待遇，主要用于保障职工退休后的基本生活需要。养老保险的基本待遇项目有：基本养老金、养老保险补贴、基本养老金的调整、到龄一次性终止待遇、在职人员出国出境终止待遇、死亡待遇，其中主要的是基本养老金。按规定，只有缴费年限满十五年的参保人，才能享受基本养老保险待遇，每月领取基本养老金。基本养老金最重要的两个部分为基础养老金和个人账户养老金。基础养老金月标准以本市上一年度职工月平均工资和本人指数化月平均缴费工资的平均值为基数，缴费满十五年发给基数的百分之十五，多缴费一年多发百分之一；个人账户养老金月标准为个人账户储存额除以国家规定的计发月数。

案例：员工在退休时养老保险未缴够 15 年的，单位还有义务继续为其缴纳吗？

孟凡在 2006 年与某装修公司签订了劳动合同，在签订劳动合同时，双方就工资、福利待遇等进行约定，由该装修公司为孟凡办理社会保险，具体缴纳方法依照相关法律规定进行。2019 年 11 月，已经年满 60 周岁的孟凡达到法定的退休年龄，按法律规定，孟凡与该装修公司的劳动合同自然终止，但问题是孟凡缴纳养老保险费的时间不足 15 年，不能领取养老保险金。所以孟凡向公司提出要求，在自己退休之后由公司继续给自己缴纳养老保险费，直到满 15 年。孟凡的这一请求遭到公司的拒绝。员工退休时养老保险未缴够 15 年的，单位还有义务为其继续缴纳吗？

专家分析

依据《社会保险法》第十六条第二款的规定，参加基本养老保险的个人，达到法定退休年龄时累计缴费不足十五年的，可以缴费至满十五年，按月领取基本养老金；也可以转入新型农村社会养老保险或者城镇居民社会养老保险，按照国务院规定享受相应的养老保险待遇。由该条可知，职工达到退休年龄后，养老保险费用缴费不足十五年的，需要个人继续缴纳养老保险，满十五年之后办理退休。职工达到退休年龄的，劳动合同自然终止，不再是单位职工，单位没有义务继续缴费。上述案例中，该装修公司拒绝孟凡的请求没有违反法律规定。

实务指南

对于达到法定退休年龄，但缴费不满十五年的参保者，用人单位没有义务再为其缴纳相关费用。此时，参保者本人领取养老保险待遇有两种方法：一是可以缴费至满十五年，然后按月取领养老金；二是可以转入城镇居民社会养老保险或者农村居民社会养老保险，按照国务院规定享受有关养老保险待遇。

关联法规

《中华人民共和国社会保险法》

第十六条　参加基本养老保险的个人，达到法定退休年龄时累计缴费满十五年的，按月领取基本养老金。

参加基本养老保险的个人，达到法定退休年龄时累计缴费不足十五年的，可以缴费至满十五年，按月领取基本养老金；也可以转入新型农村社会养老保险或者城镇居民社会养老保险，按照国务院规定享受相应的养老保险待遇。

《实施〈中华人民共和国社会保险法〉若干规定》

第二条　参加职工基本养老保险的个人达到法定退休年龄时，累计缴费不足十五年的，可以延长缴费至满十五年。社会保险法实施前参保、延长缴费五年后仍不足十五年的，可以一次性缴费至满十五年。

三、职工基本医疗保险

职工基本医疗保险制度是法律、法规强制推行的，保障职工基本医疗权利的社会医疗保险制度。职工医疗保险采取社会统筹医疗基金与个人医疗账户相结合的基本模式，与养老、工伤、失业和生育保险一样，都是社会保险的一个基本险项。为贯彻落实我国发展和完善社会主义经济体制的客观要求，我国不断加快医疗保险制度改革，以保障职工基本医疗。经过近年来对各地医疗保险制度改革试点经验的认真总结，国务院决定在全国范围内进行城镇职工医疗保险制度改革，根据财政、企业和个人的承受能力，建立保障职工基本医疗需求的社会医疗保险制度。

（一）保险费征缴范围与缴纳比例

城镇基本医疗保险制度的原则之一是城镇所有用人单位及其职工都要参加基本医疗保险，实行属地管理，因此职工医疗保险费的征缴范围非常广泛。城镇所有用人单位，包括企业，如国有企业、集体企业、外商投资企业、私营企业等，机关、事业单位、社会团体、民办非企业单位及其职工，都要参加基本医疗保险。乡镇企业及其职工、城镇个体经济组织业主及其从业人员是否参加基本医疗保险，则由各省、自治区、直辖市人民政府决定。基本医疗保险费由用人单位和职工共同缴纳，用人单位缴费率为职工工资总额的6%左右，职工缴费率一般为本人工资收入的2%。随着经济的发展，用人单位和职工缴费率可做相应调整。

案例：员工自己坚持不参加医疗保险，单位该怎么办？

张凡通过网上招聘被某传媒公司录用，随后该传媒公司向张凡发出通知，要求尽快与他签订劳动合同。张凡收到通知后，很快来到了该传媒公司，与负责人协商劳动合同的相关内容。在谈到社会保险时，张凡提出不需要公司为自己办理医疗保险，并让公司以工资的形式支付应当缴纳的医疗保险费。该传媒公司听后，向张凡解释，为员工办理医疗保险等社会保险是用人单位的法定义务，员工不能拒绝，否则公司将承担一定的法律责任。张凡却说他可以出具承诺书，在承诺书中免除公司对自己的责任。员工自己坚持不参加医疗保险，单位该怎么办?

专家分析

《社会保险法》第二十三条第一款规定，职工应当参加职工基本医疗保险，由用人单位和职工按照国家规定共同缴纳基本医疗保险费。《劳动法》第七十二条也规定，用人单位和员工必须依法参加社会保险，缴纳社会保险费。根据上述规定可知，用人单位应当依据法律规定，为职工缴纳医疗保险等社会保险，这是用人单位的法定职责。上述案例中，在张凡不缴纳医疗保险，也不让公司缴纳医疗保险的情况下，传媒公司应向其解释，将缴纳五险的好处及不缴纳的弊端进行对比，比如有了医疗保险，一部分费用可以报销或减免等；如果不缴纳医疗保险等，表面上工资多了，但其在医疗、失业等情况下就失去了社会保障，这些风险如果由他自己承担，是难以应对的。如果员工坚持不缴纳社会保险，建议用人单位不与该员工签订劳动合同。

实务指南

公司应当坚持依法用工，规范用工制度，录用一个自愿放弃缴纳社保的劳动者，表面上公司节省了一部分成本，实则为用人单位埋下了隐患，随时有可能带来更多不必要的麻烦和法律风险。对于坚决不缴纳社保的员工，且工作岗位有一定风险的，建议用人单位不予录用，以避免发生工伤风险。对于工资较低的员工，公司可与其事先进行协商，考虑为其缴纳商业保险来规避工伤风险。

关联法规

《中华人民共和国社会保险法》

第二十三条 职工应当参加职工基本医疗保险，由用人单位和职工按照国家规定共同缴纳基本医疗保险费。

无雇工的个体工商户、未在用人单位参加职工基本医疗保险的非全日制从业人员以及其他灵活就业人员可以参加职工基本医疗保险，由个人按照国家规定缴纳基本医疗保险费。

《中华人民共和国劳动法》

第七十二条 社会保险基金按照保险类型确定资金来源，逐步实行社会统筹。用人单位和劳动者必须依法参加社会保险，缴纳社会保险费。

（二）基本待遇

医疗保险待遇是指用人单位和职工按照一定的费率和费基缴纳医疗保险费，形成医疗保险基金，在参保职工因疾病需要支付医疗费用时，由基金对其所造成的经济损失给予一定的补偿。职工基本医疗保险包括住院统筹、门诊统筹和医保个人账户三项待遇。医疗保险统筹是指某统筹地区所有用人单位为职工缴纳的医疗保险费中，扣除划入个人账户后的其余部分。职工享受医疗保险待遇，只限于规定的医疗期内，但完全丧失劳动能力的职工除外。医疗期的长度根据职工本人连续工龄和本单位工龄分档次确定，最短不少于3个月，最长一般不超过24个月；难以治愈的疾病，经医疗机构提出，本人申请，劳动行政部门批准后，可适当延长医疗期，但延长期限最多为6个月。

案例：员工受伤后已经享受工伤保险待遇的，还能享受医疗保险待遇吗？

钱某与某游泳馆签订了劳动合同，职务是游泳教练。除教学员游泳外，当学员出现溺水等意外时，钱某还负责保护学员的人身安全。一次钱某在教学员游泳时，一个中学生不听钱某指挥，独自往水深处练习游泳，结果沉入水中游不上来了。钱某发现后，迅速向溺水的中学生游动，将其救了上来。在救该学生时，因该学生较肥胖，加上地面湿滑，钱某在拖拽他时不慎摔倒，伤到了右臂。医生经过诊断，认定钱某右臂骨折，需要住院治疗。三个多星期后，钱某康复出院，住院期间花了很多医药费。在他入职时，单位曾为他办理了工伤和医疗保险等社会保险，所以他向单位提出享受工伤保险待遇和医疗保险待遇。很快，游泳馆对他的这次工伤造成的损失进行了经济补偿，给予他工伤保险待遇，但是钱某还要求享受医疗保险待遇。钱某想要同时享受工伤保险待遇和医疗保险待遇的要求合理吗？

专家分析

工伤员工要求同时享受工伤保险待遇和医疗保险待遇的要求是不

合理的，因为医疗保险和工伤保险是我国《社会保险法》中两个不同的社会保险制度，两项基金不能相互挤占。根据《社会保险法》第三十条第一款的规定，应当从工伤保险基金中支付的费用，不纳入基本医疗保险基金支付范围。此外，根据该法第三十八条第一项、第二项的规定，因工伤发生的治疗工伤的医疗费用和康复费用、住院伙食补助费等，按照国家规定从工伤保险基金中支付。也就是说，职工在发生工伤时，能用工伤保险支付的情况下，不能再享受医疗保险待遇，工伤保险和医疗保险不能同时适用。因此，上述案例中，钱某享受工伤保险待遇后，不能再向单位申请享受医疗保险待遇。

实务指南

基本医疗保险是保障职工因患病或非因工负伤的基本医疗需求，主要用于一般的门诊、急诊、住院等费用，而工伤保险保障因工作遭受事故伤害或者患职业病的职工获得医疗救治和经济补偿。职工工伤，应该进行工伤认定，认定为工伤的，医疗费一切由工伤保险支付，不能使用医疗保险，如果没有经过工伤认定，或者认定不是工伤，则由医疗保险报销。

关联法规

《中华人民共和国社会保险法》

第三十条第一款 下列医疗费用不纳入基本医疗保险基金支付范围：

（一）应当从工伤保险基金中支付的；

（二）应当由第三人负担的；

（三）应当由公共卫生负担的；

（四）在境外就医的。

第三十八条　因工伤发生的下列费用，按照国家规定从工伤保险基金中支付：

（一）治疗工伤的医疗费用和康复费用；

（二）住院伙食补助费；

（三）到统筹地区以外就医的交通食宿费；

（四）安装配置伤残辅助器具所需费用；

（五）生活不能自理的，经劳动能力鉴定委员会确认的生活护理费；

……

四、工伤保险

工伤保险是国家或社会对因遭受意外伤害或患职业病的劳动者或其遗属给予物质帮助的一种社会保险制度。工伤保险实行社会统筹的办法，集中用人单位缴纳的工伤保险费，建立工伤保险基金，对劳动者在生产经营活动中遭受意外伤害或职业病，并由此造成死亡、暂时或永久丧失劳动能力时，给予劳动者或其家属医疗救治以及必要的经济补偿，既包括医疗、康复所需的费用，也包括保障基本生活的费用。

（一）保险费用的缴纳

工伤保险费是指参加工伤保险的用人单位，依照工伤保险规定的缴费比例按时缴纳的费用。职工个人不缴纳工伤保险费。依据《工伤保险条例》规定的“以支定收、收支平衡”的原则，工伤保险费的收支额度依据工伤保险基金的实际支出数额确定，做到收支平衡。在我国，不同的企业依据不同的工伤风险程度实行不同的企业工伤保险比例缴费率，并根据工伤保险费使用率、工伤发生率等情况在每个行业内确定若干费率档次。根据不同行业的工伤风险程度，将行业划分为风险较小行业、中等风险行业、风险较大行业。社会保险经办机构根据用人单位的工商登记和主要经营生产业务等情况，分别确定各用人单位的行业风险类别，企业工伤保险比例平均缴费率原则上控制在职工工资总额的百分之一左右，三类行业的基准费率分别为用人单位职工工资总额的百分之零点五、百分之一、百分之二左右。

案例：单位未给员工上工伤保险，发生工伤事故后，单位就能不管吗？

陈辉应聘到某煤矿公司工作，主要从事具有一定危险性的井下采煤工作。因公司业务量大，没来得及与陈辉订立劳动合同，也没有为陈辉缴纳工伤保险等社会保险，只是每月按时支付陈辉工资。有一次，陈辉在井下工作时，不小心被绊倒，头部撞到石头上，被送往医院，治疗了三个星期。住院期间，陈辉花去医药费数千元。陈辉出院后，向劳动行政部门申请工伤鉴定，经过鉴定后，认定陈辉为工伤，伤残等级为九级。随后，陈辉向该公司提出享受工伤保险待遇，但却遭到拒绝。该公司称陈辉并未办理社会保险，因此不给予赔偿。陈辉听后非常生气，向劳动部门申请仲裁，要求与公司解除劳动合同关系，并要求公司支付相应赔偿金。单位没有给员工上工伤保险，员工发生工伤事故后，单位应当承担哪些责任？

专家分析

根据《社会保险法》第四十一条的规定，职工所在用人单位未依法缴纳工伤保险费，发生工伤事故的，由用人单位支付工伤保险待遇。如果用人单位不支付的，可以从工伤保险基金中先行支付。从工伤保险基金中先行支付的工伤保险待遇由用人单位偿还，用人单位不偿还的，社会保险经办机构可以依法追偿。我国法律作出这样的规定，是为加大对受伤员工的保护力度，使受伤员工不至于因企业拖欠支付而无法得到及时救治。上述案例中，像陈辉这样的员工，因企业未为其缴纳工伤保险而导致不能享受工伤保险待遇，这种情况下企业应当按照工伤保险待遇的标准支付陈辉花费的全部费用。

实务指南

劳动者因工负伤或因职业病暂时失去劳动能力，不管工伤由什么原因导致，责任是在个人还是企业，都应当享受社会保险待遇，即补偿不究过失原则。未给员工缴纳工伤保险的用人单位，在员工发生工伤事故后，应当对工伤员工予以赔偿。在现实生活中，一些用人单位为追求自身利益最大化，不为职工缴纳工伤保险，导致职工的合法权益无法实现。其实，一旦职工受伤，用人单位往往要支付更多费用。为防止出现这种“得不偿失”的后果，用人单位应当及时为职工办理工伤保险等社会保险。

关联法规

《中华人民共和国社会保险法》

第四十一条 职工所在用人单位未依法缴纳工伤保险费，发生工伤事故的，由用人单位支付工伤保险待遇。用人单位不支付的，从工伤保险基金中先行支付。

从工伤保险基金中先行支付的工伤保险待遇应当由用人单位偿还。用人单位不偿还的，社会保险经办机构可以依照本法第六十三条的规定追偿。

（二）工伤认定

工伤认定是指劳动者在工作或视同工作的过程中，因操作不当或其他原因造成其人身的侵害，劳动行政部门依据法律的授权对职工所受伤害或者所患职业病是否属于工伤或者视同工伤进行定性。它是一种行政确认行为。《工伤保险条例》第十四条和第十五条分别规定了应当认定为工伤和视同工伤的情形，第十六条则规定了不能认定为工伤或视同工伤的情形，依此对劳动者是否属于工伤提供一个合理的标准，避免他人滥用权利。为规范工伤认定程序，依照工伤保险条例制定了《工伤认定办法》，保证工伤认定依法进行，切实维护当事人的合法权益。

案例：认定工伤需要单位提交哪些材料?

小艾与好友丽丽都是某纺织厂的职工。该纺织厂实行轮班制，员工轮流值白班和夜班。一天，应当轮到丽丽值夜班，但是她的儿子突然发烧，她要带儿子去医院看病。于是丽丽让小艾与她调班，小艾答应了。

但是在值班时，小艾因白天没有休息好，工作时犯困，不小心被机器伤了手。该纺织厂正在值夜班的其他员工立即将她送到医院，医生经过诊断后，为小艾做了截肢手术。不久后，小艾出院，她想起在入职时，曾办理社会保险，这次受伤应当认定为工伤，可以享受工伤保险待遇。于是，小艾请求该纺织厂为自己申请工伤认定。该纺织厂在申请工伤认定时应提交哪些材料？

专家分析

依据《工伤保险条例》第十八条的规定，劳动者申请工伤认定需要提交工伤认定申请表、与用人单位存在劳动关系（包括事实劳动关系）的证明材料、医疗诊断证明或者职业病诊断证明书（或者职业病诊断鉴定书）。由此可知，员工申请工伤认定时，员工本人应当提交工伤认定申请表、医疗诊断证明或职业病诊断鉴定书，用人单位应当给该员工提供与其存在劳动关系的证明材料。依据该条的规定，本案中，用人单位应当给该员工提供相关证明材料，包括工伤认定申请表、与职工存在劳动关系（包括事实劳动关系）的证明材料、医疗诊断证明或者职业病诊断证明书（或者职业病诊断鉴定书）等。另外，小艾在准备材料时，需要注意，填写工伤认定申请表时，应当包括事故发生的时间、地点、原因以及职工伤害程度等基本情况。如果小艾提供的材料不完整，劳动保障行政部门会告知她需要补齐的材料。

实务指南

职工在工作中受伤，在日常生活中是比较常见的。受工伤的职工，在办理社会保险的前提下，可以享受工伤保险待遇，但是应当依据法律规定到劳动行政部门进行工伤认定。本案中，小艾虽然是替丽丽值班，但属于在工作中受伤，应当认定为工伤。用人单位应当给小艾出具存在劳动关系等证明材料，以确保小艾能顺利通过劳动保障部门的工伤认定，享受工伤保险待遇。

关联法规

《工伤保险条例》

第十八条 提出工伤认定申请应当提交下列材料：

（一）工伤认定申请表；

（二）与用人单位存在劳动关系（包括事实劳动关系）的证明材料；

（三）医疗诊断证明或者职业病诊断证明书（或者职业病诊断鉴定书）。

工伤认定申请表应当包括事故发生的时间、地点、原因以及职工伤害程度等基本情况。

工伤认定申请人提供材料不完整的，社会保险行政部门应当一次性书面告知工伤认定申请人需要补正的全部材料。申请人按照书面告知要求补正材料后，社会保险行政部门应当受理。

《中华人民共和国社会保险法》

第八十五条 用人单位拒不出具终止或者解除劳动关系证明的，依照《中华人民共和国劳动合同法》的规定处理。

（三）基本待遇

工伤保险基本待遇包括工伤医疗待遇、工伤津贴待遇、伤残待遇、职业康复待遇、因工死亡待遇等。其中，工伤医疗待遇是指工伤职工在医疗期或医疗期满仍需治疗时所享受的工伤待遇，主要是职工治疗所需的挂号费、住院费、医疗费、药费、住院伙食补助费和经批准转外地治疗所需交通、食宿费用等。工伤津贴待遇是指工伤职工在工伤医疗期内停发工资，用人单位按月发给工伤津贴的待遇，工伤津贴标准相当于工伤职工本人受伤前十二个月内平均月工资收入，工伤医疗期满或评定伤残等级后停发工伤津贴，改为享受伤残待遇。伤残待遇是指职工因工负伤或患职业病医疗期满后，经劳动鉴定委员会评残，按其伤残等级享受的待遇。职业康复待遇是指工伤职工为恢复健康所享受到的待遇，包括护理费（护理等级由劳动鉴定委员会评定，护理等级不同，护理费也不同）、辅助器具费（包括工伤职工须安装的假肢、义眼、镶牙和配置代步车等辅助器具在内的费用）。因工死亡待遇是指职工因工死亡，用人单位给予其亲属的经济补偿，包括丧葬补助金、工亡补助金、供养亲属抚恤金等。

案例：工伤员工拒不接受劳动能力鉴定的，单位可以停发其在治疗期间的工资待遇吗？

霍某是某装修公司的职工。某年5月，霍某在为业主装修时不慎从高处摔下，被装修工具砸中头部，经单位申报后被认定为工伤。同年6月，该装修公司向当地劳动能力鉴定委员会提出申请，请求对霍某的头部伤情进行劳动能力鉴定。但霍某听到消息后却拒绝做鉴定，因为他得知劳动能力鉴定部门的某领导是公司老板的朋友，如果进行鉴定，鉴定结果一定对自己不利。公司多次向他发出通知，但是霍某都不予理睬，而且自发生工伤后就一直在家治疗休息，拒绝报到上班。该年12月，公司停发了霍某的工伤待遇，并告知霍某如再不上班，将按违纪旷工处理。霍某不进行劳动能力鉴定，公司可以停发他的工伤待遇吗？

专家分析

劳动能力鉴定是给予受伤职工保险待遇的基础和前提条件，也是工伤保险管理工作的重要内容。根据《社会保险法》第四十三条以及《工伤保险条例》第四十二条的规定，如果工伤职工拒不接受劳动能力鉴定的，用人单位可以停止其享受工伤保险待遇。具体到上述案例，霍某被认定为工伤后，拒绝进行劳动能力鉴定，而且在公司多次发出通知后仍无动于衷。这种情况下，该装修公司可以依据法律的规定，停止霍某的工伤保险待遇。

实务指南

劳动者在工作中受伤并认定为工伤后，应当配合用人单位的工作进行劳动能力鉴定，以便用人单位为其办理工伤保险待遇等手续，劳动者对此不能拒绝。否则，用人单位可以停止其工伤保险待遇。上述案例中，霍某单方面认为劳动能力鉴定部门领导与公司老板是朋友，会导致鉴定意见不公正，而不进行劳动能力鉴定。用人单位在遇到这种情况时，根据上述法条的规定，可以停止职工的工伤保险待遇。

关联法规

《中华人民共和国社会保险法》

第四十三条　工伤职工有下列情形之一的，停止享受工伤保险待遇：

（一）丧失享受待遇条件的；

（二）拒不接受劳动能力鉴定的；

（三）拒绝治疗的。

《工伤保险条例》

第四十二条　工伤职工有下列情形之一的，停止享受工伤保险待遇：

（一）丧失享受待遇条件的；

（二）拒不接受劳动能力鉴定的；

（三）拒绝治疗的。

五、失业与生育保险

失业和生育保险是社会保障体系的重要组成部分，也是社会保险的两个主要项目。

失业保险是指对因失业而暂时中断生活来源的劳动者，由社会集中建立基金对其提供物质帮助以保障其在失业期间的基本生活，是国家通过立法强制实行的促进失业人员再就业的制度。在我国，失业人员需要满足下列条件才可以享受失业保险待遇：（1）非因本人意愿中断就业；（2）已办理失业登记，并有求职要求；（3）按照规定参加失业保险，所在单位和本人已按照规定履行缴费义务满一年。

生育保险是指由国家立法规定，对因生育子女而导致劳动暂时中断的劳动者，由国家和社会给予其物质帮助，目的是通过向职业妇女提供生育津贴、医疗服务和产假，帮助她们恢复劳动能力，重返工作岗位的一项社会保险制度。我国生育保险待遇主要包括生育津贴和生育医疗待遇两项。

（一）失业保险

失业保险由国家通过立法强制实行，社会集中建立基金，对因失业而暂时中断生活来源的劳动者进行物质帮助，保障其基本生活，以促进其再就业。满足条件的失业人员可以享受失业保险待遇，包括按月领取的失业保险金，领取失业保险金期间的医疗补助金，领取失业保险金期间死亡的失业人员的丧葬补助金和其供养的配偶、直系亲属的抚恤金以及对失业人员开展职业培训、介绍的机构或接受职业培训、介绍的本人给予补偿，帮助其再就业的费用等。失业保险待遇中最重要的是失业保险金，失业人员只有在领取失业保险金期间才能享受到其他各项待遇。关于失业保险费的缴纳，《失业保险条例》作出了规定：城镇企业事业单位按照本单位工资总额的百分之二缴纳失业保险费，单位职工按照本人工资的百分之一缴纳失业保险费。城镇企业事业单位招用的农民合同制工人本人不缴纳失业保险费。

案例：员工离职前办理失业登记的，前单位有义务出具相关材料吗？

楠楠在某市J区一家小公司上班。后来由于楠楠的母亲患了老年痴呆症，老家没有其他兄弟姐妹能照看母亲，所以楠楠只能向公司提出辞职，回家照看母亲。楠楠没有多少积蓄，所以她在辞职后想要享受失业保险待遇，这样在失业期间能够保障自己和母亲的基本生活。但享受失业保险待遇需要满足一系列条件，其中之一就是办理失业保险登记。于是她去办理失业保险登记，然而工作人员要求她提交用人单位出具的终止或者解除劳动关系的证明等材料。但是在她辞职时，公司并未给她出具这些证明。所以她回到公司找到相关负责人，请求公司为她出具相关证明。公司拒绝了楠楠的请求，理由是她已经离职一个月，超过了办理时期，因此不能再给她出具相关证明。该公司拒绝给楠楠出具相关证明资料的做法符合法律规定吗？

专家分析

上述案例涉及的是员工在离职后，用人单位是否应当为离职员工办理相关离职证明的问题。对此，《社会保险法》第五十条第一款规定，用人单位应当及时为失业人员出具终止或者解除劳动关系的证明，并将失业人员的名单自终止或者解除劳动关系之日起十五日内告知社会保险经办机构。此外，《劳动合同法》第五十条第一款也有相同的规定。本案中，公司以楠楠超过时限为由没有给她出具终止或者解除劳动关系等证明材料的做法没有法律依据，应当尽快为楠楠办理相关证明。

实务指南

依照我国相关法律的规定，劳动者在入职和离职时都要经过一些特定程序，办理一些法定手续，以保证劳动者的就业或离职等有序进行，保障社会主义市场经济稳定、有序进行。离职和入职同样重要，用人单位应当予以同等重视，从上述案例中可以看出，离职关乎职工失业登记的办理以及享受失业保险待遇等问题，所以不能忽视。

关联法规

《中华人民共和国社会保险法》

第五十条 用人单位应当及时为失业人员出具终止或者解除劳动关系的证明，并将失业人员的名单自终止或者解除劳动关系之日起十五日内告知社会保险经办机构。

失业人员应当持本单位为其出具的终止或者解除劳动关系的证明，及时到指定的公共就业服务机构办理失业登记。

失业人员凭失业登记证明和个人身份证明，到社会保险经办机构办理领取失业保险金的手续。失业保险金领取期限自办理失业登记之日起计算。

《中华人民共和国劳动合同法》

第五十条第一款 用人单位应当在解除或者终止劳动合同时出具解除或者终止劳动合同的证明，并在十五日内为劳动者办理档案和社会保险关系转移手续。

（二）生育保险

生育保险是国家通过立法，对因怀孕和分娩而暂时中断劳动的妇女劳动者，提供医疗服务、生育津贴和产假的一种社会保险制度。生育保险制度是国家或社会对生育的职工给予必要的经济补偿和医疗保健的社会保险制度。在我国，凡是与用人单位建立劳动关系的职工，都应当参加生育保险，男职工也包括在内。关于生育保险费的缴纳，我国法律规定用人单位按照规定缴纳生育保险费，职工不缴纳生育保险费。职工享受生育保险待遇应当符合两个条件：一是用人单位为职工累计缴费满一年以上，并且继续为其缴费；二是符合国家和省人口与计划生育的规定。职工同时满足以上两个条件即可享受生育医疗费（由生育保险基金支付的女职工生育的检查费、接生费、手术费、住院费和药费等）、生育津贴（由生育保险基金支付的女职工依法享受产假期间的生育津贴，该津贴按本企业上年度职工月平均工资计发）等生育保险待遇。

案例：对于男员工，单位也要给上生育保险吗？

司亮与菲菲是夫妻。菲菲没有工作，怀孕后在家里待产。司亮知道妻子怀孕后，考虑要换一个工作，因为他现在从事的工作，上班时间较长，而且经常加班，所以没有多少时间照顾妻子。后经过应聘，司亮被某建筑公司录取，并很快与他签订了劳动合同。这家公司的工资待遇很高，而且不要求员工加班，每周双休。在这家公司工作，司亮就可以腾出更多时间照看怀孕的妻子。但是在工作了一段时间后，司亮发现这家公司为全体女员工都办理了生育保险，而男员工却没有该福利。司亮考虑到自己的妻子是已怀孕的“全职太太”，遂要求公司通过为他办理生育保险，以便能够让妻子享受生育保险待遇。但是该公司却以生育保险只针对怀孕和分娩的女员工为由拒绝了司亮。公司的做法合理吗？公司是否应当也为男员工办理生育保险？

专家分析

《社会保险法》第五十三条规定：“职工应当参加生育保险，由用人单位按照国家规定缴纳生育保险费，职工不缴纳生育保险费。”本条规定的“职工”没有限定为女性职工，所以只要用人单位与职工形成劳动合作关系，用人单位就应不区分男女为职工办理生育保险，缴纳生育保险费。具体到上述案例中，该公司没有给司亮办理生育保险的做法是错误的。在司亮向公司提出请求时，该公司应当依法为其办理生育保险。

实务指南

男员工享受生育保险需要满足配偶没有工作并且没有缴纳生育保险的条件，而且只能享受医疗费，不能享受生育津贴。在上述案例中，司亮的妻子没有工作，也没有缴纳生育保险，因此他符合生育报销条件，可以要求公司为其办理生育保险，享受医疗费。另外他也可以申请享受一次性生育补贴，具体标准为：流产的200元；顺产的1200元；难产或多胞胎生育的2000元。

关联法规

《中华人民共和国社会保险法》

第五十三条 职工应当参加生育保险，由用人单位按照国家规定缴纳生育保险费，职工不缴纳生育保险费。

第五十四条 用人单位已经缴纳生育保险费的，其职工享受生育保险待遇；职工未就业配偶按照国家规定享受生育医疗费用待遇。所需资金从生育保险基金中支付。

生育保险待遇包括生育医疗费用和生育津贴。

第十章

劳动仲裁

劳动仲裁是指在用人单位与劳动者发生劳动纠纷后，劳动仲裁委员会根据当事人的申请，在查明事实、明确责任的基础上，依法对劳动争议作出裁决的法律制度。在我国，劳动仲裁具有强制性，在发生劳动争议之后，当事人在提起民事诉讼之前，必须先申请仲裁。即在劳动争议中，必须遵守仲裁前置的规则。作为一个企业，雇用工人是企业运营中必不可少的一个环节，而企业与员工之间的纠纷越来越多。此时，企业就必须了解劳动仲裁的相关知识，防范法律风险。

一、劳动仲裁的范围与时效

在我国，申请劳动仲裁的情况主要有三种：（1）劳动争议发生后，当事人直接向劳动仲裁委员会申请仲裁；（2）劳动争议发生后，用人单位没有调解委员会的；（3）劳动争议发生后，经用人单位的调解委员会调解不成的。

在劳动争议中，并不是所有的劳动争议都属于劳动仲裁的受案范围。根据《劳动争议调解仲裁法》的规定，劳动争议的范围主要包括：

（1）企业根据劳动者违纪的情况以及企业生产经营的现状对职工实施开除、除名、违纪辞退、正常辞退的行为；

（2）劳动者根据企业和个人的实际情况所做出的辞职、离职等发生的劳动争议；

（3）企业与劳动者在履行劳动合同的过程中，就具体的劳动权利和义务所发生的争议，其包括因执行、变更、解除、终止劳动合同发生的争议，主要体现在工作时间、休息休假、社会保险、福利、培训以及劳动保护等方面；

（4）法律、法规规定的其他劳动争议。

然而，在实践中，依据法律的规定，一旦出现劳动争议，当事人如果要向法院起诉，就应该首先向劳动仲裁委员会提起劳动仲裁。因此，上述劳动争议的范围就是劳动仲裁的受案范围。

劳动仲裁时效是指在法律规定的期限内，劳动争议关系中的当事人向仲裁委员会申请仲裁，要求保护其合法权利的期间。根据法律的规定，一般情况下，劳动仲裁的时效为一年。在劳动仲裁时效中，需要注意的是，在劳动关系存续期间，因拖欠劳动报酬发生争议的，劳动者申请仲裁不受规定的仲裁时效期间的限制；但劳动关系终止的，应当自劳动关系终止之日起一年内提出。此规定虽然是有利于保护劳动者的合法权益的，但是企业也应予以明确。

（一）劳动仲裁的范围

对于劳动仲裁的范围，法律已经作出明确规定。前文我们已经谈到劳动仲裁的范围，在此不再赘述。同时，法律也规定了不属于劳动争议的纠纷：（1）请求社会保险经办机构发放社会保险金的纠纷；（2）因住房制度改革产生的公有住房转让纠纷；（3）对伤残等级鉴定结论或者对职业病诊断鉴定结论的异议纠纷；（4）家庭或者个人与家政服务人员之间的纠纷；（5）个体工匠与帮工、学徒之间的纠纷；（6）农村承包经营户与受雇人之间的纠纷。也就是说，上述纠纷是不属于劳动仲裁的范围的。

案例：领导和员工的矛盾属于劳动仲裁范围吗？

小张是北京某软件开发公司研发部的一名员工，由于他平时在工作中表现非常好，工作能力非常强，该公司的部门经理谢某非常器重他。该公司承揽了为某个客户开发一款软件的业务，谢某便让小张负责带领大家研发。小张将自己的想法告诉了谢某，因为小张的方法有很大的风险，一旦失败，可能会给公司造成很大的损失，谢某便让小张不要冒险，还是按照原来的程序进行研发。可是，小张一直坚持自己的想法。为此，小张与谢某之间发生了矛盾。小张一气之下说自己不再负责这个项目。谢某对此也非常生气，认为小张这是不负责任的表现，执意要让小张继续完成此项任务。于是，小张便准备向当地的劳动仲裁委员会提起仲裁。公司的部门经理谢某与小张之间的矛盾是否属于劳动仲裁的范围？

专家分析

小张与该部门经理谢某之间的矛盾不属于劳动仲裁的范围。根据《劳动争议调解仲裁法》第二条的规定，中华人民共和国境内的用人单位与劳动者发生的下列劳动争议，适用本法：（1）因确认劳动关系发生的争议；（2）因订立、履行、变更、解除和终止劳动合同发生的争议；（3）因除名、辞退和辞职、离职发生的争议；（4）因工作时间、休息休假、社会保险、福利、培训以及劳动保护发生的争议；（5）因劳动报酬、工伤医疗费、经济补偿或者赔偿金等发生的争议；（6）法律、法规规定的其他劳动争议。由此可见，劳动仲裁委员会的受案范围主要是涉及用人单位与员工的具体的劳动争议。在本案中，谢某与小张之间的矛盾只是因工作产生的分歧问题，并不属于劳动仲裁委员会的受案范围。所以，小张不能向仲裁委员会提起劳动仲裁。

实务指南

劳动仲裁有明确的受案范围，并非所有在劳动过程中产生的问题都可以提交劳动仲裁。比如，在日常生活中，企业领导与员工因工作产生的分歧就不属于劳动纠纷，像这样的争议即便提交给仲裁委员会，也不会被受理。

关联法规

《中华人民共和国劳动争议调解仲裁法》

第二条 中华人民共和国境内的用人单位与劳动者发生的下列劳动争议，适用本法：

（一）因确认劳动关系发生的争议；

（二）因订立、履行、变更、解除和终止劳动合同发生的争议；

（三）因除名、辞退和辞职、离职发生的争议；

（四）因工作时间、休息休假、社会保险、福利、培训以及劳动保护发生的争议；

（五）因劳动报酬、工伤医疗费、经济补偿或者赔偿金等发生的争议；

（六）法律、法规规定的其他劳动争议。

（二）劳动仲裁时效

关于劳动仲裁的时效，我们需要了解以下三个方面的知识：

（1）仲裁时效的起算时间。根据相关法律的规定，劳动争议申请仲裁的时效期间是一年。仲裁时效的期间从当事人知道或者应当知道其权利被侵害之日起计算。这里的“当事人知道或者应当知道其权利被侵害之日”是指有证据表明权利人知道自己的权利被侵害的日期，或者根据一般规律推定权利人知晓自己权利被侵害的日期。

（2）仲裁时效的中断。仲裁时效中断的事由包括三种：①因当事人一方向对方当事人主张权利；②当事人一方向有关部门请求权利救济；③对方当事人同意履行义务。从中断时起，仲裁时效期间重新计算。

（3）仲裁时效的中止。因不可抗力或者有其他正当理由，当事人不能在规定的仲裁时效期间申请仲裁的，仲裁时效中止，从中止时效的原因消除之日起，仲裁时效继续计算。

案例：发生劳动争议后，应在多长时间内申请劳动仲裁？

朗天公司是某市一家服装企业。李某是该企业的一名员工，其主要负责搬运货物。一天，李某在装运货物的过程中，不小心被货物砸伤，经诊断其右腿骨折。由于该公司没有为李某购买社会保险，因此李某的医疗费只能由公司负担。后来，朗天公司按照工伤支付了李某的医疗费。并且，李某在停工治疗期间，朗天企业仍然给予其与原来一样的工资待遇。然而，李某在康复后，认为自己受伤是公司导致的，公司虽然支付了相关费用，但是其支付的费用过少。于是，他多次到公司闹事，要求公司再赔偿给他相关费用10万元。而该公司答应最多给他3万元，双方一直无法达成一致。无奈之下，该公司准备向劳动仲裁委员会提起劳动仲裁。公司应该在多长时间内申请劳动仲裁？

专家分析

在劳动争议发生后，企业应该在一年内提起劳动仲裁。对此，《劳动争议调解仲裁法》第二十七条第一款规定："劳动争议申请仲裁的时效期间为一年。仲裁时效期间从当事人知道或者应当知道其权利被侵害之日起计算。"由此可知，在发生劳动争议后，当事人向劳动仲裁委员会申请仲裁的时效为一年。本案中，朗天公司与李某之间因工伤医疗费的赔偿而发生纠纷，属于劳动争议仲裁的范围。朗天公司在依法向其职工李某支付了相关费用后，李某依然提出无理要求，此时，李某已经侵犯该企业的合法权利。朗天公司可以自李某与该公司发生劳动争议之日起一年内向劳动仲裁委员会申请劳动仲裁。

实务指南

司法实践中，企业与其职工之间经常因为劳动报酬、工伤医疗费、经济补偿或者赔偿金等问题发生争议。在企业无法与劳动者就相关争议达成一致协议的情况下，就需要向当地的劳动仲裁委员会提起仲裁。企业需要注意的是，劳动争议的仲裁时效期间只有一年，当事人要在这一期间内提起仲裁，避免超过时效，导致无法维护自己的合法权益。

关联法规

《中华人民共和国劳动争议调解仲裁法》

第二十七条第一款　劳动争议申请仲裁的时效期间为一年。仲裁时效期间从当事人知道或者应当知道其权利被侵害之日起计算。

二、和解与调解

在企业与劳动者发生劳动争议后，解决劳动争议的方式主要有：和解、调解、仲裁与诉讼。和解是指在发生劳动争议后，一方当事人通过与另一方当事人面谈等方式协商解决问题。调解是指在劳动争议发生后，由第三方出面对用人单位和劳动者之间的争议进行协调，促使争议双方之间相互谅解、妥协，从而解决劳动纠纷的一种处理机制。而和解与调解不仅可能发生在当事人申请仲裁之前，即使在申请仲裁之后，当事人之间也可能采取和解或者调解的方式解决纠纷。在这里，我们主要介绍的是在劳动仲裁过程中的和解与调解。

虽然和解与调解都是在当事人自愿的前提下，通过平等协商、互相妥协达成的，但二者也是有区别的，主要表现为以下三个方面：

第一，是否有仲裁庭主持。和解是当事人自行通过协商的方式解决劳动争议，无须第三方介入；而调解一般是当事人在仲裁庭的主持下达成调解协议。

第二，发生的时间不同。和解可以发生在当事人申请仲裁后到裁决作出前的任何时间，其可以在开庭时，也可以在开庭前甚至开庭之后；而调解只能发生在仲裁庭作出裁决前，一旦作出裁决，就不能再进行调解。

第三，结案方式不同。和解达成和解协议后当事人可以撤回仲裁申请而结案，也可以在达成和解协议之后向仲裁庭申请制作裁决书，赋予其强制执行力；而调解的结案方式则是在达成调解协议后，仲裁庭制作调解书。

（一）和解

和解是在发生劳动争议后，企业与员工之间协商解决争议的一种方式。在当事人自行和解之后，双方应当签订和解协议，协议中应当明确劳动争议的事实、解决劳动争议的方案以及双方的意见等，但是和解协议的内容不得违反法律、法规的规定。否则，和解协议就是无效的。

根据相关法律的规定，当事人在达成和解协议后，可以撤回仲裁申请，也可以请求仲裁庭根据和解协议制作裁决书。如果当事人达成和解协议之后，申请撤回仲裁申请，在一方当事人不履行和解协议时，另一方当事人可以重新申请仲裁，因为此时和解协议不具有强制执行力。但是，如果当事人申请仲裁庭根据和解协议制作裁决书的，仲裁庭经审查，确认和解协议合法有效的，可以根据和解协议制作裁决书。此时，仲裁庭根据和解协议所作出的裁决书具有强制执行力。一方当事人逾期不履行的，另一方当事人可以依照民事诉讼法的有关规定直接向人民法院申请执行。

案例：劳动者提起劳动仲裁后，企业可以寻求和解来使其撤回仲裁申请吗？

天方公司是某市一家教育科技有限公司，由于公司的规模扩大，需要招聘员工。刚大学毕业的小明到该公司应聘成功，该公司在与小明签订了劳动合同后，经过多次培训，小明仍然无法胜任公司分配的工作。于是，无奈之下，公司不得不与小明解除劳动合同。但是，小明认为该公司没有给他调整工作岗位就直接解除劳动合同的行为是不符合法律规定的。于是，小明便向当地的劳动仲裁委员会提起劳动仲裁。在小明提起劳动仲裁之后，天方公司觉得将此事申请仲裁会影响公司的声誉，便希望通过和解来解决与小明之间的劳动合同纠纷，从而使他撤回仲裁申请。在劳动者提起仲裁后，企业还可以寻求和解来使其撤回仲裁申请吗？

专家分析

在劳动者提起仲裁后，企业依然可以与劳动者进行和解，从而使劳动者撤回仲裁申请。《劳动争议调解仲裁法》第四十一条规定：“当事人申请劳动争议仲裁后，可以自行和解。达成和解协议的，可以撤回仲裁申请。”由此可知，和解不受时间的限制，当事人可以在任何阶段进行，包括仲裁开庭前、开庭中，甚至是开庭后。即使当事人一方已经申请仲裁，另一方当事人依然可以提出和解。如果双方通过和解达成和解协议，那么申请人就可以撤回仲裁申请。所以，在本案中，虽然小明已经将其与天方公司的劳动合同争议申请仲裁，但是，天方公司依然可以提出和解。若双方达成和解协议，小明就可以撤回仲裁申请。

实务指南

实践中，在企业与劳动者发生劳动争议后，双方可以选择和解、调解、仲裁等方式解决纠纷。但是，由于和解是双方当事人之间协商一致的结果，其不仅可以体现当事人的合意，节约时间与成本，更有利于化解纠纷，因此在劳动争议案件中，很多企业都希望进行和解。然而，有时可能在企业决定和解之前，劳动者已经将案件申请仲裁，此时，部分企业可能会错误地认为已经丧失和解机会。企业需要注意的是，和解不受时间的限制，即便是劳动者已经将案件申请仲裁，只要在仲裁庭作出仲裁裁决之前，企业也可以提出和解。

关联法规

《中华人民共和国劳动争议调解仲裁法》

第四十一条　当事人申请劳动争议仲裁后，可以自行和解。达成和解协议的，可以撤回仲裁申请。

（二）调解

在劳动争议案件中，如果当事人申请仲裁，根据相关法律的规定，仲裁庭在作出裁决前，应当先行调解，即调解是劳动仲裁过程中的必经程序。如果调解达成协议的，仲裁庭应当制作调解书。调解书应当写明仲裁请求和当事人协议的结果。调解书由仲裁员签名，加盖劳动争议仲裁委员会印章，送达双方当事人。调解书经双方当事人签收后，发生法律效力。调解不成或者调解书送达前，一方当事人反悔的，仲裁庭应当及时作出裁决。

案例：员工不履行调解协议，企业可以申请强制执行吗？

时丰企业是某市一家电子科技有限公司，黎某通过应聘成为该公司的一名员工。由于时丰企业需要对新入职的员工进行专业培训，因此时丰企业在与黎某签订劳动合同时约定，黎某在该公司的服务期不得低于三年。如果一方违约，则要支付违约金。在黎某入职后，该公司组织黎某等新入职的三名员工到北京进行为期三个月的专业技术培训。可是，黎某在接受培训之后，只在时丰企业工作了半年，便以福利待遇过低为由要求解除劳动合同。双方为此发生纠纷，时丰企业提起仲裁。后经过仲裁庭调解，双方达成调解协议，要求黎某支付违约金一万元。可是，黎某并未在规定的期限内履行调解协议。该企业经过多次催促后，黎某仍然不履行。于是，该企业准备向法院申请强制执行。在员工不履行调解协议的情况下，企业是否可以申请强制执行？

专家分析

《劳动争议调解仲裁法》第五十一条规定："当事人对发生法律效力的调解书、裁决书，应当依照规定的期限履行。一方当事人逾期不履行的，另一方当事人可以依照民事诉讼法的有关规定向人民法院申请执行。受理申请的人民法院应当依法执行。"由此可知，企业与员工发生劳动争议，如果在提起仲裁后，双方达成调解协议，那么调解协议在双方当事人签收之后就具有了法律效力。如果当事人一方对于已经发生法律效力的调解书逾期不履行，另一方当事人是可以向法院申请强制执行的。本案中，时丰企业在提起仲裁后，与员工黎某达成了调解协议。此时的调解协议是具有强制执行力的。员工黎某不按照调解协议支付违约金，时丰企业可以向法院申请强制执行。

实务指南

在现实生活中，企业与员工发生劳动纠纷提起仲裁，在仲裁庭的主持下，如果双方达成调解协议，仲裁庭就会根据调解协议制作调解书，调解协议就具有了强制执行力。一旦任何一方没有在规定的期限内履行调解协议，另一方可以直接向法院申请强制执行。需要注意的是，如果企业与员工达成的调解协议不是在法院或者仲裁庭的主持下进行的，则可以经过司法确认程序，赋予调解协议强制执行力。

关联法规

《中华人民共和国劳动争议调解仲裁法》

第四十二条第一款 仲裁庭在作出裁决前，应当先行调解。

第二款 调解达成协议的，仲裁庭应当制作调解书。

第五十一条 当事人对发生法律效力的调解书、裁决书，应当依照规定的期限履行。一方当事人逾期不履行的，另一方当事人可以依照民事诉讼法的有关规定向人民法院申请执行。受理申请的人民法院应当依法执行。

三、仲裁结果

在劳动纠纷中，如果当事人双方选择申请仲裁来解决争议，此时，一般会有4种结案方式：（1）在当事人申请仲裁之后，达成和解协议；（2）在申请仲裁之后，通过仲裁庭的调解达成调解协议；（3）通过仲裁庭作出裁决而结案；（4）提起民事诉讼。如果仲裁庭裁决劳动争议案件，应当自劳动争议仲裁委员会受理仲裁申请之日起四十五日内结束。案情复杂需要延期的，经劳动争议仲裁委员会主任批准，可以延期并书面通知当事人，但是延长期限不得超过十五日。逾期未作出仲裁裁决的，当事人可以就该劳动争议事项向人民法院提起诉讼。

另外，如果仲裁庭作出裁决，该裁决分为两种：（1）终局裁决，也被称为一裁终局。如果是一裁终局的案件，劳动者对于仲裁裁决不服的，可以自收到仲裁裁决书之日起十五日内向人民法院提起诉讼。而企业在一裁终局的案件中是没有任何救济的机会的。除非仲裁裁决具有撤销的情形，企业此时可以向法院申请撤销仲裁裁决。只有在仲裁裁决被撤销后，企业才可以向法院提起民事诉讼。（2）非终局裁决。对于非终局裁决的劳动争议案件，当事人对仲裁裁决不服的，可以自收到仲裁裁决书之日起十五日内向人民法院提起诉讼；期满不起诉的，裁决书发生法律效力。在非终局裁决中，无论是劳动者，还是企业，只要对仲裁裁决不服，都可以向法院起诉。

（一）终局裁决

终局裁决是指在仲裁庭依法对当事人所提交仲裁庭的劳动争议作出的裁决书自作出之日起就发生法律效力。根据相关法律的规定，在我国，一裁终局的劳动争议案件主要包括两类，即不超过当地月最低工资标准十二个月金额的追索劳动报酬、工伤医疗费、经济补偿金或赔偿金的案件，以及用人单位与劳动者在工作时间、休息休假、社会保险等方面发生争议的案件。对于一裁终局的案件，只有劳动者不服的，才可以向法院起诉，而企业的诉权是受到限制的。但是，如果终局裁决具备以下情形之一时，企业可以自收到仲裁裁决书之日起三十日内向劳动争议仲裁委员会所在地的中级人民法院申请撤销裁决：（1）适用法律、法规确有错误的；（2）劳动争议仲裁委员会无管辖权的；（3）违反法定程序的；（4）裁决所根据的证据是伪造的；（5）对方当事人隐瞒了足以影响公正裁决的证据的；（6）仲裁员在仲裁该案时有索贿受贿、徇私舞弊、枉法裁决行为的。人民法院经组成合议庭审查核实裁决有上述规定情形之一的，应当裁定撤销。仲裁裁决被人民法院裁定撤销的，当事人可以自收到裁定书之日起十五日内就该劳动争议事项向人民法院提起诉讼。

案例：劳动争议仲裁是一裁终局吗？

江河公司是某市一家建筑公司，董某经过朋友的介绍，进入该企业工作。董某进入该企业后，江河公司便与董某签订了为期两年的劳动合同。后来，董某觉得在工地上工作太辛苦，工资也比较低，而且公司也没有按照约定提供完全的作业保护措施，有一定的危险性，于是，在工作了一年后，就提出辞职。董某在离开之后，听朋友说，公司应该支付自己相应的经济补偿金。于是，其便要求公司支付自己经济补偿金。但是，公司的人力资源部门以董某主动辞职为由而不予支付。因此，董某便向当地的劳动仲裁委员会申请劳动仲裁。经过仲裁，仲裁庭作出江河公司支付给董某 3000 元的经济补偿金的裁决。江河公司不服，准备向法院提起诉讼。企业经过咨询后，律师称因为江河公司与董某之间的纠纷属于追索经济补偿金的纠纷，而且金额比较小，没有超过法律规定的最低争议金额，属于一裁终局的案件，不能再向法院提起诉讼。律师的说法是否正确？劳动争议仲裁是一裁终局吗？

专家分析

劳动争议仲裁并不都是一裁终局，要视案件的具体情况而定。根据《劳动争议调解仲裁法》第四十七条的规定，仲裁裁决为终局裁决的劳动争议案件主要包括以下两种：（1）追索劳动报酬、工伤医疗费、经济补偿或者赔偿金，不超过当地月最低工资标准十二个月金额的争议；（2）因执行国家的劳动标准在工作时间、休息休假、社会保险等方面发生的争议。也就是说，只有上述两个范围内的劳动争议的仲裁才是一裁终局。除此之外的其他劳动争议，在仲裁裁决作出后，如果企业不服，仍然可以向法院提起民事诉讼。而在本案中，由于江河公司与董某之间的劳动争议涉及经济补偿金的追索，而且经济补偿金的数额并没有超过当地月最低工资标准十二个月金额。因此，仲裁庭所作出的裁决为最终裁决，该律师的说法是正确的。

实务指南

司法实践中，一旦企业与劳动者之间发生纠纷，部分当事人会选择提起劳动仲裁来维护自己的合法权益。然而，需要注意的是，并不是所有的劳动仲裁案件都是一裁终局的。一裁终局的劳动争议案件需要满足法律规定的条件，除此之外，其他的劳动争议案件在仲裁裁决作出之后，企业不服的，仍然可以向法院提起民事诉讼。因此，在实际生活中，企业在与员工发生劳动纠纷之后，如果一方提起仲裁，要注意辨别自己的案件是否属于一裁终局的范围。如果属于一裁终局的案件，作为用人单位，因为诉权要受到限制，所以其就必须在仲裁开庭前做好充足准备。

关联法规

《中华人民共和国劳动争议调解仲裁法》

第四十七条　下列劳动争议，除本法另有规定的外，仲裁裁决为终局裁决，裁决书自作出之日起发生法律效力：

（一）追索劳动报酬、工伤医疗费、经济补偿或者赔偿金，不超过当地月最低工资标准十二个月金额的争议；

（二）因执行国家的劳动标准在工作时间、休息休假、社会保险等方面发生的争议。

（二）对仲裁裁决不服的救济

在仲裁裁决作出之后，企业对于非终局裁决不服的，可以自收到仲裁裁决书之日起十五日内向人民法院提起诉讼。期满不起诉的，裁决书发生法律效力。而对于一裁终局的案件，即使企业不服，也无法向法院提起民事诉讼。

案例：企业不服仲裁裁决而起诉，应以谁为被告？

杜某应聘成为某市一家电子厂的一名员工。工作三年后，该电子厂被当地一家电子科技公司合并，开始进行人事调整，杜某与电子科技公司签订了无固定期限劳动合同。签订合同 5 年后，该电子科技公司单方提出解除与杜某的无固定期限劳动合同。同时，该电子科技公司按照规定支付给杜某相当于 5 个月工资的经济补偿金 18000 元。对此，杜某认为该公司少支付了自己 3 个月工资的经济补偿金 10800 元（当地月工资的最低标准为 800 元）。而该电子科技公司认为，杜某与该公司之间的劳动关系应该从公司合并时起算，因此，不予支付此前在电子厂时的经济补偿金。为此，杜某向当地的劳动仲裁委员会提起仲裁。经过仲裁，仲裁庭要求该电子科技公司支付给杜某相当于 8 个月工资的经济补偿金。该电子科技公司不服仲裁裁决，准备向法院提起诉讼。如果企业提起诉讼，应该以谁为被告？

专家分析

《劳动争议调解仲裁法》第五十条规定:“当事人对本法第四十七条规定以外的其他劳动争议案件的仲裁裁决不服的,可以自收到仲裁裁决书之日起十五日内向人民法院提起诉讼;期满不起诉的,裁决书发生法律效力。”同时,根据《最高人民法院关于审理劳动争议案件诉讼当事人问题的批复》【1988年10月19日法(经)复〔1985〕50号】规定,劳动争议当事人不服劳动争议仲裁委员会的仲裁裁决,向人民法院起诉,争议的双方仍然是企业与职工。双方当事人在适用法律上和诉讼地位上是平等的。此类案件不是行政案件。人民法院在审理时,应以争议的双方为诉讼当事人,不应把劳动争议仲裁委员会列为被告或第三人。由此可知,在企业与员工发生劳动纠纷,仲裁庭作出裁决之后,企业不服的,如果提起诉讼,应该以员工为被告。本案中,由于该电子科技公司所争议的经济补偿金的数额为10800元,而当地的最低工资标准是每月800元,12个月的金额总计为9600元,争议金额已经超过当地月最低工资标准十二个月金额。因此,该电子科技公司可以提起民事诉讼。在提起民事诉讼时,其仍然应该以员工杜某为被告。

实务指南

实践中,劳动纠纷遵循仲裁前置的原则,因此,如果企业对仲裁庭的仲裁裁决不服,在向法院提起诉讼时,应该起诉与其发生纠纷的员工,而不是以仲裁中心为被告。本案中,该电子科技公司应该起诉杜某。这一点需要我们明确,避免在以后的实践中发生起诉主体的错误。

关联法规

《中华人民共和国劳动争议调解仲裁法》

第五十条 当事人对本法第四十七条规定以外的其他劳动争议案件的仲裁裁决不服的，可以自收到仲裁裁决书之日起十五日内向人民法院提起诉讼；期满不起诉的，裁决书发生法律效力。

《最高人民法院关于审理劳动争议案件诉讼当事人问题的批复》

劳动争议当事人不服劳动争议仲裁委员会的仲裁决定，向人民法院起诉，争议的双方仍然是企业与职工。双方当事人在适用法律上和诉讼地位上是平等的。此类案件不是行政案件。人民法院在审理时，应以争议的双方为诉讼当事人，不应把劳动争议仲裁委员会列为被告或第三人。

（三）先予执行

先予执行是指因申请人生活上的困难，在仲裁庭受理劳动争议案件之后作出裁决之前，根据劳动者的申请，裁定被申请人先行给付申请人一定的财物，并申请法院马上执行的一种制度。在劳动仲裁案件中，设立先予执行制度是为了解决劳动者生活中的燃眉之急，保护劳动者的合法权益。因此，法律规定了劳动者申请先予执行的条件。必须在相关的条件同时具备时，仲裁庭才能作出先予执行的裁决。

案例：在哪些情况下，仲裁庭会作出先予执行的仲裁裁决？

阳光建筑公司与钱某等建筑工人签订了为期一年的劳动合同，在试用期间，钱某在工地上工作时，不小心从楼梯上摔了下来。经过诊断，钱某左腿被摔断，并有轻微的脑震荡。在事故发生之后，因为该企业没有为员工购买保险，且该企业只支付了钱某住院期间的部分医疗费共计20万元。钱某认为，自己的伤属于工伤，公司应该支付全部的医疗费30万元。而且自己家里生活困难，根本无法承担这笔医疗费。对此，双方无法达成一致，于是，钱某向当地的劳动仲裁委员会提起仲裁，并以生活困难为由申请先予执行。此时企业是否会因钱某的申请而提前支付医疗费？在哪些情况下，仲裁庭会作出先予执行的仲裁裁决？

专家分析

钱某符合申请先予执行的条件。《劳动争议调解仲裁法》第四十四条第一款、第二款分别规定，仲裁庭对追索劳动报酬、工伤医疗费、经济补偿或者赔偿金的案件，根据当事人的申请，可以裁决先予执行，移送人民法院执行。仲裁庭裁决先予执行的，应当符合下列条件：（1）当事人之间权利义务关系明确；（2）不先予执行将严重影响申请人的生活。由此可见，在劳动争议案件中，属于追索劳动报酬、工伤医疗费、经济补偿或者赔偿金的案件，并且当事人之间的法律关系明确，一旦不执行，会给申请人的生活造成严重影响时，仲裁庭就会作出先予执行的仲裁裁决。此时，劳动争议案件中的企业就会被法院强制执行支付申请人相关的费用。本案中，钱某与阳光建筑公司之间的追索工伤医疗费的劳动争议法律关系清楚，钱某生活困难，已经符合上述先予执行的条件。所以，仲裁庭会作出先予执行的裁决。

实务指南

司法实践中，企业与员工之间的劳动争议很常见。然而，在实际生活中，一般员工都处于弱势地位，为了保障员工的正常生活，在涉及追索劳动报酬、工伤医疗费时，劳动者可以申请先予执行。因此，企业需要注意，在何种情况下，劳动者先予执行的申请会得到仲裁庭的许可。本案中此种情形的发生，也警示企业应该及时为员工购买保险，防范在发生事故之后承担赔偿的风险。

关联法规

《中华人民共和国劳动争议调解仲裁法》

第四十四条　仲裁庭对追索劳动报酬、工伤医疗费、经济补偿或者赔偿金的案件，根据当事人的申请，可以裁决先予执行，移送人民法院执行。

仲裁庭裁决先予执行的，应当符合下列条件：

（一）当事人之间权利义务关系明确；

（二）不先予执行将严重影响申请人的生活。

劳动者申请先予执行的，可以不提供担保。

第十一章

人力资源管理的相关制度范本

人力资源管理制度是企业人力资源管理具体操作的规范体系，是实现企业人力、物力、财力资源有效配置的最佳方式。做好人力资源管理制度的规划与制定工作，保证人力资源各项管理活动的规范进行，是企业人力资源管理者的基本工作职责。本章提供人力资源管理制度的相关范本作为参考，人力资源管理工作人员在具体应用时，可以借鉴，灵活创新，使企业的规章制度和工作计划更加适用并充满活力。

人力资源管理办法

第一章　总则

第一条　为务实人力资源基础工作，使人力资源工作更加标准化、规范化，根据《中华人民共和国劳动法》和《中华人民共和国劳动合同法》以及有关法律政策文件精神，结合公司实际，制定本办法。

第二条　人力资源是公司生存发展的第一资源，公司人力资源管理坚持以人为本的原则。

第三条　坚持“效率优先，兼顾公平，企业发展，员工富裕”的原则，正确处理企业、员工之间的利益分配关系，调动各方面的工作积极性。建立、完善和维护适应公司发展要求的充满生机与活力的人力资源管理制度。

第四条　在管理体制和机构改革的同时，各部门管理人员的配备，要本着精干高效原则，在定岗定责的前提下进行，严格控制非生产人员，未经公司批准，不得随意聘用管理人员。

第二章　人力资源管理权限与职责

第五条　公司设立人力资源部，负责全公司人力资源的管理、协调和开发工作。工作必须坚持党的群众路线，在充分发扬民主的基础上，实行集中统一领导与分级管理相结合的原则。

第六条　公司人力资源管理职责：

（一）负责建立、健全公司人力资源管理系统，确保人力资源工作按照公司发展目标日趋科学化，规范化；

（二）负责制定公司用工制度、人力资源管理制度、劳动工资制度、人事档案管理制度、员工手册等规章制度；

（三）定期收集公司内外人力资源资讯，建立公司人才库，保证人才储备；

（四）依据公司的人力资源需求计划，组织各种形式的招聘工作，收集招聘信息，进行人员的招聘、选拔、聘用及配置。对不合格的员工进行解聘；

（五）负责员工薪酬方案的制订、实施和修订，并对公司薪酬情况进行监控；

（六）负责建立公司的培训体系，制订公司的年度培训计划，全面负责公司管理层的培训与能力开发工作，并对公司的培训工作进行监督、考核；

（七）根据公司发展规划，对公司的各个职能部门进行职务分析，编制各岗位的岗位说明书；

（八）负责劳动合同的签订与管理工作，进行劳动关系管理，代表公司解决劳动争议和纠纷；

（九）负责员工日常劳动纪律、考勤、绩效考核工作，并办理员工晋升、奖惩等人事手续；

（十）负责办理员工的各项社会保险手续及有关证件的注册、登记、变更、年检等手续；

（十一）建立、完善员工职业生涯管理系统；

（十二）负责公司与外部各级组织、机构的业务联系，负责对内、外劳资统计工作；

（十三）公司的人力资源管理工作由人力资源管理部门统一负责，各驻点经理不得干涉。

第三章　人力资源配置

第一节　机构设置与人员配置

第七条　公司各部门领导、负责人等成员任职应具备下列基本条件：

（一）坚持四项基本原则，贯彻执行党的方针、政策，自觉遵守企业的各项规章制度，热爱公司，关心下属，具有高度的责任心和良好的职业道德；

（二）作风正派，廉洁奉公，遵纪守法，服从公司安排，抵制腐败行为和不良现象；

（三）具有大专以上文化程度或同等学力，具有领导能力，具有从事本职工作的专业技术和业务能力；

（四）具有本岗位所需要的其他特殊理论水平和专业技能；

（五）中层以上干部除具备以上条件外，还必须能独立负责一个部门的组织领导能力和较高的业务水平，年龄一般在55岁以下，并在下一级管理岗位经过一年以上实践锻炼，成绩显著。

根据工作需要，公司可任命学历、职称低于上述条件的人员担任相应职务。

第八条　公司常设管理机构包括：

（一）公司机关设置行政部、人力资源部、营销部、物资部、财务部、设计部、后勤部、法务部八个部门；

（二）公司各单位在组建机构前，需进行工作分析，通过岗位职责等方式对该岗位人员任职条件做出说明。岗位职责是公司招聘、考核的参考依据。

第二节　员工录用

第九条　根据公司的岗位要求及岗位所需人员数量，在一定范围内，按照一定的程序和方法，择优录用选拔员工到新的岗位工作。

第十条　各级干部的聘任：

公司各级管理人员，按照公开、平等、择优的原则进行选拔、聘用、任免。

（一）公司干部的聘任，严格按照干部管理程序，由经理提名，人力资源部负责考察、评审，报经董事会任命；

（二）部门经理（部门领导者），由经理提名，人力资源部负责考察、评审，由公司经理聘任；

（三）各部门其他管理人员的聘用由部门负责人提名并形成书面报告，送公司人力资源部，经公司人力资源部考察、评审通过后，由部门负责人聘用。

第十一条　有下列情形之一的，不得录用：

（一）与其他单位的劳动关系尚未解除的；

（二）与岗位要求专业不对口且工作经验也与岗位不匹配的；

（三）在学历、经历、年龄、婚姻状况、身体状况等方面有隐瞒、欺骗行为的；

（四）有急、慢性传染病或其他严重疾病，医生认为影响正常工作的。

第十二条　加强储备干部的选拔、培养、管理。公司选拔干部由公司人力资源部门考察、评审，经有关负责部门讨论同意后，列为储备干部。

第十三条　公司内部需引进成熟型管理技术人员或特殊人才的，应向人力资源部提出书面申请。经公司总经理批准后，统一由人力资源部实施。

第三节　员工调配

第十四条　管理人员调配

（一）要本着工作需要，优化结构，保持稳定，充分调动人员积极性、创造性的原则进行管理人员调配；

（二）管理人员的调动，由部门负责人提名，经人力资源部征求业务主管部门意见后，由人力资源部办理调动手续；

（三）凡被调动的人员必须按时报到并按规定办妥工作移交和公物移交手续，人力资源部依照规定为其办理手续。

第十五条　普通员工调配

员工申请在公司内部调动，按以下程序办理：

（一）员工提出书面申请，由调出、调入部门双方负责人签批；

（二）公司总经理批准后，人力资源部发函通知办理调动手续；

（三）根据工作需要，公司可以直接决定公司内部的员工调动，各单位应严格执行。

第四章　人力资源开发

第一节　人才培养与选拔

第十六条　公司由人力资源部对人才培养情况、人才流失控制情况、大学毕业生跟踪考察情况、员工培训率等指标进行业务考核。

第十七条　公司应建立综合管理型人才、项目应用型人才、技术开发型人才、大学毕业生等后备人才的电脑信息库，实行人才的同步动态管理。

第十八条　公司通过以下基本途径考察、选拔人才：

（一）公司领导决定；

（二）公司各级管理层推荐；

（三）员工自我申请；

（四）其他员工推荐。

第十九条 公司各部门负责人的任前考核，由公司主管领导负责，公司人力资源部牵头实施。

第二节 员工培训

第二十条 培训计划：

（一）根据工作需要，公司各部门需每半年编制一次培训需求计划，部门负责人批准后，报人力资源部；

（二）每年人力资源部根据各部门报送的培训需求计划，制订次年度“员工教育培训计划”，经主管领导批准后，组织安排各部门员工进行培训。

第二十一条 培训内容：

（一）现代化管理思想及能力、创新型技术及安全知识；

（二）新颁布的法律、法规、标准、规范等；

（三）新理念、新设备、新技术；

（四）与公司相关的其他业务领域的知识；

（五）团队精神、沟通技能、创新意识的培训；

（六）其他。

第二十二条 公司的培训形式包括公司内部培训、外派培训和员工自我培训。

第二十三条 培训对象包括：

（一）各级管理人员；

（二）各部门岗位专业人员；

（三）新录用人员；

（四）其他相关人员。

第二十四条　培训的组织策划和实施：

（一）人力资源部负责培训活动的统筹规划；

（二）公司行政部门负责培训的具体实施；

（三）公司其他部门负责人应协助行政部门进行培训的实施、督促，同时在公司整体培训计划下组织好本部门内部的培训；

（四）培训计划需根据培训需要的变化进行适当调整。

第二十五条　培训效果验证：

（一）培训结束后，通过考试、培训演讲、征求学员意见和建议等方式，对培训工作的有效性进行评价；

（二）达不到培训效果的要及时、定期整改；

（三）公司根据工作考核评比结果，对各部门有关负责人及其他有关员工分别进行奖励；

（四）对未完成培训指标的责任人及其他有关人员，公司可分别给予通报批评。

第五章　绩效考核

第二十六条　公司致力于客观公正的绩效考核体系，旨在及时了解员工的工作情况，通过绩效沟通，及时调节员工的工作目标和行为，使员工个人职业规划和公司发展规划紧密结合。通过对绩效的评估考核，全面了解员工的专业能力和内在潜质，以便公司对员工的能力和潜质加以提升和开发。

第二十七条　员工的年度绩效考核结论，主要用于以下方面：

（一）作为评选本年度先进员工的基本依据；

（二）作为本年度绩效奖金分配的基本依据；

（三）作为是否续聘职称的基本依据；

（四）作为公司对员工进行其他评价、奖惩的依据。

第六章　劳动关系管理

第一节　劳动合同

第二十八条　公司实行全员劳动合同制，与员工定期签订、续签劳动合同。

公司与员工建立劳动关系后，应自员工工作之日起30日内与其签订书面劳动合同。

第二十九条　公司与员工之间的劳动合同期限标准应根据法律要求及公司内部情况另行规定。

第三十条　劳动合同须经员工本人、公司法定代表人签字，并加盖公司公章后生效。

劳动合同签订后，由公司、员工各执一份。

第三十一条　公司与员工协商一致可以变更劳动合同的相应内容，包括变更合同期限、工作岗位、劳动报酬等。

变更劳动合同，应当采用书面形式。变更后的劳动合同文本经员工本人、公司法定代表人或法定代表人授权的人签字，并加盖公章后生效，由公司和员工各执一份。

第三十二条　公司与员工协商一致可以解除劳动合同。

第三十三条　员工有下列情况之一的，公司可以解除劳动合同：

（一）在试用期间经考核不符合录用条件的；

（二）严重违反公司规章制度的；

（三）营私舞弊，严重失职，给公司造成重大损害的；

（四）同时与其他用人单位建立劳动关系，对完成本单位的工作任务造成严重影响，或者经公司提出，拒不改正的；

（五）员工以欺诈、胁迫的手段与公司订立或者变更劳动合同的；

（六）员工被依法追究刑事责任的。

公司依本条规定与员工解除劳动合同，不支付员工经济补偿金。

第三十四条　有下列情形之一，公司提前30日以书面形式通知员工或者额外支付员工一个月工资后，可以解除劳动合同：

（一）员工患病或非因工负伤，在规定的医疗期满后不能从事原工作，也不能从事由公司另行安排的工作的；

（二）员工经过培训或者调整工作岗位，仍不能胜任工作的；

（三）劳动合同订立时所依据的客观情况发生重大变化，致使原劳动合同无法履行，经协商不能达成一致的。

第三十五条　员工有下列情形之一的，公司不得依据本办法第三十四条的规定解除劳动合同：

（一）从事接触职业病危害作业的员工未进行离岗前职业健康检查，或者疑似职业病病人在接受医学诊断或医学观察期间的；

（二）因工负伤或因在本公司从事职业病危害作业导致患职业病后，被确认丧失或者部分丧失劳动能力的；

（三）患病或者非因工负伤，在规定的医疗期内的；

（四）女员工在孕期、产期、哺乳期的；

（五）在本公司连续工作满15年，且距法定退休年龄不足5年的；

（六）法律、行政法规规定的其他情形。

第三十六条　非因公司过错，员工提出解除劳动合同的，应当提前30日以书面形式通知公司。

员工自动离职，给公司造成经济损失的，须按相关规定进行赔偿，并按有关规定解除劳动合同。

第三十七条　有下列情形之一的，劳动合同终止：

（一）劳动合同期满的；

（二）员工开始依法享受基本养老保险待遇的；

（三）员工死亡或被人民法院宣告死亡或者宣告失踪的；

（四）员工个人违法犯罪的；

（五）法律、行政法规规定的其他情形。

第三十八条 员工在规定的医疗期内，女员工在孕期、产期和哺乳期内劳动合同期满的，劳动合同的期限自动延续至医疗期、孕期、产假和哺乳期满为止。

第三十九条 劳动合同期满公司需要续签劳动合同的，应提前30日通知员工，并在30日内重新签订劳动合同。不再续签的，在合同期满前10日内书面通知员工终止劳动合同。

依法解除、终止劳动合同的经济补偿标准按劳动合同法相关规定执行。

第四十条 公司与员工解除或者终止劳动合同时，应当由人力资源部与员工进行协调并出具解除或者终止劳动合同的证明，在15日内办理档案和社会保险关系转移手续。

第四十一条 公司为员工提供技术、业务培训的费用，单次达到当地社会月平均工资的三倍以上的，应与该员工订立劳动合同的补充协议，约定服务期。

服务期的长短根据培训费用、培训类别确定，一般约定为二至五年。

第四十二条 公司为员工提供技术、业务培训后，员工违反服务期约定的，应当按照约定向公司支付违约金，违约金不超过服务期尚未履行部分按月分摊的培训费用。

培训费用的计算，应包括已报销的培训费、资料费及差旅费、脱产培训期间领取的工资、奖金及其他补助等。

第二节　劳动保护

第四十三条　公司为员工提供符合国家规定的劳动安全条件和必要的劳动防护用品，员工体检由人力资源部统一安排。

第四十四条　公司可根据实际情况对员工进行夏季防暑降温费和冬季取暖费两费发放。

第四十五条　公司对女员工实施相应的特殊劳动保护。

第三节　工作时间与休息休假

第四十六条　公司根据法律规定实行全天 8 小时工作制。

第四十七条　与公司签订了劳动合同的员工，依法享有休息休假的权利。

第四十八条　病假

员工休病假，超过 2 天要出具医院开具的相关证明。

员工休病假的时限，应以医院出具的证明上的时间为准，遇节假日不顺延。

从员工转正开始，员工每年可享受 5 天带薪病假。

员工带薪病假休满之后，如果因病仍不能上班，则应申请进入医疗期，公司将根据病情决定是否批准其进入医疗期。公司批准进入医疗期的，其待遇按公司医疗期制度执行。不批准进入医疗期的，员工又确实不能上班，按无薪病假待遇，员工连续休经公司批准的无薪病假超过 15 日以后，公司按照国家有关规定，每月发给其全市最低工资 60% 的基本生活费，按其基本生活费的标准缴纳养老保险，并按规定报销医药费，其他待遇不再享受。待合同期满，不再续签劳动合同。

员工无论休何种病假，必须按时递交有效的医生诊断证明，请部门经理批准。否则按旷工处理。

第四十九条　事假

事假系无薪假，公司根据工作安排决定是否批准员工休无薪假。

申请假期在 1 天以内的，由各组负责人批准。

申请假期在 1 天以上 3 天以内的，由部门经理批准。

申请假期在 3 天以上的，由公司总经理批准。

公司员工请事假一次不能超过 15 天，一年累计不能超过 30 天。未经批准休事假、擅自离开工作岗位的，按旷工处理。

第五十条 年假

员工符合以下条件的可以享受年休假：

（一）累计工作已满 1 年不满 10 年的，年休假 5 天；

（二）已满 10 年不满 20 年的，年休假 10 天；

（三）已满 20 年的，年休假 15 天。国家法定休假日、休息日不计入年休假的假期。

员工享受年休假应在完成工作的情况下，根据工作需要，由所在部门安排。因工作需要未享受年休假的，享受法定假期间工作待遇。

员工有下列情形之一的，不享受当年的年休假：

（一）员工依法享受寒暑假，其休假天数多于年休假天数的；

（二）因工作不连续，休息天数超过年休假天数的；

（三）员工请事假累计达 15 天以上且单位按照规定不扣工资的；

（四）累计工作满 1 年不满 10 年的员工，请病假累计 2 个月以上的；

（五）累计工作满 10 年不满 20 年的员工，请病假累计 3 个月以上的；

（六）累计工作满 20 年以上的员工，请病假累计 4 个月以上的。

第五十一条 婚假

员工在法定年龄结婚的，可享受带薪休假 3 天。

员工结婚时男女双方不在一地工作的，可视路程远近，另给予路程假。

男、女职工婚前体检可享受半天全薪假。

婚假包括公休假和法定假，遇节日不顺延。

再婚的可享受法定婚假。

在探亲假（探父母）期间结婚的，不另给假期。

第五十二条　产假

产假所涉及的假期，均应包含节假日，即遇节假日不顺延。

女员工妊娠期间每月可享受半天全薪假以供月检。

女员工生育可享受 98 天全薪产假。

年龄 24 周岁以上生育第一胎者，可延长一个月带薪产假。

如遇难产，可凭医院证明增加有薪产假 15 天。

多胞胎生育的，每多生一个婴儿，增加产假 15 天。

男员工根据妻子生育情况可享有 3~10 天的陪产假。

女员工怀孕未满 4 个月流产的，享受 15 天带薪产假；怀孕满 4 个月流产的，享受 42 天带薪产假。

第五十三条　丧假

职工的父母、配偶、子女去世，给丧假 3 天，公司给予慰问假 2 天，共计 5 天，路途占用时间除外；职工公婆、岳父母去世，公司给丧假 3 天。丧假和路途天数包括节假日。

第五十四条　调休假

员工在休息日加班后，经部门经理批准，可以享受因休息日加班产生的调休假。

员工休调休假时，须考虑部门工作的安排，并应提前一周申请，经部门经理同意。

员工休调休假时，应在请假单后附有部门经理批准调休的加班申请单。

调休假只限当年有效。

第五十五条 工伤假

员工在工作期间发生工伤事故，直接负责人应立即到现场调查受伤情况，并立即做出处理，再报告至上级领导和人力资源部。

公司根据医生开具的诊断确定是否需要给予工伤假。

员工休工伤假享受全薪。

员工休工伤假期间，应按照公司的要求定期到指定医院进行检查。

第五十六条 探亲假

探亲假包括已婚员工探配偶、未婚员工探父母、已婚员工探父母三种。职工休探亲假，由本人提出书面申请，探亲假的申请条件和假期均按国家规定执行。

第四节 劳动奖励与处分

第五十七条 本公司设立以下奖励方法：

（一）通报表扬；

（二）绩效奖金；

（三）职级晋升。

第五十八条 对有下列表现之一的员工，应当给予奖励：

（一）遵纪守法，严格执行公司规章制度，文明礼貌，团结互助，事迹突出；

（二）对工作认真负责，廉洁奉公，全年未出现事故；

（三）完成计划指标，为公司创造良好的经济效益；

（四）积极向公司提出合理建议，被公司采纳；

（五）积极做好本职工作及其他临时性工作，全年无缺勤；

（六）维护公司利益，为公司赢得荣誉，对防止或挽救事故与经济损失有功；

（七）维护公司纪律，节省费用，抵制歪风邪气；

（八）领导有方，带领员工良好完成各项任务；

（九）其他对公司做出贡献的。

第五十九条　奖励程序如下：

（一）员工推荐、本人自荐或单位提名；

（二）人力资源部调查、审核；

（三）董事会或总经理批准。其中，属董事会聘任的员工，其获奖由人力资源部审核，董事会批准；属总经理聘任的员工，其获奖由人力资源部审核，总经理批准。

第六十条　员工有下列行为之一，经批评教育不改的，视情节轻重，分别给予扣除一定时期的奖金、扣除部分工资、警告、记过、降级、辞退、开除等处分：

（一）违反国家法律、法规、政策和公司规章制度，造成经济损失或不良影响的；

（二）违反劳动法规，经常迟到、早退、旷工，没完成生产任务或工作任务的；

（三）不服从工作安排和调动，或无理取闹、影响工作秩序，给公司生产经营造成损失的；

（四）拒不执行上级决定，干扰工作的；

（五）工作中故意损坏设备、浪费资源物品，造成经济损失的；

（六）玩忽职守，工作中违章操作或违章指挥，造成事故或经济损失的；

（七）滥用职权，挥霍公司资财，造成经济损失的；

（八）向客户索取回扣、介绍费的；

（九）打架斗殴、寻衅滋事等尚未达到刑事处罚的；

（十）挑拨是非，破坏团结，损害他人名誉或领导威信，影响恶劣的；

（十一）泄露公司秘密，把公司客户介绍给他人的；

（十二）散布谣言，损害公司声誉或影响公司经营状况的；

（十三）利用职权对员工打击报复或包庇员工违法乱纪行为的；

（十四）有其他违章违纪行为的。

员工有上述行为，情节严重，触犯刑律的，提交司法部门依法处理。

第六十一条 员工有上述行为造成公司经济损失的，责任人除按上条规定承担应负的责任外，按以下规定赔偿公司损失：

（一）造成经济损失5万元以下（含5万元），责任人赔偿5%~30%；

（二）造成经济损失5万元以上的，由人力资源部报总经理或董事会决定责任人应赔偿的金额。

第六十二条 给予员工行政处分和经济处罚，应当慎重决定。必须弄清事实，取得证据，经过一定会议讨论，征求有关部门意见，并允许受处分人进行申辩。

第六十三条 对员工进行处分，应由人力资源部书面通知本人，并记入档案。

第六十四条 员工对处分决定不服的，允许按公司制度规定提请复议。

第六十五条 受处分的员工，能及时改正错误，积极工作，在一年内弥补经济损失或完成工作目标的，经所在单位提议或本人要求，人力资源部审核后呈报总经理或董事会批准，可酌情减轻或免除处分。

第五节　待岗管理

第六十六条　待岗人员由人力资源部提出，经公司领导审查批准后，正式确定为待岗人员，人力资源部应及时通知职工本人。

第六十七条　待岗人员的待遇

从待岗之日起的前 3 个月，只发岗位工资，第 4 个月至第 6 个月，发放岗位工资的 70%，待岗第 7 个月起，按最低生活标准发放，同时，社会保险等按市平均工资的 70% 缴纳。

第六十八条　待岗人员的安排和处理

公司对待岗人员采取安排转岗培训等再就业措施，鼓励职工自谋职业，职工愿意退养、辞职、内部离岗的，公司根据规定积极办理。

第六节　社会保险

第六十九条　公司依法为员工办理养老、医疗、工伤、生育和失业等社会保险，缴纳住房公积金。

第七十条　员工因病、非因公受伤，因公伤亡、患职业病、失业、女员工计划内生育等，按国家有关规定享受社会保险待遇。

第七十一条　工伤事故的调查、内部认定以及工伤待遇的申报由人力资源部办理。

第七章　薪酬制度

第七十二条　公司按月以人民币向员工结算薪酬。员工每月薪酬为岗位工资、绩效工资以及其他津贴之和。

第七十三条　公司可根据岗位的性质制定薪酬的标准。

除交通津贴、话费津贴、有毒有害津贴、高温补贴外，不再发放其他工资性津贴。该类津贴标准，由人力资源部根据相关规定执行。

第七十四条　各部门负责人应于每月发放工资的一周前将本部门人

员上月的考勤表报送人力资源部。人力资源部计算制作工资表后，报请本单位领导审批，交财务部支付上月薪酬。

第七十五条 公司领导的年度效益奖应按照本年度业绩情况及考核结果确定的标准执行，由人力资源部会同财务部办理。

第八章 人事档案资料管理

第七十六条 公司人力资源部负责公司人事资料的收集、整理和归档，对人事资料的质量进行把关，并按规定的时间和程序报公司综合档案室。

第七十七条 对公司的人事档案，未经有关负责人批准，不得查抄和借阅。

第九章 附则

第七十八条 本办法解释权属公司人力资源部。

第七十九条 本办法自发文之日起执行。

企业劳动用工管理制度

第一章 总则

第一条 为构建稳定和谐的劳动关系，明确权利和义务，规范劳动管理准则与员工行为准则，保障劳动安全，维护内部经营管理秩序、工作秩序、生活秩序，根据劳动法及其配套法律、规章的制度，结合企业的实际情况，制定本规章制度。

第二条 本规章制度适用于本企业和全体员工，对特殊职位的员工另有规定的从其规定。

第三条 员工享有取得劳动报酬、休息休假、获得劳动安全卫生保护，享受社会保险福利等权利，同时应当履行完成劳动任务、提高职业技能、执行劳动安全卫生规程、遵守劳动纪律和职业道德等义务。

第四条　企业负有支付员工劳动报酬、提供劳动安全条件、保护员工合法劳动权益等义务，享有生产经营决策、劳动用工、工资奖金分配、依法制定和完善规章制度等权利。

第二章　对员工的基本要求

第五条　行为准则

（一）自觉遵守国家法律、法规和各项政策，遵守企业各项规章制度；

（二）牢固树立质量第一、安全生产的意识，严格执行质量管理制度，严格遵守安全管理制度和安全操作规程；

（三）严格遵守企业的财经纪律，不贪污，不行贿受贿，不收受回扣和好处；

（四）严格遵守企业的保密制度，不得泄露或出卖企业的商业机密和经济、技术、管理信息和情报，如有发现，应立即制止并及时向有关部门或领导报告；

（五）与人交往以诚相待，信守承诺，不欺骗别人；

（六）反映情况实事求是，不捕风捉影，不搬弄是非，不散布谣言，不威胁和报复他人；

（七）爱护企业公共设施，节约使用水、电、气和办公用品，养成以节能减耗为荣、以奢侈浪费为耻的良好风尚；

（八）保持个人良好仪表仪容，保持生产、经营、服务、办公等工作场所整洁，营造优美的工作环境；

（九）明确自身工作岗位职责，具备岗位基本文化与技能要求。

第六条　凡被招用的应聘者必须与原用人单位解除劳动合同。

第三章　招聘录用

第七条　招录工作由企业主管人力资源部门统一组织实施。企业根据岗位需求，确定招录员工的具体条件、数量等，通过人力资源市场、招聘洽谈会等途径，以书面形式向社会公布，全面考核，择优录用。

第八条　企业严格遵照国家《就业促进法》等相关法规要求，尊重宗教自由，提倡种族平等，保障员工不因民族、种族、地域、性别、年龄、宗教信仰、身体状况、婚姻状况等不同而受歧视。

第九条　企业招聘的员工应具备以下基本条件：

（一）年满十六周岁以上的中华人民共和国合法公民；

（二）持本人真实有效的身份证件和要求提供的其他证件、证明；

（三）身体条件和文化程度符合行业特殊性及岗位工作要求；

（四）专业技术人员经专门培训并持有职业资格证或上岗证；

（五）无犯罪记录，非涉案在逃人员或国家明令取缔的非法组织成员。

员工一经录用，须办理健康证，持证上岗。

第十条　企业对应聘者如实填写的表格等信息进行审核，对符合条件的，经笔试和面试后，从符合招录条件的对象中择优录用，并及时通知应聘者。

第四章　劳动合同管理

第十一条　人力资源部为新招用的员工建立个人档案（含按规定提取的档案材料）时，员工必须如实填写员工登记表，在5个工作日内出具以下相关证明的原件并提交复印件：①身份证和近期小二寸免冠照4张；②家庭住址和电话号码；③学历证书；④就业登记证；⑤健康体检表；⑥职业资格证书；⑦发生意外或疾病时的联系人和联系电话等。企业一经发现员工提交的资料严重失实，可立即解除劳动合同。

第十二条　企业招用员工实行劳动合同制，自员工工作之日起30日内签订书面劳动合同，劳动合同由双方各执一份，报劳动部门备案一份。

劳动合同须经员工本人、企业法定代表人签订，并加盖公章生效。

第十三条　对录用的员工，企业按照规定建立员工名册。员工名册内容有：序号、姓名、性别、身份证号、参加工作时间、用工起始时间、户籍地址及现住址、用工方式、岗位工种、合同类型、合同起止日期、解除或终止合同日期、解除或终止合同原因、备注等栏目。

第十四条　企业对新录用的员工实行试用期制度。根据劳动合同期限的长短，设定试用期：合同期限不满6个月的不设定试用期；合同期限满6个月不满一年的，试用期不得超过30天；合同期限满一年不满三年的，试用期不超过90天；合同期限满三年以上的，试用期不超过6个月。试用期包括在劳动合同中，并算作本企业的工作期限。

第十五条　企业与员工协商一致，可以变更劳动合同约定的内容，包括合同期限、工作岗位、劳动报酬、违约责任（仅限于服务期约定和竞争限制约定）等。变更劳动合同，均采用书面形式。变更后的劳动合同双方各执一份。

第十六条　员工有下列情形之一的，企业可以解除劳动合同：

（一）在试用期间经考核不符合录用条件的；

（二）严重违反公司规章制度的；

（三）营私舞弊，严重失职，给公司造成重大损害的；

（四）同时与其他用人单位建立劳动关系，对完成本单位的工作任务造成严重影响，或者经公司提出，拒不改正的；

（五）员工以欺诈、胁迫的手段与公司订立或者变更劳动合同的；

（六）员工被依法追究刑事责任的。

企业依本条规定与员工解除劳动合同，不支付员工经济补偿金。

第十七条 劳动合同期满的企业需要续签劳动合同的，提前30天通知员工，并在30日内重新签订劳动合同；不再续签的，在合同期满前书面通知员工，向员工出具《终止劳动合同通知书》，在员工向企业交还必要证件或资料之日起15日内，为员工办理终止劳动合同的相关手续。

第十八条 员工提前30日内以书面形式通知企业，可以解除劳动合同。员工在试用期内提前3日通知企业，可以解除劳动合同。员工因本人原因违反《劳动合同法》规定提前解除劳动合同，或者违反劳动合同中约定的保密义务或者竞业限制，给企业造成损失的，应当承担赔偿责任。

第十九条 员工有下列情形之一的，企业不得解除劳动合同：

（一）从事接触职业病危害作业的员工未进行离岗前职业健康检查，或者疑似职业病病人在接受医学诊断或医学观察期间的；

（二）因工负伤或因在本公司从事职业病危害作业导致患职业病后，被确认丧失或者部分丧失劳动能力的；

（三）患病或者非因工负伤，在规定的医疗期内的；

（四）女员工在孕期、产期、哺乳期的；

（五）在本公司连续工作满15年，且距法定退休年龄不足5年的；

（六）法律、行政法规规定的其他情形。

第二十条 企业单方解除劳动合同时，应事先与工会协商确定，工会认为不符合法律、法规规定或劳动合同约定的，要求纠正的，企业应研究工会意见，并及时将结果书面通知工会。

第二十一条　企业解除劳动合同的，向员工出具《解除劳动合同通知书》，并在合同解除后15个工作日内办理解除劳动合同手续。对已经解除或者终止的劳动合同的文本，至少保存两年备查。

第二十二条　企业按照《劳动合同法》规定应当向员工支付经济补偿的，在办结工作交接手续后一次性支付。经济补偿的支付标准按员工在本企业的连续工作年限计算，每满一年支付一个月的工资；六个月以上不满一年的，按一年计发；不满六个月的，发给半个月的工资。月工资标准按劳动者终止或解除劳动合同前12个月平均工资确定，最低不低于当地最低工资标准，最高不超过当地上年度职工月平均工资的三倍。

第五章　工作时间

第二十三条　企业实行标准工时制度，每天8小时工作制，每周不超过44小时。对特殊岗位的员工实行不定时或综合计算工时制。员工每天正常上班时间，将根据季节性变化而及时通知。

第二十四条　企业根据经营需要，经与员工协商可以依法延长日工作时间，但按照国家规定执行，并保证员工每周至少休息一天。其他休息休假按照国家现行规定执行。

第二十五条　加班加点采取协商的原则，企业不得强迫员工加班。加班加点前，由部门主管汇总加班加点申请表，并于当日下班前两小时交上级部门主管审批。未经报备核准，员工不得私自加班加点，违者不支付加班加点工资。

第二十六条　人力资源部将加班申请表原件存档并进行工时统计，随时稽查核实部门加班情况，对超时加班情况加强监控，及时报告并备案。

第二十七条　企业建立劳动考勤制度，记载员工出勤情况，每月

30 日与员工核对并签字确认，且保存三年（不少于二年）。

第二十八条 员工因公外出，无法考勤时，需由部门主管补签证明，并交人力资源部门备案及修正考勤记录。

第二十九条 员工必须在企业规定的时间上下班，不得迟到、早退和旷工。在工作时间内，未经批准不得会见亲友或擅离工作岗位。

第六章 休息休假

第三十条 企业确保员工每周至少休息一天。

第三十一条 假期规定

（一）法定假。元旦、春节、清明节、劳动节、端午节、中秋节、国庆节带薪休假。

（二）部分职工法定假日。

"三八"妇女节女职工放假半天（非强制）。

"五四"青年节 28 周岁以下的青年放假半天（非强制）。

企业群团组织可开展公益休闲等活动；若企业根据生产经营需要不能安排休息时，按正常工作时间支付工资；如遇公休日不另补假。

（三）带薪年假。员工连续工作满 12 个月的可申请享受带薪年休假。

（四）婚假。一般婚假为 3 天，其中，晚婚的（男 25 岁，女 23 岁），可享受 10 天婚假，结婚一方符合，一方享受；双方晚婚，双方享受。

（五）丧假。员工父母、岳父母、公婆死亡时，有薪假 1~3 天。

（六）产假。一般为 98 天。

如为难产，产假为 113 天。

多胞胎产假为 98+15 天，每多生产一个婴儿增加产假 15 天。

女员工怀孕未满 4 个月流产的，享受 15 天带薪产假；怀孕满 4 个月流产的，享受42天带薪产假。

（七）医疗期。企业实行医疗期制度。员工因病（除打架斗殴外）确需停工治疗，应凭市社区（或街道）以上医院证明，可按国家规定享受医疗期；若医疗期累计超过其法定年休假标准的，不再享受当年的年休假。试用期内员工在医疗期内，试用期中止，待医疗期结束后，延续计算。

（八）探亲假。工作满一年以上的职工与配偶、父母分居两地，符合《国务院关于职工探亲待遇的规定》条件（不能利用公休假日在家居住一夜加半个白天），享受探亲假。

（九）工伤假。员工因工作遭受事故伤害或者患职业病进行治疗，依据部门主管签证及县级以上医院诊断证明或劳动保障行政部门工伤认定结论，企业依法提供工伤医疗和工伤保险等待遇。

（十）企业决定的临时性放假。按企业办发文，各部门参照执行，放假期间视同员工正常出勤。

（十一）事假。职工因故请事假（无薪），须事先书面请假，由部门主管核准，交人力资源部门备案。全年事假不得超过30天。

（十二）紧急假：员工遇有急病或紧急事故，应请同事、家属、亲友、联系人以电话或当面报告部门主管，由部门主管代为办理申请给假。

除特殊规定外，各种假期均包括公休日和法定假日，假期必须连续使用，不得分次使用。

第七章　劳动报酬

第三十二条　员工基本工资不低于市人民政府公布的最低工资标准。基本工资是员工完成法定工作时间应享有的工资报酬。

第三十三条　企业实行年薪制加薪绩效工资，依据所在的部门工作性质确定，此外包括加班工资、奖金、津贴和补贴。计时工资和计件工资以劳动合同约定或单价协议书为准。具体工资结构由企业行政和工会以工资集体协商形式决定。

第三十四条 企业以现金形式或委托银行代发工资。在支付工资时向员工提供其本人的工资清单（一式二份），员工领取工资时应在工资清单上签名。

第三十五条 本月工资于次月 15 日前支付，依法解除或终止劳动合同时，在解除或终止劳动合同后 5 日内一次性付清员工工资。

第三十六条 工作日安排员工延长劳动时间的，按员工工资的 150% 支付加点工资；休息日安排加班的，原则上安排调休，五个月内（法律规定 6 个月）不能调休的，按 200% 支付加班工资；法定节假日（含综合计算工时）安排加班的，按 300% 支付加班工资。

第三十七条 实行综合计算工时工作制的员工，在综合计算工时周期内，总的工作时间超过总法定工作时间的部分，视为延长工作时间，企业按员工本人工资的 150% 支付加班工资。

第三十八条 非员工原因造成停工、停产、歇业，时间在一个工资支付周期内的，企业按照国家规定或者劳动合同约定的工资标准支付工资；停工、停产、歇业时间超过一个工资支付周期，员工提供了正常劳动的，企业按照不低于市人民政府公布的最低工资标准支付工资。

第三十九条 因员工本人原因给企业造成经济损失的，企业可以要求员工赔偿或依企业规章制度对员工罚款，可以从员工当月工资中扣除。罚款和赔偿可以同时执行，但每月扣除的金额不得超过员工岗位工资的 20%。

第四十条 有下列情况之一，企业依法从员工工资中代扣或减发不属于克扣工资：

（一）员工应当缴纳的个人所得税；

（二）员工应当缴纳的社会保险费和住房公积金；

（三）扣除依法赔偿给企业的费用；

（四）人民法院发生法律效力的法律文书中载明应由员工承担的扶养费、抚养费、赡养费等；

（五）法律、法规、规章规定可以扣除的工资或费用。

第四十一条　企业实行绩效管理制度，设立月度奖、季度奖和年终奖。企业人力资源部门具体负责绩效考核的组织和实施工作，对员工每月、每季、年度出勤天数、工作态度、工作业绩等进行综合考评后，计核绩效奖金。

对依法终止或解除劳动关系的员工，其月度奖、季度奖和年终奖等支付周期未满的工资，企业按照员工实际工作时间折算计发。

第四十二条　企业逐步改善和提高员工各项福利待遇，改善员工食宿条件和工作条件。

第八章　劳动安全卫生

第四十三条　企业要依法保证安全生产的有效投入，不断改善劳动作业环境，确保设施设备达到国家安全规定标准。要建立健全各级安全生产责任制和各项安全生产规章制度及操作规程，并严格贯彻落实。建立健全安全生产应急救援方案，定期组织演练。严格落实安全生产“三级”培训制度，切实提高员工安全生产经营和按规操作的自觉性。

第四十四条　员工要认真贯彻落实国家劳动生产安全的有关法律、法规和企业劳动纪律、管理制度。自觉接受劳动安全教育和自学生产、工作安全常识。积极参与各种生产宣传、教育、评比、竞赛、表彰活动。

第四十五条　加强职业卫生健康教育，提高员工职业病等防护知识；改善劳动卫生设备设施条件，落实职业病防治措施，促进员工身心健康。

第四十六条 定期组织安全卫生检查，及时整治各类事故隐患。切实加强安全源头管理，设立危险场所设备警示标志，落实专人负责制度。

第四十七条 发生事故后，应立即采取措施，如是重大事故，应立即向上级报告，并拨打火警119和急救120电话。

第四十八条 企业食堂要按照食品卫生法律规定，定期清洗消毒，严防食品霉烂变质，防止食物中毒事故。

第四十九条 对符合工伤认定条件的员工，企业在一个月之内向劳动保障行政部门提出工伤认定，医疗期内依法支付其医疗费和生活费等相关待遇，伤残评定等级后，依法支付相关待遇。

第五十条 员工发生伤亡事故，经劳动保障行政部门认定为工伤事故的，企业按《工伤保险条例》承担相应赔偿责任。

第九章 社会保险和福利

第五十一条 企业按照政府规定为员工办理养老保险、失业保险、工伤保险等各项社会保险。缴纳各项社会保险费依法由企业和个人按照国家法律法规分别承担。

第五十二条 企业及时为员工提供工作需要的劳动保护用品；对从事高温和繁重体力劳动等工作的员工实行一定的补贴制度；定期组织员工进行体检，对从事接触职业病危害作业的劳动者按《职业病防治法》规定处理。

第五十三条 企业将不定期地举行如春游、运动会、劳动竞赛等活动来丰富员工的业余生活，增加企业的凝聚力。

第十章　培训管理规定

第五十四条　企业应加强员工的培训和教育，根据员工的素质和岗前要求，实行职前培训，职业教育或在岗前培训教育，培训员工的职业自豪感和职业道德意识。培训按照“经济、实用、高效”的原则，采取人员分层化、方法多样化、内容丰富化的培训政策。

第五十五条　企业人力资源部门对新招用的员工于报到当日组织岗前培训，具体内容有企业简介、劳动合同与员工守则、工作注意事项、安全卫生、品质观念、行为规范等教育，使新招用的员工基本了解工作流程以及生活辅助功能等情况。

第五十六条　对新任岗位调（转）岗的员工，企业采取分类、分岗等形式，进行有序转岗培训，促进员工工作技能的提高，尽快适应新岗位的要求。

第五十七条　企业对专门管理、技术等人员经过组织、人力资源等部门筛选后，对选送进行专项技术培训的员工，企业与其订立协议，约定服务期。如员工违反服务期约定的，按照尚未履行月数（或按年）所应分摊的培训费用支付违约金。

第十一章　保密制度与竞业限制

第五十八条　为了维护企业利益、保护企业的商业秘密，特制定保密协议，企业全体员工必须严格遵守。

第五十九条　商业秘密是指不为公众所知悉，能为企业带来经济利益，具有实用性并经企业采取保密措施的技术信息和经营信息，以及企业依法律规定或者有关协议的约定，对外承担保密义务的事项。

第六十条　本企业商业秘密的技术信息包括技术方案、工程设计、制造方法、配方、工艺流程、技术指标、计算机软件、实验数据、实验结果、图纸、样品、模型、模具、技术文档、操作手册等；经营信息包括客户名单、客户订单、营销计划、采购资料、财务资料、进货渠道、产销策略、经营目标、经营项目、管理诀窍、货源情报、内部文件、会议纪要、经济合同、合作协议等。

第六十一条 不得私自拷贝、复印、摘录文件资料等，更不得向外传播。确因工作需要复印时，应经上层领导批准，并妥善做好保存和保管工作；对不再需要保存和保管的文件资料等，应按规定返回管理部门或根据要求进行销毁。

第六十二条 员工调职或离职时，必须将本人保管的涉密文件资料或其他物品，按规定移交给总经理，不得随意移交给其他人员。

第六十三条 企业根据实际情况和需要，与知悉或可能知悉企业商业秘密的和负有保密义务的员工，另行签订《保密协议》，内容包括保密的内容、范围、权利、义务、期限、保密费和违约责任等事项。未经企业许可，任何员工在职期间不得自营或者为他人经营与企业同类的产品和项目。

第六十四条 企业根据实际情况和需要，与知悉或可能知悉企业商业秘密的员工另行签订《竞业限制协议》，约定员工从离开企业后的一定期限内，不得在生产同类且有竞争关系行业的其他企业内任职，企业向员工支付一定数额的补偿费。

第十二章 女职工及未成年工保护

第六十五条 企业按照国家法律规定对女职工和未成年工实行特殊劳动保护。未成年工是指满16周岁未满18周岁的劳动者。

第六十六条 女职工不得从事矿山井下、国家规定的第四级体力劳动强度的劳动和其他禁忌从事的劳动。

第六十七条 女职工在怀孕期间，企业不得安排孕期禁忌从事的劳动，企业不得在正常劳动日以外延长劳动时间；对不能胜任原劳动的，应当根据医院有关证明，予以减轻劳动量或者安排其他劳动。怀孕 7 个月以上（含 7 个月）的女职工，企业一般不得安排其从事夜班劳动，在劳动时间内应给予其休息一小时，并扣除相应劳动定额。

第六十八条　企业不得在女职工怀孕期、产期、哺乳期降低其工资待遇，或者解除劳动合同。女职工生育享受不少于 98 天的产假。

第六十九条　女职工在哺乳期内，企业不得安排其从事国家规定的第三级体力劳动强度的劳动和哺乳期禁忌从事的劳动，不得延长其劳动时间，不得安排其从事夜班劳动。

第七十条　本企业禁止使用未满 16 周岁的童工。

第七十一条　已满 16 周岁但未满 18 周岁的员工属未成年工，企业安排未成年工上岗前免费提供身体检查，并持《未成年工健康检查表》等相关资料向当地劳动保障行政部门申请用工备案。

第七十二条　未成年工上岗前，企业专门对其进行有关的职业安全教育、培训等。

第七十三条　对未成年工上岗的劳动安排，根据其健康检查的结果而定；对不能胜任原劳动岗位的，予以减轻劳动量或安排其他劳动。

第七十四条　对未满 18 周岁的未成年员工，企业不安排其从事矿山井下、有毒有害、国家规定的第四级体力劳动强度的劳动和其他禁忌从事的劳动。

第七十五条　企业严禁安排未成年工进行加班加点工作。

第十三章　奖励与惩戒

第七十六条　为增强员工责任感，激发员工的积极性和创造性，提高生产经营工作效率，企业对表现优秀、成绩突出的员工实行精神奖励和物质奖励，奖励分为表扬、嘉奖、记功、晋职，发放一次性奖金。

第七十七条　员工思想品德优良，关心企业，遵规守纪，服从安排，超额完成工作任务，评为优秀员工的，企业给予通报表扬，奖金奖励，晋升提级。

第七十八条 对有下列情形之一的员工，给予通报表扬，一次性奖励 200~3000 元：

（一）品德端正，工作努力；

（二）维护企业利益，为企业赢得荣誉；

（三）忠于职守，积极负责，廉洁奉公；

（四）有其他功绩，足以作为员工榜样。

第七十九条 有下列情形之一者，可给予晋升，一次性奖励 1000~5000 元：

（一）管理有方，业务拓展有相当成效的；

（二）在产品开发、工艺工装、技术改造、劳动保护等方面有发明或提出合理化建议取得重大成果和显著成绩的；

（三）遇有灾害，挺身而出，处置得当，协助完成任务确有贡献或虽未完成任务，但却已尽力的；

（四）举报违规或损害企业利益的行为，使企业免受重大损失的；

（五）追讨客户赖账有特殊成效的；

（六）在抢修紧急工程建设中表现优异的；

（七）维护企业安全卫生，制止重大事故苗头的；

（八）在销售与顾客服务上有特殊成效的；

（九）对企业核心秘密技术资料管理有方，有效防止泄密，成绩突出的；

（十）对公共关系有特殊具体表现，提升企业声誉的。

第八十条 有下列情形之一者，给予颁发奖金或晋级，一次性奖励 2000~10000 元：

（一）主管业务有重大改革，提出具体方案经施行确具突出成效的；

（二）管理重要业务成绩特优或参与重大研究发展工作，致企业获得巨额经济效益的；

（三）在管理、采购、储运、储备物资等工作中，能准确适质、适量、适时供应急需，节省万元成本的；

（四）消除事故隐患或重大苗头，使企业免遭严重损失的；

（五）抢救重大灾害，使企业免遭重大损害或人员伤亡的；

（六）具有其他特殊功绩，成为企业表率的。

第八十一条　人力资源部门负责实施表扬、嘉奖、记功、晋职和发放一次性奖金工作。具体操作程序为：对符合的对象，征求职工意见，经企业工会讨论通过后，报董事会批准。

第八十二条　企业对犯有过失行为的员工，视情节轻重，给予行政处分或经济处罚。行政处分分为警告、记过、调岗、降级（降职）、辞退（开除）；经济处罚为赔偿经济损失。行政处分与经济处罚视情节可并处。

第八十三条　有下列情形之一的员工，经查证属实的，予以口头或书面警告：

（一）工作时间从事与工作无关的事情；

（二）工作时间擅自离开工作岗位或无故迟到、早退、缺席三次以上的；

（三）因过失造成工作错误，情节轻微的；

（四）工作场所物品堆放异常零乱，影响工作效率的；

（五）损坏或浪费物资，情节较轻的；

（六）利用职责之便，谋取非法利益，情节较轻的；

（七）违反本企业规则、规章、命令、公告，情节轻微的。

第八十四条 有下列情形之一的员工，经查明属实的，予以记小过，对管理人员予以降级处理：

（一）不服从部门主管正常管理，无故不按时完成工作生产任务的；

（二）因注意力不集中导致设备受损，产品质量下降，检验不符合要求的；

（三）在工作场所喧哗、嬉戏、吵闹，妨碍其他员工工作的；

（四）身为主管，对发生的重大事件，未尽管理及监督职责的；

（五）对同人恶意攻击、诬告或伪证而制造事端的；

（六）在工作时间内擅离工作岗位串岗、聊天的；

（七）对部门主管不满或对企业有关事宜处理不满，不按规定程序向有关部门陈述，随意辱骂或侮辱同事和主管的；

（八）执行警卫勤务时，在警卫室内打瞌睡、看电视、看报纸、听收音机、玩手机等，甚至擅离职守的；

（九）非设备故障或原料不足等原因，故意降低生产标准，情节较轻的；

（十）不按规定生产工艺、标准工作，擅自更改操作标准的；

（十一）未经核准擅自携带公物出企业的；

（十二）因个人原因失误造成企业损失，且知情不报，企图蒙混过关的。

第八十五条 有下列情形之一的员工，经查明属实的，予以记大过、解除劳动关系，对管理人员予以降级直至撤职处理：

（一）违反国家法律、法规、政策和企业规章制度，造成经济损失或不良影响的；

（二）擅离职守，导致事故，使企业蒙受一定损失的；

（三）遗失企业经营重要、机密文件和工具的；

（四）撕毁企业公文、公告等；

（五）擅自变更工作规程，致使企业蒙受损失的；

（六）违反安全规定措施，致使企业发生安全事件，蒙受损失的；

（七）工作时间在工作场所制造私人物件的；

（八）造谣生事，散播谣言，致使企业蒙受不利的；

（九）工作中饮酒或酒后滋事；

（十）借故请事假、病假，到他处工作或未经许可在外兼职的；

（十一）遇突发事故，借机逃避，或提供伪证，谎报事实和记载不实记录，企图逃避和转嫁责任的；

（十二）未经许可擅自使用企业的设备、场所、会议室、办公室等，且不听制止，影响企业生产经营的；

（十三）委托或代人伪造出勤记录，以欺诈领取薪资或加班费的；

（十四）负责操作或维护企业设备时，因疏于检查或管理不善导致设备损坏，情节严重的。

第八十六条　有下列情形之一的员工，经查证属实，批评教育无效的，予以解除劳动合同。对负有管理责任的管理人员可施行降级直至撤职处理并解除劳动关系：

（一）连续旷工 10 日，或者一年内累计旷工 30 日的；

（二）提供与招录有关的虚假证书或劳动关系证明等；

（三）违反操作规程损坏设备、工具，浪费原材料，造成企业经济损失两万元以上的；

（四）盗窃、贪污、侵占或故意损坏企业财物，造成企业经济损失两万元以上的；

（五）违反企业保密制度，泄露企业商业秘密的；

（六）被依法追究刑事责任的；

（七）其他法律法规规定的情形。

第八十七条 对员工的违纪处理，由违纪员工所在的部门主管根据本规章制度相关条款提出书面处理意见，提交人力资源部门审核，并征求工会意见后，再由人力资源部门提交董事会审批。经批准后，由人力资源部门向违纪员工送达处理决定书，处理决定包括员工违纪事实、违纪证据、处理原因、处理依据、处理结果5项内容。整个处理过程不得超过30日。

第八十八条 员工对企业处理不服的，享有申诉权利。通常申诉程序为：向人力资源部门申辩事实与理由，由人力资源部门牵头，组织企业工会、申诉人所在部门等进行调处。

第八十九条 本规章制度中，员工三次嘉奖相当于一次小功，三次小功相当于一次大功；三次小警告相当于一次小过，三次小过相当于一次大过。员工受到记大过的，单位有权解除与员工的劳动关系。

第十四章 劳动争议

第九十条 劳动争议调解委员会由员工代表、企业代表和工会代表组成。劳动争议调解委员会主任由工会代表担任。劳动争议经调解达成协议的，当事人应当履行。

第九十一条 劳动争议发生后，当事人应当协商解决；不愿协商或者协商不成的，可向本企业劳动争议调解委员会申请调解；调解不成的，可向当地劳动争议仲裁委员会申请仲裁。当事人也可以直接向当地劳动争议仲裁委员会申请仲裁。对仲裁裁决不服的，可以向人民法院提起诉讼。

第十五章　附则

第九十二条　本规章制度是劳动法律、法规、规章规定的具体化，本规定与现行劳动法律、法规、规章不一致的，以现行劳动法律、法规、规章的规定为准。

第九十三条　本规章制度与集体合同（工资集体协商协议）有抵触的，以集体合同（工资集体协商协议）为准。

第九十四条　本规章制度未尽事宜或法律规定更新时，通过通告的形式补充或更新。

第九十五条　本规章制度自颁布之日起生效。

人事管理制度

第一章　总则

第一条　为加强公司的人事管理，使本公司员工的管理有所依据，特制定本制度。

第二条　本制度适用于公司全体职员。公司全体职员系指本公司聘用的全体从业人员。除法律另有规定外，公司的人事管理，悉依本制度规定办理。

第二章　人才招聘

第三条　在经营年度结束前，人力资源部将下一年度的《人员需求计划表》发放给各部门，部门主管根据实际情况，认真填写后，上报总经理审批。

第四条　总经理根据部门所上报的人数，以及公司的投资、经营方案，确定公司下一年度人员的规模和部门设置。

第五条　本公司如因工作需要，必须增加人员时，一律报总经理审批，后由人力资源部负责办理招聘事宜。

第三章　录用

第六条　本公司员工的录用，采用考试和面试两种方式进行。以被甄选员工的学识、能力、品德、体格及适合工作所需要的条件为准。

第七条　新进人员经考试或面试合格和审查批准后，由人力资源部门办理试用手续。根据劳动合同期限长短设定员工试用期，期满合格后，方可正式录用。成绩优秀者，可适当缩短试用时间。

第八条　试用人员报到时，应向人力资源部送交以下证件：

（一）身份证原件及复印件；

（二）毕业证书、学位证书原件及复印件；

（二）最后工作单位离职证明；

（三）保证书及三个半月内小二寸免冠照片 4 张；

（四）试用同意书；

（五）人事资料卡；

（六）其他必要的文件。

第九条　有下列情形之一的，不得录用：

（一）剥夺政治权利尚未恢复者的；

（二）被判有期徒刑或被通缉，尚未结案的；

（三）吸食毒品或有其他严重不良嗜好的；

（四）贪污、拖欠公款，有记录在案的；

（五）患有精神病或传染病的；

（六）因品行恶劣，曾被政府行政机关惩罚的；

（七）体检不合格的。经总经理特许者不在此列；

（八）其他经本公司认定不适合的。

第四章　待遇

第十条　本公司全权决定所属员工的工资、待遇。公司按照“按劳取酬、多劳多得”的分配原则，根据员工的综合表现给予其工资、待遇。

第十一条　员工的基本待遇有工资、奖金和补贴。工资由决定聘用者依照前条规定确定，由人力资源部行文通知财务部门发放。

第十二条　月薪工资在次月15日前发放或存入员工银行账户。新进人员从报到之日起薪，离职人员自离职之日停薪，按日计算。

第五章　福利

第十三条　试用人员试用期间不享受意外医疗保险。

第十四条　公司按照国家规定为员工办理退休、待业等保险。员工享有相应的保险待遇。

第十五条　公司依据有关劳动法的规定，发给员工年终奖金，年终奖金的评定方法及额度由公司根据经营情况确定。

第六章　休假

第十六条　员工按国家法定节假日休假。因工作生产需要不能休假的，按法律规定发给加班费或安排补休。

第十七条　员工在公司工作满一年后，开始享有探亲待遇；与配偶或父母不住在一起的，又不能利用公休假日团聚的，一年可探望配偶或父母一次，假期15天，另按实际需要给予路程假；员工探亲假期间，原待遇不变。

第十八条　春节休假或探亲的员工，不在15天休假以外再增加春节假，在公司工作的职工按国家法定假安排休息。需安排加班或值班的按规定发给加班工资或值班补贴，如安排补休，则不计发加班工资和值班补贴。

第七章　培训

第十九条　新员工正式上岗前，必须先接受培训。

第二十条　新员工接受培训的时间不应少于20小时，合格者方可上岗。新员工培训由公司根据人员录用的情况安排，在新进公司的前三个月内进行，培训不合格者不再继续留用。

第二十一条　培训由人力资源部和用人单位共同负责。培训内容包括学习公司章程及规章制度，了解公司情况，学习业务知识等。

第二十二条　对于培训中成绩优秀者，除通报表彰外，可根据情况给予适当物质奖励，未能达到者，可适当延长其培训期。

第八章　考核

第二十三条　员工的考核分为转正考核、月度考核、年终考核，考核结果作为员工晋升、晋级（降级）、提职（降职）、奖金的依据。

第二十四条　考核采取个人书面述职（总结）、口试、笔试等多种形式进行。

第二十五条　公司根据考核成绩对员工进行内部岗位调整，对考核不适任的员工可以按照有关规定终止劳动合同，如不服从调整或调整后仍不适任应按照有关规定终止劳动合同。

第九章　调职

第二十六条　公司根据工作需要，可以调整员工的工作岗位；员工也可以申请在公司各部门之间流动。

第二十七条　员工要求调离本公司，必须经人力资源部同意，报总经理审批后，才能按程序办理调动手续。

第二十八条　奉调员工接到调任通知后，应于30日内办妥移交手续就任新职。

第十章　解聘

第二十九条　员工有正当理由可申请辞职。员工自请辞职者，应于30天前以书面形式申请核准。在未核准前不得离职，擅自离职者以旷工论处。

第三十条　对不能胜任现职工作又无法安排其他岗位的员工以及严重违反公司规章制度的员工，用人部门应提出书面报告，经主管部门签署意见，人力资源部批准后予以辞退。

第三十一条　公司员工离职，除特殊情况（死亡、命令停止）未能办理交接手续外，均应办妥交接手续，经各部门接交人签准后才能离职。否则公司将追究其经济责任直至法律责任，财务部凭签准单办理有关结算。

第三十二条　公司辞退员工，必须提前30天通知被辞退者。

第十一章　工作守则和行为准则

第三十三条　员工工作守则包括：

（一）遵循公司利益第一的原则，自觉维护公司利益；

（二）树立服务意识，始终面向市场，面向用户，提供具有“国际品质、名牌服务、物超所值”的信息产品；

（三）员工要具备创新能力，通过培养学习新知识使个人素质与公司发展保持同步；

（四）要有敬业和奉献精神，满负荷、快节奏、高效率是对所有员工提出的敬业要求；

（五）具有坚韧不拔的毅力，要有信心有勇气战胜困难、挫折；

（六）明确公司的奋斗目标和个人工作目标。

第三十四条　员工遵守的行为准则包括：

（一）应遵守公司一切规章制度；

（二）应服从公司的组织领导与管理，对未经明示事项的处理，应请示上级，遵照指示办理；

（三）应严格保守公司的经营、财务、人事、技术等机密；

（四）上班时间不要看与工作无关的报纸、杂志或书籍；

（五）忠于职守，不做有损公司的事，时刻维护公司的利益，树立公司的良好形象；

（六）按时上下班，不迟到、早退。亲自刷卡，不要委托或代人刷卡；

（七）爱惜使用并妥善保管办公用品、设备；桌面物品摆放整齐有序；下班前必须将所有文稿放置妥当，以防止遗失、泄密。

第十二章　附则

第三十五条　本制度应用中的问题，由公司人力资源部负责解释。

第三十六条　如有未尽事宜，可由董事会另行补充规定，修改时亦同。

招聘管理规章

第一章　总则

第一条　为了优化公司人力资源配置，为公司的持续稳定发展提供人力资源保障，同时明确和规范公司的招聘原则和操作流程，最大限度地节约招聘成本，根据中华人民共和国有关法律、法规和公司的有关规章制度，制定本管理规章。

第二条　本规章适用于公司所有职位的招聘。

第三条　招聘原则

（一）人员招聘必须坚持计划性原则，必须制订人员招聘计划来指导员工的招聘工作；

（二）人员招聘必须坚持贯彻任人唯贤、能位对应的原则，充分配合公司各机构、部门的工作需要，为公司提供可靠、及时的人力资源保障；

（三）招聘员工的程序要坚持科学化原则，制定一套科学而实用的操作程序，使招聘工作有条不紊地进行，保证为公司挑选出高质量的合格人选；

（四）公司招聘录用员工按照“公开、平等、竞争、择优”的原则；

（五）对公司内符合招聘职位要求及表现卓越的合适员工，将优先给予选拔、晋升；其次再考虑面向社会公开招聘。

第二章　招聘职责

第四条　人力资源部职责

（一）制订公司中长期人力资源规划；

（二）制定、完善公司招聘管理制度，规范招聘流程；

（三）核定公司年度人力需求，确定人员编制，制订年度招聘计划；

（四）分析公司人员职位职责及任职资格，制订并完善职位说明书；

（五）决定获取候选人的形式和渠道；

（六）设计人员选拔测评方法，并指导用人部门使用这些方法；

（七）主持实施人员选拔测评，并为用人部门提供录用建议；

（八）定期进行市场薪酬水平调研，核定招聘职位薪酬待遇标准；

（九）提供各类招聘数据统计及分析。

第五条　用人部门职责

（一）编制部门年度人力需求计划，提出正式人力需求申请；

（二）协助人力资源部做好对职位职责和任职资格的调查分析；

（三）参与候选人专业技术水平测评。

第六条 招聘负责人应具备的条件

（一）本公司人力资源部工作人员为面试初试考官，面试人员本身需要给人一种好感，能够很快地与应聘者交流意见，因此面试人员在态度上、表情上必须表现得十分开朗，使应聘者愿意将自己想说的话充分表达出来；

（二）面试人员自己本身必须培养极为客观的个性，理智地判断一些事务，绝不能因某些非评价因素而影响对应聘者的客观评价；

（三）无论应聘者的出身、背景之高低，面试人员都必须尊重应聘者所表现出来的人格、才能和品质；

（四）面试人员必须对整个公司组织情况、各部门职能、部门与部门间的协调情形、人事政策、薪资制度、员工福利政策等有深入的了解，能解答应聘者提出的问题；

（五）面试人员必须彻底了解该应聘职位的工作职责和必须具备的学历、经历、人格条件与才能。

第三章 招聘流程管理

第七条 确定招聘需求

（一）各部门根据本年度工作发展状况和公司下一年度的整体业务计划，拟订年度人力资源需求计划，于每年年底报人力资源部；

（二）人力资源部根据公司年度发展计划、编制情况及人力资源需求计划，制订年度招聘计划及费用预算，报公司总经理审批；

（三）各部门提前一个月申报人力需求，填写《雇员申请表（增员或补员）》；

（四）提出《雇员申请表（增员或补员）》的招聘职位，人力资源部进行工作分析和招聘难度分析；

（五）人力资源部根据人力需求，制订招聘计划和具体实施计划。

第八条　确定招聘形式

人力资源部根据公司现有人力资源状况，确定内部招聘或外部招聘，合理、有效地配置人力资源。

第九条　人力资源部根据职位和等级的不同选择有效的招聘渠道组合，主要渠道有以下几种：员工推荐、网络招聘、现场招聘、校园招聘、猎头公司和公司人才库。

第十条　招聘准备工作

（一）确定招聘岗位、人数、要求；

（二）拟订日程安排；

（三）编制笔试问卷和面试纲要；

（四）成立主试小组；

（五）整理考场；

（六）需要准备其他事项。

第十一条　确定候选人

人力资源部在收到应聘资料后，应于两个工作日内对应聘者进行初步筛选，确认初试人选和时间后，通知用人部门做好面试准备，未及时提交，则推迟几天，预招聘到岗时间相应推迟。

第十二条　面试（初试和复试）

管理中心与用人部门协商面试事宜，包括面试时间、面试官、面试形式（素质测评、笔试、面谈）。

面试通知：管理中心电话通知初试人选参加面试，内容包括面试时间、地点、需要携带的证件；原则上是 30 分钟安排一位面试者。

面试实施：管理中心确定面试地点，按确定的面试形式展开。

（一）前台核对面试者信息，安排应聘人员座位、倒水，发《应聘人员登记表》，确认信息完整后通知人事；

（二）人事对其证件进行初步审核，进行面试后在《招聘评价表》上写面试评价；

（三）人事初试合格人选推荐给用人部门，由用人部门安排复试，并于简历接收5个工作日内将结果反馈给管理中心；

（四）用人部门确定录用人选，应同时将有相应负责人签字和意见的《新员工工资核定单》《招聘评价表》提交管理中心。

面试形式：一般包括素质测评、笔试、面谈三种形式。

第十三条　录用

（一）复试结束后，测评小组成员就复试情况进行综合讨论及评定，确定候选人最终排名，提出初步录用意见。

（二）对拟录用人员作背景调查。

（三）应聘人员的《录用决定》按权限由领导签署后，人力资源部负责通知员工报到。

（四）对于有意向录用的人选，由人力资源部以邮件或电话的形式发出《员工录用通知》。

（五）人力资源部确定意向录用人员报到时间后，填制《拟录用员工信息汇总表》，通知相关部门做好新员工入职前准备工作。

第四章　人员入职程序

第十四条　新员工入职

经批准录用人员必须按公司规定的时间统一到人力资源部报到，办理入职手续。

报到需提供的材料：

（一）身份证原件及复印件一份；

（二）学历证原件及复印件一份；

（三）资格等级证书原件及复印件一份；

（四）与原单位离职证明或解除劳动合同证明；

（五）体检报告；

（六）小二寸免冠照片 4 张。

应聘人员必须保证向公司提供的资料真实无误，若发现虚报或伪造，公司有权将其辞退。

人力资源部引导新进人员根据新员工入职手续清单办理入职。

第十五条　试用期规定

（一）试用期限以人力资源部与新员工签订的劳动合同期限为依据，一般情况下试用期为 3 个月，试用期内的员工因假期中断本岗位工作的情况下，试用期自动往后顺延，最长不超过 6 个月。

（二）试用期员工每月月底前必须提交一份统一格式、内容真实、文字简练的《阶段工作小结》，并必须经直接上级和部门负责人签字评价后送至人力资源部门存档。

（三）员工试用期满，由用人部门填写《试用期考核表》，经部门经理、人力资源部及总裁审批后正式录用。

（四）如试用期期间，员工无法胜任工作，人力资源部门需协同用人部门最迟于试用期结束前 10 日完成试用期不合格结论，并提前 3~7 日告知试用员工，完成离岗手续。

第五章　附则

第十六条　本制度的拟订和修改由人力资源部负责，经总经理审核批准后执行。

第十七条　本制度由人力资源部负责解释。

第十八条 本制度施行后，原有的类似规章制度自行终止，与本制度有抵触的规定以本制度为准。

第十九条 本制度自颁布实施之日起实行。

人员录用管理制度

第一条 为规范员工录用和试用期员工的管理，加强员工队伍建设，提高员工整体素质，使员工的录用管理工作有所遵循，特制定本办法。

第二条 本规定适用于公司内所有员工的录用。本规定所指员工，是指与本公司建立劳动关系的人员。

第三条 录用职工的主要标准包括：

（一）录用职工的学历大致应限于：（1）研究生及同等学力者，占20 %；（2）大学毕业及同等学力者，占50%；（3）职业高、中专及同等学力者，占30%；

（二）录用员工中，管理及事务性人员大致占20%；

（三）录用后的具体工种分配另定。

第四条 人员的甄选，以学识、能力、品格及适合工作所需要条件为准。高学历者优先考虑。

第五条 针对录用人员的考试方法分为面试和笔试两种。笔试之后，合格者才有资格参加面试。面试前，需要应试者提交求职申请和应聘管理人员申请。

第六条 考试时间一共四小时。笔试两小时，面试两小时。各个考试方式的考试总时间原则上应为四小时以上，以附带考查应聘者的毅力和韧性。

第七条　因各部门具体管理对象不同，笔试内容应有所侧重。一般包括以下五个方面：

（一）应聘部门所需的专业知识；

（二）应聘部门所需的具体业务能力；

（三）领导能力和协调能力；

（四）对企业经营方针和战略的理解；

（五）职业素质和职业意识。

第八条　面试考核的主要内容主要是管理风险、表达能力、应变能力和个人形象等。

第九条　人员经笔试或面试合格后，即到相应部门试用。原则上员工试用期限为三个月，公司根据试用期员工的具体表现提前或推迟转正。

第十条　有下列情形之一的，不得录用：

（一）剥夺政治权利尚未恢复者的；

（二）被判有期徒刑或被通缉，尚未结案的；

（三）吸食毒品或有其他严重不良嗜好的；

（四）贪污、拖欠公款，有记录在案的；

（五）患有精神病或传染病的；

（六）因品行恶劣，曾被政府行政机关惩罚的；

（七）体检不合格的。经总经理特许者不在此列；

（八）其他经本公司认定不适合的。

第十一条　录用人员需要提供身份证原件及复印件、学历学位证明原件及复印件、原单位离职证明原件及复印件、体检证明；并应在一周内提交上述证件。

第十二条　员工录用后，如发现其应聘时提供的证件或资料与事实不符，公司将有权与其解除劳动关系。

第十三条 人员录用后，由主管部门给予三天免费的岗位培训，培训结束后，被录用人员应立即投入岗位工作，不得无故拖延推诿。

第十四条 试用期人员的工资为相同岗位正式人员工资的80%。

第十五条 其他未尽事宜，由主管部门视具体情况讨论解决，不能解决的，上报上级机构解决。

第十六条 本规定将作为相关责任人岗位职责考核的重要内容。

第十七条 本规定由公司人力资源部负责制订、解释、修改。

第十八条 本规定自公布之日起实施。

管理人员录用规定

第一条 本规定适用于企业招聘录用管理人员。

第二条 管理人员系指公司各部门的高级经理、经理、主任、主任助理、经理助理等职级的管理人员。

第三条 在管理人员的选拔工作中，由用人部门各自拟订本部门年度的管理人员需求和调整计划，人力资源部审核统计汇总后，结合公司领导提出需求和调整意向，报总经理审批，再根据管理人员需求和管理人员供给状况拟订公司的管理人员选拔计划，发布选拔信息，组织人才甄选工作。

第四条 招聘录用原则：

（一）内部选拔和外部招聘相结合原则。对于空缺职位，由人力资源部在内、外部同时公开招聘。条件相同的，公司内部人员优先考虑。

（二）公平竞争、择优录用原则。以公开招聘为主，个人推荐为辅，个人推荐应履行公开招聘程序。

（三）统一管理原则。公司招聘工作由人力资源部统一组织管理，严禁各部门自行招聘。

第五条　应聘人员的基本要求：

（一）部门经理及以上人员（各子公司总经理、副总经理人员）必须有硕士或相当硕士及以上学历；

（二）部门一般管理人员至少应有本科以上学历；

（三）年龄一般限于40岁以下，特殊情况不超过45岁；

（四）对于应聘人员原则上要求不得外兼职务，若有，原则上不能在公司内部担任原有职务；

（五）对于一些特殊情况，根据管理权限，报经人资总监、总裁、董事长批准，可适当放宽条件。

第六条　公司人力资源部根据年度人员需求计划与《人员招聘申请表》，通过下列渠道发布招聘信息，获取职位候选人：

（一）通过新闻媒体（报纸、电视、电台）发布招聘信息；

（二）网络招聘（人才网、大学校园网、公司网站及专业性网站等）；

（三）参加人才招聘会（人才市场招聘会和校园招聘会等）；

（四）通过猎头公司或人才中介机构招聘；

（五）从各类人才库系统中检索；

（六）内部推荐；

（七）其他。

第七条　应聘者可通过信函、电子邮件等方式提出应聘申请。

在提出应聘申请时，应聘者需向人力资源部门提供以下个人资料：

（一）应聘申请表（函），且注明应聘职位；

（二）个人简历，注明联系方式、学历、工作经验、技能、成果、个人兴趣爱好、品格等信息；

（三）身份证（复印件）；

（四）各种学历、技能、成果（包括奖励）证明（复印件）。

第八条 录用人员需经过以下面试流程：

一、简历筛选

人力资源部对所有应聘人员进行第一轮简历筛选，确定其基本条件是否符合，并从中挑选出初步合格者，确定初试人选。

二、初试

（1）公司人力资源部通知初试人选来公司面试，面试者填写《应聘登记表》。初试前，人力资源部对应聘者各类证件进行核查。

（2）人力资源部和用人部门直接主管、其他相关人员组成面试小组对应聘者进行初次面试。用人部门侧重于专业知识技能的测试，人力资源部侧重于求职动机、基本素质和核心能力等的评价。

（3）人力资源部提供《面试评估表》，面试结束后由面试人员分别填写。

（4）面试小组综合评价后，确定复试人选。

三、复试

公司人力资源部和用人部门直接主管、公司总裁或其他相关负责人组成复试小组对通过初试的应聘者进行复试，根据需要可以安排第二次复试。

第九条 公司人力资源部与通过复试人员就薪酬和其他条件与应聘人员进行商谈，且对重要岗位、关键岗位的人员应做相应的背景调查，确定最终是否录用。

第十条 新员工录用报到后，人力资源部应做好准备迎接新员工的准备工作，包括：报到接待，介绍新同事，介绍工作环境，组织提供办公用品等。新聘员工试用期间，根据职位类别的不同，分别确定试用期限，一般为3个月，最长不超过6个月。表现优秀者，可以适当放宽时间条件。

第十一条　有下列情形之一的，不得录用：

（一）剥夺政治权利尚未恢复的；

（二）被判有期徒刑或被通缉，尚未结案的；

（三）吸食毒品或有其他严重不良嗜好的；

（四）贪污、拖欠公款，有记录在案的；

（五）患有精神病或传染病的；

（六）因品行恶劣，曾被政府行政机关惩罚的；

（七）体检不合格的。经总经理特许者不在此列；

（八）其他经本公司认定不适合的。

第十二条　试用期人员的工资为相同岗位正式人员工资的80%。

第十三条　试用期满后进行适应性评价，结合考核结果进行综合评定，评定合格者正式录用办理转正定级手续，不合格者不予录用。

新员工转正后，由公司人力资源部代办各项人资关系，档案、户口、社会保险等事项。

第十四条　人力资源部定期跟踪录用管理人员的流动情况和工作绩效，对选拔方法进行评估，从而不断改进和完善。

第十五条　本规定由公司人力资源部负责解释。

第十六条　本规定的修订、废止由人力资源部提出建议，公司董事会讨论批准。

第十七条　本规定自公布之日起实施。

员工培训管理办法

第一条 为了便于公司对内部员工进行有计划、有系统的培训，提高员工的业务素质与技能，增强员工对企业文化的认同感，满足公司发展战略对人力资源发展的需要，以达到公司与员工共同发展的目的，特制定本管理办法。

第二条 本管理办法适用于公司全体员工。

第三条 公司的培训宗旨是：建立学习型组织，实现全员培训，终身培训。

第四条 公司培训按照“经济、实用、高效”的原则，采取人员分层化、方法多样化、内容丰富化的培训政策。

第五条 员工的专业化培训和脱产外出培训坚持“机会均等、公平竞争”的原则，员工通过突出的业绩和工作表现获得激励性培训和发展机会。

第六条 公司人力资源部负责培训活动的计划、实施和控制。基本职责如下：

（一）进行培训需求调查分析；

（二）制订培训目标和计划；

（三）组织培训计划的执行；

（四）在培训的各个时间节点评估培训活动；

（五）建立开放式的培训信息系统；

（六）开发并合理运用培训资源；

（七）为各部门提供培训支持；

（八）促进公司学习型组织的建立。

第七条　公司培训的常规内容有：

（一）公司发展概况。

（二）产品知识介绍。

（三）人事制度。如作息时间、休假、请假、晋升、培训、奖惩、工资结构、发薪日、加班工资、支薪方式、社会保险及为员工提供的其他福利。

（四）安全教育。包括安全制度和程序，消防设施的正确使用，安全卫生、劳动保护等知识。

（五）总务制度。主要有公司进出、工作牌、考勤卡使用、劳保领用、工作午餐、个人车辆停放等。

（六）行为规范和礼仪知识。包括保守商业秘密、务工纪律和员工仪表、穿着、交往、接电话等知识。

技能岗位还要不断实施在岗员工岗位职责、操作规程和专业技能培训，使其在充分掌握理论的基础上，能自由地应用、发挥、提高。

公司还要不断实施心理学、人际关系学、社会学、价值观及政治觉悟的培训，建立公司与员工之间的相互信任关系，满足员工自我实现的需要。

第八条　培训形式分为内部培训、外部培训、在岗培训三种。

（一）内部培训

内部培训是指在公司人力资源部的统一安排下，利用公司内设的培训教室，在工作时间外所进行的培训活动。培训讲师可由公司人员担任或外请。

（二）外部培训

外部培训时，培训的地点不在企业内，而是委托社会培训机构代理，或选送员工至企业外接受培训。

（三）在岗培训

在岗培训也是企业内部培训的方式之一，其特点在于受训职工不离开工作岗位，或以目前担任的工作为基础而接受培训。培训方式有多种，例如，接受部门经理、项目经理或同事的业务指导，出席有关会议、见习或代理工作、工作轮换等。

第九条 人力资源部负责组织培训结束后的评估工作，以判断培训是否达到预期效果。

第十条 培训结束后的评估要结合培训人员的表现，做出总鉴定。可要求被培训者写出培训小结，总结在思想、知识、技能方面的进步。与培训成绩一起放进人事档案。

第十一条 本公司培训以自编教材为主，适当购买教材为辅，为提高培训质量，凡培训涉及相关部门需提供培训资料的，由各部门编制材料并提供给人力资源部，可编制成书面资料或幻灯片，由人力资源部统一编制成公司入职培训教材。

第十二条 公司每年投入一定比例的经费用于培训，培训经费专款专用，可根据公司实际情况调整相应数额。

第十三条 参加公司培训的人员，除因重大疾病或者经公司领导批准外，不得请假，并在规定的时间内向综合部门报到。

第十四条 培训对象分为高层管理人员（总经理、各位总监）、中层管理人员（部门经理及项目经理）、基层员工三类。

第十五条 被培训者享有以下权利：

（一）在不影响本职工作的情况下，员工有权利要求参加公司内部举办的各类培训；

（二）经过批准进行培训的员工有权利享受公司为受训员工提供的各项待遇。

第十六条　被培训者要承担以下义务：

（一）培训期间受训员工一律不得无故回避、不到或迟到、早退；

（二）接受培训的员工有义务接受公司对培训过程或者结果的考核，从而证明培训成果的有效性；

（三）培训结束后，员工有义务把所学知识和技能运用到日常工作中。

第十七条　本规定的拟订或修改由人力资源部负责，报公司领导层批准后执行。

第十八条　本规定由人力资源部负责解释。

第十九条　本规定自公布之日起开始实施。

薪资管理规定

第一条　本公司为贯彻同工同酬的原则，以达到实行公平合理、简单确切的工资管理办法的目的，特制定本制度。

第二条　本制度适用于公司全体员工（试用工和临时工除外）。本制度所指工资，是指每月定期发放的工资，不含奖金和风险收入。

第三条　本规定本着公平、竞争、激励、经济、合法的原则制定。

公司在分配报酬时，遵循效率原则与公平原则，反对平均主义分配，给予优秀的、价值创造大的员工以优厚的工资，适度向高职位、关键人才、市场供给短缺人才倾斜。

第四条　本公司职工的工资待遇包括：

（一）基本工资：是薪酬的基本组成部分，根据相应的职级和职位予以核定。

（二）岗位等级工资：根据职工本人情况及工作岗位确定，通过评价职工所具资格及公司岗位的不同职责和要求，确定职工的工资等级及水平，反映职工的技能及贡献。

（三）绩效工资：绩效奖金是指员工完成岗位责任及工作，公司对该岗位所达成的业绩而予以支付的薪酬部分。

（四）福利津贴：用以保证职工必需生活水平的各类国家、公司规定的津贴补贴。

（六）交通津贴：补贴职工上下班的费用。

（七）加班工资及中夜班津贴：职工在规定工作时间以外继续工作的报酬。

（八）午餐补贴：对职工上班工作给予的一定伙食补助。

（九）基本养老金：公司根据当地政府有关规定对职工离退休、养老而给予的补助。

（十）医疗保险：公司根据当地政府有关规定对职工看病、就医而给予的补助。

员工工资由岗位工资、绩效工资两部分组成。

第五条　试用期工资

（一）试用的人员工资为（基本工资 + 岗位津贴）的 80%；

（二）试用期间被证明不符合岗位要求而终止劳动关系的，或试用期间员工自己离职的，不享受试用期间的绩效奖金；

（三）试用期合格并转正的员工，正常享受试用期间的绩效奖金。

第六条　工资的发放

（一）工资的发放以月为计算单位；

（二）岗位等级工资、福利津贴、交通补贴、午餐补贴于每月月初发放；

（三）绩效工资隔月在月初发放。

第七条　员工工资总额由各部门经理、项目经理拟订后报总经理审批。部门经理、项目经理每月对员工进行考核，确定绩效工资发放比例并报人力资源部审核、总经理审批后予以发放。

第八条　扣除薪酬

员工工资在支付前作如下统一扣除：

（一）员工工资个人所得税；

（二）社会保险费，即法定要求企业代为扣缴的有关个人的所有保险费用等；

（三）迟到、缺勤、旷工等扣除的工资数额；

（四）员工与公司所签的内部契约中规定的部分；

（五）法律、法规规定的以及公司规章制度规定的应从工资中扣除的款项（如罚款）；

第九条　本规定由公司人力资源部负责修改、解释。

第十条　本规定经公司董事会和职工代表大会审议通过，自公布之日起实施。

员工福利制度

第一条　为了给员工营造一个良好的工作氛围，吸引人才，鼓励员工长期为企业服务并增强企业的凝聚力，以促进企业的发展，特制定本制度。

第二条　本制度适用于公司所有员工。

第三条　福利对象为正式在职员工、兼职的全时员工、独立承担业绩的销售人员及兼职梯队骨干。不同员工群体在具体政策上略有差异。

第四条　福利项目为各类假期、各类补贴奖金及社保、各类内部建设活动等。

第五条 各类假期

（一）公司年历参照国家法定节假日制订的相应的节假日放假计划；

（二）公司女职工在妇女节放假半天；

（三）公司全职员工可以参照公司考勤制度申请产假、婚假、丧假等；

（四）公司全职员工依法可以享受的年假。

第六条 各类补贴及奖金

（一）伙食津贴：凡公司未供应伙食者，均发给伙食津贴。

（二）加班津贴（加勤津贴）：凡于规定工作时间外延长上班时间，按实际情况酌情支付加班津贴，或按时计发加班津贴。若于休假日照常出勤而未补休者，按日发给加勤津贴。

（三）全勤奖金：每月除公司规定的休假日外，均无请假、旷工、迟到、早退记录的人员，应给予全勤奖金。

（四）绩效奖金：凡本公司员工，均享有绩效奖金支领权利，其办法另行规定。

（五）年终奖金：凡本公司员工，年终奖金由董事会根据公司利润情况及员工年度考绩等级核给。

第七条 企业按照《劳动法》及其他相关法律规定为员工缴纳养老保险、医疗保险、工伤保险、失业保险和生育保险。

第八条 各类内部建设活动

（一）正式员工生日时（以员工身份证上的出生日期为准），企业为员工发放生日贺礼，并赠送由总经理亲笔签名的生日贺卡。

（二）公司每年都会邀请全体员工参与各类团队出游活动。

（三）企业正式员工工作满一年及以上者，给付结婚贺礼，正式聘用未满半年的贺礼减半，男女双方都在企业服务的正式员工贺礼加倍。

第九条　工伤补助费的支付方式分为医疗给付和残疾给付两种。

第十条　已参加工作保险的员工，因工受伤者可依凭据由公司补助下列医疗费用：

（一）负伤员工于送往人社局指定医院前，因情况危急先行送往就近医院治疗者，其所付费用；

（二）急救所做紧急处理，如输血或特效针药等费用；

（三）主治医师认为必需的针药，而劳保不能给付者。

第十一条　因受工伤保险有关规定的限制不能参加工伤的员工，其医疗费用的给付比照工伤规定由公司发给。

第十二条　人力资源部于每年年底必须将福利资金支出情况编制成相关报表，交付相关部门审核。

第十三条　福利金的收支账务程序比照一般会计制度办理，支出金额超过 2000 元以上者需提交总经理审核。

第十四条　本制度经董事会核准后实施，修正时亦同。

员工绩效考核制度

第一条　绩效是员工个人或团队的工作表现、直接成绩、最终效益的统一。

第二条　本制度适用于本企业各部门、各分公司全体员工（包括临时工）。

第三条　绩效考核的目的

（一）不断提高公司的管理水平、产品质量，降低生产经营成本和事故发生率；

（二）不断提高公司员工的工作能力，改进工作业绩；

（三）建立以部门、班组为单位的团结协作、工作严谨高效的团队；

（四）营造一个激励员工奋发向上的工作氛围。

第四条 绩效考核的用途

绩效考核成绩主要运用于工作反馈、报酬管理、职务调整和工作改进。

第五条 员工绩效考核必须坚持公开（考核的内容、时间、标准和程序公开）、公正（按照公司的各项规章制度和人事记录，对员工的综合业绩进行客观公正的考核）、公平（考核评分差距适当、实事求是）的原则。

第六条 职责和权限

（一）各级管理人员负责对直接下属进行考核，参与本部门考核复核会议；

（二）部门总监负责组织召开本部门考核复核会议，对本部门的考核结果负责；

（三）考核小组由公司总裁、各部门总监、人力资源部经理和考核主管组成，人力资源部和行政部总监担任组长。负责组织召开考核小组复核会议，对整个公司的考核结果负责，并具有最终考核权；

（四）人力资源部负责考核工作的布置、实施、培训和检查指导，并汇总统计考核评分结果，形成考核总结报告，对月度、季度、年度考核工作情况进行通报。

第七条 公司员工考核分为转正考核、月度考核、年终考核三种。

第八条 公司主要从业绩、能力和态度三个方面对员工进行考核，具体实施步骤包括述职、岗位职责说明、专项测评。

第九条　考核者必须遵守以下原则：

（一）必须根据日常业务工作中观察到的具体事实做出评价；

（二）必须消除对被考核者的厌恶感、同情心等偏见，排除对上、对下的各种顾虑，在自己的信念基础上做出评价；

（三）考核者应根据自己做出的评价结论，对被考核者进行扬长补短的指导教育；

（四）在考核过程中，要注意加强上下级之间的沟通与能力开发，通过被考核者填写自考表，了解被考核者的自我评价及对上级的意见和建议，以便上下级之间相互理解。

第十条　人力资源部依各部门提交的岗位考核评分表，计算得出被考核者的考核最终得分，并确定其对应的考核等级。

第十一条　对述职、专项考评系列结果进行登记并装入个人档案，其中总经理、人力资源部经理的专评意见将会同综合评价，在岗位任务考核的框架上对年终评优、年终奖金、晋升、薪金评定产生重要影响。

第十二条　公司人力资源部是员工考核申诉的日常管理部门，被考核者如对考核结果不清楚或有异议，可填写《考核申诉表》，向人力资源部提出申诉。

第十三条　人力资源部在考核结果公布后的 7 日内接受部门或员工的申诉，过期不予办理。

第十四条　人力资源部对申诉内容进行调查，然后与部门负责人、当事人进行协调、沟通，不能协调的，报公司总经理或主管副总处理。

第十五条　公司总经理拥有申诉的最后决定权，各相关人员必须按照其指示进行处理。

第十六条　本制度由人力资源部负责编写，其最终解释权归人力资源部所有。

第十七条 本制度必须结合薪酬福利相关制度、各岗位绩效考核实施细则等实施。

第十八条 本制度由公司总经理批准后颁布实施。

员工考勤管理办法

第一条 为保证本公司各项事业的正常运转，根据国家有关规定并结合本公司的具体情况，特制定本办法。

第二条 本办法适用于公司正式员工。

第三条 公司实行刷卡制度，员工每工作日上午上班与下午下班均应认真自行刷卡。

第四条 考勤员职责：

（一）按规定及时、认真、准确地记录考勤情况；

（二）如实反映本单位考勤中存在的问题；

（三）妥善保管各种休假凭证；

（四）及时汇总考勤结果，并做出报告。

第五条 考勤须知：

（一）对有迟到、早退、擅离职守现象的员工，应及时进行教育；属屡教不改的，给予适当的纪律处分；造成严重后果者，应追究其责任。

（二）对旷工的，应责成其做出书面检讨，并按以下规定计扣工资，扣发当月各项奖金。

旷工 2 天以上，每增加 1 天，加扣年终奖 10%；连续旷工 15 天，或 1 年内累计旷工超过 30 天，或旷工虽未达到上述天数，但次数较多、情节严重的，均应作除名处理。

第六条　员工休假（轮休）应提前申请，填写申请单。由部门主管批准，交总经办备案，作为考勤依据，否则，以未签到作旷工处理。

第七条　与公司签订劳动合同的员工，依法享有法定节假日、病假、年假、事假、婚假、丧假、产假、工伤假、探亲假等休假权利。

第八条　员工在下列国家规定的法定节假日出勤，以三倍计发工资：

（一）元旦一天；

（二）春节三天；

（三）清明节一天；

（四）“五一”国际劳动节一天；

（五）端午节一天；

（六）中秋节一天；

（七）国庆节三天。

第九条　加班管理：

（一）为保证员工身体健康，维护员工利益，公司提倡正常工作时间内提高工作效率，完成固定工作任务，休息休假期间不提倡加班。

（二）如确因工作需要加班者，员工应提前填写《加班申请单》，《加班申请单》中所列项目必须认真如实填写，经直属领导签字、部门负责人审核后报主管经理审批，各级管理人员应严格履行加班审批手续，《加班申请单》经审批通过后转交人力资源部备案，凡未经公司领导审批的加班，不按加班处理。

（三）非工作日加班人员享受 4 元 / 日的交通补助，当日加班连续 4 小时（不含）以上的，给予午餐补助，标准为 5 元 / 天，按照公司相关规定年终统筹考虑各部门的情况统一结算。

第十条 凡下列情况均以旷工论处：

（一）采取不正当手段涂改、骗取、伪造休假证明；

（二）未请假或请假未被批准，即不到岗；

（三）不服从工作调动，经教育仍不到岗；

（四）打架斗殴、违纪致伤造成无法上岗；

（五）其他违规违纪行为造成缺勤。

第十一条 矿工扣发相应工资。

第十二条 本办法未尽事宜按公司有关规定执行。

第十三条 本办法自发布之日起实施。

员工休假规定

第一条 为规范员工的休假管理，保障公司员工的正当权益，维护良好的工作秩序，加强公司的劳动纪律，按照国家最新出台的相关政策，结合公司的实际情况，特制定本规定。

第二条 本规定适用与公司签订劳动合同的在岗员工。

第三条 休假的类别包括：公休日、法定节假日、年假、事假、探亲假、工伤假、病假、婚假、产假、丧假、公假。

第四条 公休假日为每星期的星期六、星期日。

第五条 国家法定休假日有元旦、春节、清明节、劳动节、端午节、中秋节、国庆节，具体放假天数按国家颁布的规定实行。

第六条 年休假

员工符合以下条件的可以享受年休假：

（一）累计工作已满 1 年不满 10 年的，年休假 5 天；

（二）已满 10 年不满 20 年的，年休假 10 天；

（三）已满 20 年的，年休假 15 天。

国家法定休假日、休息日不计入年休假的假期。

员工享受年休假应首先满足工作需要，由所在单位安排。因工作需要未享受年休假的，享受法定假期间工作待遇。

员工有下列情形之一的，不享受当年的年休假：

（一）参加工作不足一年的；

（二）当年调入已在原单位享受年休假的；

（三）累计工作满 1 年不满 10 年的职工，请病假累计 2 个月以上的；

（四）累计工作满 10 年不满 20 年的职工，请病假累计 3 个月以上的；

（五）累计工作满 20 年以上的职工，请病假累计 4 个月以上的。

第七条　事假

员工办理私事，在允许的情况下给予事假。员工应提供书面假条，在有相应审批权限领导批准的天数内进行休假。事假为无薪假，事假以天或小时为计算单位。

第八条　探亲假

（一）探望配偶，每年给予一方探亲假一次，30 天。

（二）未婚员工探望父母，每年给假一次，20 天，也可根据实际情况，2 年给假一次，45 天。

（三）已婚员工探望父母，每 4 年给假一次，20 天。

探亲假期是指职工与配偶、父母团聚的时间，另外，根据实际需要给予路程假。上述假期均包括公休假日和法定节日。

凡实行休假制度的职工，应该在休假期间探亲；如果休假期较短，可由本单位适当安排，补足其探亲假的天数。

第九条 工伤假

（一）因工负伤、因工致残，持医院诊断证明并经人力资源部确认，可按工伤假记考勤，工伤假期间工资照发。

（二）因工负伤的职员，伤愈复发，经鉴定后，以工伤处理。

第十条 病假

（一）员工因病或非因工（公）负伤，经公司指定的医疗单位证明确定不能坚持工作，可参考医生建议，根据实际情况给予病假。

（二）病假期间的待遇按国家劳动保险条例规定办理。病假 3 天内不扣工资，4 天以上按（岗位工资 + 技能工资）/30 天计扣工资。

（三）长期病休人员，从病休时起，1 年内的任何时间累计超过 6 个月（或 153 个工作日），从超过之日起，停发工资，改发疾病救济费。累计办法：每月以 24 日为截止日期往前推 12 个月，凡在这 12 个月内病休累计达 6 个月（或 153 个工作日）时，从超过之日起停发工资，改发疾病救济费。

第十一条 婚假

（一）凡是本公司依国家《婚姻法》履行正式登记手续的转正员工，享受婚假 3 天，如符合晚婚条件，另增加 7 天假期。

（二）婚假不包含法定公休日、节假日。

（三）婚假须在结婚证领取半年内凭结婚证申请休假，超过半年者不再享受婚假。

（四）婚假（包含路程假）期间工资照发。

第十二条 产假

根据《女职工劳动保护特别规定》的规定，女职工生育享受 98 天产假，其中产前可以休假 15 天；难产的，增加产假 15 天；生育多胞胎的，每多生育 1 个婴儿，增加产假 15 天。女职工怀孕未满 4 个月流产的，享受 15 天产假；怀孕满 4 个月流产的，享受 42 天产假。

男员工配偶生育的，可享受 15 天的陪产假。

产假期满，因身体原因仍不能工作的，经医务部门证明，本人申请，领导批准，假期可以延长 1~3 个月。

第十三条　丧假

员工配偶、子女、父母或养父母死亡，给丧假 4 天；祖父、外祖父、祖母、外祖母、公婆、岳父母死亡，给丧假 3 天；如在外地，可酌情计路程假，假期工资照发。

第十四条　公假

经公司批准脱产参加会议、学习、出差、从事社会活动、工会活动均属公假；经公司指定或批准休养、参观、访问的人员，以及因工（公）负伤人员在医疗期间，根据实际情况核给公假。

第十五条　本管理办法未尽事宜，参照公司相关管理制度执行。

第十六条　本管理办法由总经理办公室制订并负责解释。